HUMAN ACTION
人的行为

［奥］路德维希·冯·米塞斯◎著

谢宗林◎译

（第3册）

海南出版社
·海口·

目　录
（第3册）
CONTENTS

第十八章　时间流逝中的行为　/599

第一节　时间估值的视角　/599

第二节　时间偏好是行为的必要条件　/604

第三节　资本财　/613

第四节　生产期、等待期和准备期　/617

第五节　资本财用途的可转换性　/628

第六节　过去的活动对行为的影响　/632

第七节　资本的积累、保持和消费　/642

第八节　投资人的流动性　/646

第九节　货币与资本，储蓄与投资　/650

第十九章　利率　/654

第一节　利息　/654

第二节　本源利息　/657

第三节　利率的高低　/664

第四节　变动经济中的本源利息　/666

第五节　利息的计算　/669

第二十章 利息、信用扩张与商业周期 /671

第一节 问题 /671

第二节 市场毛利率中的企业家因素 /672

第三节 市场毛利率中的价格贴水 /676

第四节 借贷市场 /680

第五节 货币关系变动对本源利息的影响 /684

第六节 通货膨胀和信用扩张影响下的市场毛利率 /686

第七节 通货紧缩和信用收缩影响下的市场毛利率 /705

第八节 货币商业周期理论或循环信用商业周期理论 /711

第九节 受商业周期反复影响的市场经济 /716

第二十一章 工作与工资 /731

第一节 内向型劳动与外向型劳动 /731

第二节 劳动的趣味和乏味 /733

第三节 工资 /738

第四节 交换性失业 /745

第五节 毛工资率和净工资率 /749

第六节 工资与最低生活费 /751

第七节 劳动负效用影响下的劳动供给 /758

第八节 市场起伏变迁影响下的工资率 /774

第九节 劳动市场 /776

第二十二章　非人力原始生产要素　/789

第一节　地租理论综述　/789

第二节　土地利用中的时间因素　/793

第三节　边际以下的土地　/796

第四节　作为立足空间的土地　/798

第五节　土地的价格　/799

第二十三章　市场的外生给定条件　/803

第一节　理论和外生给定条件　/803

第二节　权力的作用　/805

第三节　战争与征服的历史作用　/807

第四节　作为外生给定条件的真实的人　/809

第五节　调整期间　/811

第六节　财产权的界限以及外部成本与外部经济问题　/814

第二十四章　利益的和谐与冲突　/825

第一节　市场上利润与亏损的最终来源　/825

第二节　生育节制　/829

第三节　正确了解利益和谐　/836

第四节　私有财产制　/847

第五节　我们这个时代的冲突　/849

第二十五章 计划经济社会的构想 /855

第一节 计划经济理念的历史起源 /855

第二节 计划经济者的学说 /861

第三节 计划经济的行为学特点 /863

第二十六章 计划经济下的经济计算问题 /865

第一节 问题 /865

第二节 过去对这个问题的误解 /869

第三节 近来对于解决计划经济的经济计算问题的一些建议 /871

第四节 试错法 /873

第五节 准市场 /875

第六节 数理经济学的微分方程式 /881

第十八章 时间流逝中的行为

第一节 时间估值的视角

行为人会对需求达到满足之前的时间和满足持续的时间加以区分。

行为永远以消除未来的不适为目的,即使未来只是即将来临的下一刻。在开始行动和达到目的之间,总会经过一段时间,即行为从播下种子、生长到成熟所经过的"熟化"时间。最明显的例子来自农业:从耕作土地到果实成熟会经历一段相当长的时间;另一个例子是葡萄酒的酿造也需要一段窖藏的时间(决定了葡萄酒的品质)。然而,在一些事例中,这种时间非常短暂,以致通过日常话语便能断言此类行为的目的会立即达成。

一旦某一场合需要使用劳动,行为便涉及工作时间。每一种劳动的开展都会消耗时间。在一些情况下,某种行为(劳动)

所需要的时间非常短暂，以致人们会说该行为完全没有时耗。

在一些罕见的场合，某一简单的、不可再分的、不用重复的动作就足以达成想要的目的。但在行为人和他要努力实现的目标之间，通常不会一步即达。他必须执行好几个步骤，而每次要更进一步都会重新引起是否该继续朝着既定目标迈进的疑问。大多数的目标非常遥远，以致只有坚定执着才能达成。坚定不移地迈向既定目标是行为成功所必需的。总共需花费的时间，即工作时间加上"熟化"时间，可以被称为生产期。某些场合的生产期很长，另一些场合的生产期则很短。有时候，生产期非常短暂，以致在实际操作中完全被忽略。

目的达到后所增加的满足是有时间限制的。行为结果的功用只会持续一段有限的时间，我们可以将此称为功用持续期。有些产品的功用持续期较短，还有些产品——通常被称为耐久财——的功用持续期则较长。因此，行为人总须考虑产品的生产期和功用持续期。行为人在评估某个相关项目会产生哪些负效用时，不仅关心所需花费的材料和劳动，也关心所需的生产期。而在评估预期产品的功用时，行为人则会关心功用持续期的长短。当然，产品越是耐久，其所提供的功用数量也越多。但是，如果这些功用不可以全部在同一天发生——只是在一段时期内陆续耗用（如每天使用一部分），那么，正如下面将要表明的，时间在这些功用的估值中就扮演着特殊角色。例如，n个单位的功用是在同一天发生，还是分散在 n 天发生——每天只可使用 1 个单位——这两种情形下功用的估值大有不同。

我们需要认识到，生产期和功用持续期都是人的行为的基本范畴，不是哲学家、经济学家或历史学家构建出来、作为思考工具以方便解释社会现象的概念。它们是在一切行为发生之前，引导行为人思考行动的基本元素。此处必须强调这一点，因为庞巴维克未能理解二者（生产期和功用持续期）的差异——虽然经济学界得感谢他发现了生产期的作用。

行为人不会用历史学家的眼光来审视自己的处境。他并不关心目前的情况是怎么发生的，只关心怎样妥善利用现有的手段，以便尽可能地消除未来的不适。对行为人来说，过去发生了哪些事是无关紧要的，毕竟现在已经有一定数量的物质生产要素归他处置了。他不会问，这些生产要素是大自然的赐予还是得靠自己生产（通过生产过程）。对他来说，过去为了得到这些生产要素花费了多少大自然赐予的（原始的）物质生产要素和劳动，以及相应的生产过程花费了多少时间并不重要。他对目前各种手段的评价（估值），完全取决于在他努力使未来的情况变得使他更满意的过程中，它们分别能提供什么功用。对他来说，生产期和功用持续期是计划未来行动时必然要考虑的范畴，而非学术史回顾或历史研究所使用的概念。只要行为人必须选择或长或短的生产期，以及必须选择生产比较耐用或比较不耐用的产品，生产期和功用持续期就会发生作用。

行为人不关心一般的未来，而只关心未来某一具体的时段。后者的一端必然是行为开始的那一刹那，另一端则取决于行为人的决策和选择。有些人只关心即将来临的下一刻，还有些人则深谋远虑，他们所关心的未来时段甚至远超过自己的预期寿命。在某一特定行为中，行为人希望以某种方式和程度给予照应的未来时段可被称为"准备期"。行为人在未来同一时段的各种需求满足之间做选择。同样地，他也在较近的和较远的未来需求满足之间做选择。而每一个选择也都隐含了一个准备期，即行为人在决定怎样使用各种手段消除不适时，也无意识决定了准备期。在市场经济中，消费者的需求决定了准备期的长短。

有一些方法可以用来延长准备期：

1. 积累更多用于未来消费的商品（消费品）。
2. 生产较耐久的财货。
3. 生产所需时间较长（生产期长）的财货。
4. 以较费时的生产方法来生产一些生产期短的财货。

前两种方法无须进一步说明，后两种方法则必须详加讨论。

人类生活和行为的一个根本事实就是生产期最短的生产过程并不能完全消除人的不适。当这些最短的过程所提供的一切产品都生产出来之后，未满足的需求仍然存在，因此采取进一步行动的动机仍然存在。由于在其他情况相同时，行为人偏爱在最短时间内生产出产品的生产过程，所以会消耗更多时间的进一步行动也只是针对这些生产过程而言的。[1] 人们之所以从事比较费时的生产过程，是因为他们认为预期增加的满足感强过长久等待结果过程中所做出的牺牲。庞巴维克曾谈及比较费时的迂回生产方式具有更高的生产率。更恰当的说法应该是比较费时的生产过程具有更高的物质生产力。这些过程中更高的生产率并非总是在于它们以相同数量的生产要素生产出更多数量的产品，而在于更高的生产率意味着它们可以生产一些根本不可能在较短时期内生产出来的产品。但是这些过程（比较费时的生产过程）不是迂回的过程，而是最短且最快抵达所选定目标的途径。比如，要捕获更多的鱼，除了借助渔网和渔船取代徒手捕鱼，没有别的办法。又如，要生产阿司匹林，除了化

---

[1] 下面几页将表明人们为什么会有这样的行为方式。

学工厂所采用的那些方法，没有别的更好、更直接和更便宜的办法。如果忽略犯错和无知的情况，那么行为人所选择的生产过程一定是最具生产率且最便捷的。行为人如果不认为它们是最直接的过程和达到目的的最短途径，便不会采用它们。

行为人仅凭积累消费品库存来延长准备期是行为人渴望为更长时段的消费做准备的结果。同样的道理也适用于生产一些比较耐久的产品，其耐久度与生产要素的支出成正比。[1]但是，如果要在短期内实现较遥远的目标，那么延长生产期就是必然结果，否则该行为所追求的目标不可能在较短的生产期内达到。

延后某一消费行为意味着行为人认为未来消费提供的预期满足大于立即消费所能提供的满足。选择某一较长的生产期意味着行为人认为，这个后来才能有成果的过程所提供的产品的价值高于时间比较短的过程所提供的那些产品。在这种考虑和由此进行的选择中，生产期以等待期的形式出现。杰文斯和庞巴维克的伟大贡献就在于他们阐释了等待期的影响。

如果行为人不关心等待期的长短，他们就永远不会说某个目标在时间上非常遥远，以致谁也不会想要实现它。而面对两个生产过程，由于同样的投入会有不同的产出，因此他们将永远偏好那个能够生产出同质产品但产量较多的过程，或产量相同但质量较好的过程，即使达成这些结果必须延长生产期。如果投入增加导致产品的功用持续期超比例地增加，那它将被无条件地视为有利。然而，人们的行为其实并非如此。这表明，行为人对于未来时段的估值是根据各时段距离行为人做决定那

---

[1] 如果产品耐久度的延长与所需要的花费的增加不成正比，则生产耐久度较短的产品就会比较划算。

一刻的远近而有所不同的。在其他条件相同的情况下，与遥远的未来满足相比，人们会更偏好即将实现的满足，因为等待会带来负效用。

这个事实已经隐含在本章开头强调的那句话里：行为人会对需求达到满足之前的时间和满足持续的时间加以区分。在人生中，如果时间这个行为要素起作用的话，那么（时长相同的）近期时段和未来时段就绝不可能得到一样的估值。否则将意味着行为人不关心成功的早晚，也就等于完全抹除了时间要素在价值估量中的作用。

尽管人们确实认为，功用持续期较长的财货比功用持续期较短的财货更有价值，但这个事实本身并不隐含人们对时间要素的考虑。一个能保护房屋在十年内免于风雨侵蚀的屋顶比一个只能提供五年保护的屋顶更有价值，因为这两个屋顶所提供的服务时间（数量）不同。但这里必须应对的问题是，行为人在进行选择时，是否认为一个在稍晚的未来才可使用的服务（或功用）与一个在较早的时间便可使用的同种服务（或功用）价值相等。

第二节　时间偏好是行为的必要条件

前述问题的答案是：在评估不同时段的价值时，行为人不会只考虑时间的长短。在消除未来的不适的过程中，时间的早晚会影响行为人的选择。对人来说，时间不是一种只有长短之分的同质物。它并非只有一个维度——长或短，还有不可逆转的流动性，其中的每个片段按其距离抉择那一刻的远近而有不同的估值，并呈现在不同的展望之中。在其他条件相同的情况下，人们总是偏好较近需求的满足感，而非未来需求的满足感。眼前的财货总是比未来的财货更有价值。

时间偏好是人类行为的一个必要条件。在其他条件相同的情况下，很难想象哪种行为不是偏好获得较早的满足甚于较迟的满足。当某人采取行动满足某个欲望时，他的行动本身便意味着他偏好在当下满足那个欲望甚于稍后满足。某人不推迟消费而选择现在消费某一不易腐败的东西是在表示，他认为从现在消费中获得的满足的价值高于延迟消费获得的满足的价值。如果某人不偏好在较近的时间获得满足，反而偏好在较远的未来获得满足，那么他将永远不消费，永远不满足欲望。他总是在积累财货，永远不消费、不享受。他不仅今天不消费，明天也不消费，因为当明天来临时，他还是一样要面临选择当下消费还是推迟消费。

不仅是迈向满足欲望的第一步，而且后来的每一步都同样会受时间偏好的支配。一旦价值排序中排在第一位的欲望 a 获得满足后，行为人必须在当下欲望 b 和未来欲望 c 之间做取舍——如果不考虑时间偏好，那么欲望 c 是第一顺位。如果行为人宁取 b 而不取 c，这种选择显然牵涉时间偏好。行为既然以追求需求的满足为目的，那么就必定会受"宁取近期的满足，而不取远期的满足"这种偏好的支配。

现代西方资本主义社会里的人，其处境和先人（原始祖先）不同。先人由于深谋远虑积累了大量的中间财（资本财或生产出来的生产要素）和消费财。人的许多行动筹谋了较长的准备期，因此人们有幸继承了过往的一段历史，并一步步延长了准备期，还给人们留下各种进一步延长等待期的手段。在采取某个行为时，人们更加关心长远的未来，并且希望在所选定的准备期内使得各时段的需求保持均衡状态。人们依赖消费财的不断积累，因而手中不仅有可供立即消费的物品，也有各种生产性物品。凭借后者，人们努力使得新的消费财源源不断地被创造出来。肤浅的观察者因此认为，人们在处理这种逐渐增加的"收入流量"时，不会考虑任何涉及现有财货和未来财货估值的差异。这些观察者断言，人们不关注时间的先后，因此在处理各种事务时诉诸时间偏好没有任何重要性可言。因此，他们说，在解释现代事务时，诉诸时间偏好是没有意义的。

这个异议所涉及的根本错误和其他许多相关错误一样，是由对"均匀轮转经济"这个假想产生的误解造成的。在这个假想里，什么变动也没发生，一切事物都一成不变地重复着。于是，在均匀轮转的经济里，人们为了满足近期和远期的欲望所做的财货配置不会有任何变化。做计划时谁也不会考虑任何变动，因为按照假设，他们觉得现行的配置最适合自己，并且谁也不相信有什么可行的新的配置模式能够改善其状况。谁也不想牺牲未来的消费以增加自己的近期消费，反之亦然。因为现行的消费配置模式比其他任何想象中的消费配置模式都更让人感到满足。

"资本"和"收入"这两个行为学概念属于同一个思想范畴，是基于行为人对未来各时段的需求满足的估值差异。均匀轮转的经济假想意味着收入全部被消费掉，且消费总量不能超过收入所得，所以资本始终保持不变。也就是说，满足未来各时期的需求所规划的财货配置已达到了一种均衡状态。对这种状态，我们可以描述为：谁也不想在今天消费明天的收入。我们当初在设计"均匀轮转经济"这个假想时，原本就是要让它刚好符合这个条件。但是，我们也要认识到，在均匀轮转的经济里，谁也不希望拥有比他实际拥有的更多的商品。对于均匀轮转的经济而言，这些陈述都是正确的，因为它们都隐含在经济学家给这个假想所下的定义中。然而，对于一个变动中的经济，即真实的经济来说，这些陈述是毫无意义的。一旦信息有所变动，人们就不得不重新在同一期间需求的满足以及不同期间需求的满足之间进行抉择。增加的收入既可以用于立即消费，也可以用于投资扩大生产。不管行为人怎样使用这份增加的收入，他们的选择必定是在权衡未来各时期的需求满足和预期利弊得失之后的结果。在真实的世界里，在变动的宇宙中，每一个人在每一个行为中都不得不在不同期间需求满足之间做选择。有些人消费掉他们赚到的每一分钱，有些人消费掉他们的一部分资本，还有些人则储蓄他们的一部分收入。

对于时间偏好的普遍有效性持怀疑态度的人无法解释，一个人为什么并不总是把今天手上的100元钱用于投资——这100元钱在投资一年后将增加至104元钱。显然，在今天消费这100元钱的人必然认为，今天100元钱的价值高于一年后104元钱的价值。再者，即使他今天选择投资这100元钱，那也不表示他偏好某一未来时期的满足甚于今天的满足，而是表示他认为今天100元钱的价值低于一年后104元钱的价值。行为人今天花出去的每一分钱都证明，行为人认为眼前的满足感强于未来的满足感，因为在现代资本主义经济里，有许多机构都可以帮助人们投资，而且没有投资金额的限制。

时间偏好定理在两种情况下是必定成立的。首先是单纯的储蓄。在这种情况下，行为人必须在立即消费一定数量的财货和以后消费一定数量的财货之间做出选择。其次是资本家的储蓄。在这种情况下，行为人同样必须在立即消费一定数量的财货和以后消费一定数量的财货之间做出选择。行为人认为，稍后消费的财货适合提供一些更有价值的服务，只不过时间较远。前面已经给出了这两种情况的证明，不会再有其他情况了。

人们可以尝试从心理学的角度了解时间偏好问题。缺乏耐心和等待的痛苦无疑是一种心理现象。为了进一步予以说明，有些人也许会引用"人生在世，时间有限"，或是个人的出生、成长、成年以及不可避免的衰老、过世等言论。在一个人的生命中，有些事情的发生正当其时，有些事情的发生却又太早或太迟。不过，行为学的问题和心理学绝不相干。我们必须设想（conceive），而不只是理解（understand）。我们可以设想，一个人如果不偏好近期的满足甚于未来的满足，那么，他将永远不会消费和享乐。

此外，行为学问题也绝不可与生理学问题相混淆。一个人若想长寿，那么他必须在活着的时候照顾好自己的身体。因此，满足基本的生存需求是满足未来需求的必要条件。这让我们明白了，人们为什么在仅能勉强糊口的生活条件下总是偏好近期的满足甚于未来的满足。但是，这里探讨的是行为本身，而不是行为背后的动机。就像经济学家不问人们为什么需要蛋白质、碳水化合物、脂肪一样，经济学家也同样不探究满足人的基本生存为什么是必要的且刻不容缓。作为经济学家，我们必须设想：任何消费和享乐都表示行为人偏好当前的满足甚于未来的满足。这种洞见所提供的知识远远超过相关的生理事实所能解释的范畴。它适用于每一种需求满足，而不仅仅局限于生存必需品的满足。

强调这一点很重要，因为庞巴维克关于"提供生活物资以保障人的生存"的说法很容易引起误解。提供物资以满足生活必需从而确保人的生存无疑是该物资储存的一个任务。但是，除了满足等待期间的基本生存必需，该物资储存还必须满足某些基本生存之外的需求与欲望。因为由比较费时的生产过程所生产的比较丰富的物质可以满足人们更高的需求和欲望，而满足更高的需求和欲望有时更为迫切。

庞巴维克宣称，生产期的每一次延长都依赖于这样的条件：必须有"数量充足的现有物资帮助人们'渡过'（overbridge）从启动准备工作到获得产品之间延长了的平均间隔时间"。[1] 其中，"数量充足"一词需要予以阐释。它不是说数量足以供应基本生存的需求，而是说数量必须满足某些在等待期间的需求，这种需求比进一步延长生产期所获得的更多的未来需求更为迫切。如果物资数量较少，则缩短生产期显然更为有利。因为行为人预期，由较长生产期而获得的数量多或质量好的产品不足以补偿等待期间必须缩减消费的牺牲。满足基本生存的物资数量是否充足，并非取决于任何能够用科技和生理学方法客观确定的生理问题或其他事实。再者，在前述引语中，"渡过"这个词也很容易引起误解。因为它暗喻仿佛有一条河流，其宽度成为决定桥梁建造者完成设计任务的客观因素。但是，这里所讲的数量其实是行为人评估其价值的结果，即由他们的主观判断决定相关数量是否充足。

即使在假想的世界中，大自然会为每个人提供维持严格意

---

[1] 参见庞巴维克《关于资本和利息的小论文（第二卷）》（vol. II in *Gesammelte Schriften*）（维也纳，1926 年），第 169 页。

义上的生存所需要的一切手段，或者说，最重要的食物并不匮乏，人们的行为将和维持生存的需求无关；但在这样的世界里，时间偏好的现象依然存在，并且会引导人们的一切行为。[1]

论时间偏好理论的演进

有人也许会认为，鉴于期限越长，利息越高的简单事实，经济学家在发展利息理论时早该注意到时间的作用。然而，古典经济学家却受到错误的价值理论与成本概念的阻碍，未能意识到时间因素的重要性。

经济学应感谢杰文斯提出了时间偏好理论，但更应该感谢庞巴维克详细地阐释了该理论。庞巴维克是第一个问对问题、第一个揭露生产力学派的利息理论所隐含的各种谬误以及第一个强调生产期有什么作用的人。但是，他对利息问题的阐释并未完全避开某些陷阱。关于时间偏好的普遍有效性，庞巴维克所提出的证明是不够充分的，因为他将其建立在一些心理因素的基础上。然而，心理学绝不可能证明行为学定理的有效性。心理学也许能证明某些人或许多人会屈服于某些动机，但是，心理学不可能证明所有人的行为必然受到某一绝对因素的明确影响，即该绝对因素在每一个行为中毫无例外地发挥引导作用。[2]

---

[1] 时间偏好不是人类特有的现象，它是所有生物行为固有的一个特征。人类特别的地方在于他的时间偏好不是固定不变的。他的照应期延长，不像某些储藏食物的动物那样只是纯粹的本能，而是一个价值评估的结果。

[2] 对庞巴维克的这部分论述，作者有比较详细的批判分析。对此分析有兴趣的读者，可参见米塞斯的《国民经济》(*Nationalökonomie*)，439—443页。

庞巴维克论证中的第二个缺陷是误解了"生产期"这个概念。他没有充分意识到，生产期是行为学范畴，而且生产期发挥的作用完全在于它可以影响行为人选择长短不一的生产期。至于过去为了生产现在可供使用的各种资本财所花费的时间对行为人而言则是无关紧要的事情。行为人在评估这些资本财的价值时只关心它们对未来的需求满足是否有用。庞巴维克所谓的"平均生产期"是一个空洞的概念。决定行为的是这样的事实：行为人在选择各种能够消除未来不适的方法时，每个方法的等待时间都是一个必然要考虑的因素。

由于这两个缺陷，庞巴维克在铺陈利息理论时未能完全避开生产力学派的论点，尽管他本人在对资本与利息学说历史的批判研究中已经非常出色地驳斥了该学派的理论。

这里的评论丝毫不会减损庞巴维克不朽的功绩。后来的经济学家，尤其是维克塞尔（Knut Wicksell）、费特（Frank Albert Fetter）和费雪（Irving Fisher），在完善时间偏好理论方面的成就主要是建立在庞巴维克所奠定的基础之上的。

有些经济学者向来以"行为人对现有财货的偏好一向胜过对未来财货的偏好"来表述时间偏好理论的精髓。对于这个表述，有些经济学家则感到困惑。他们说，在某些场合，某些财货现在的价值实际上低于未来的价值。然而，这些所谓的例外纯粹是因为他们对真实的情况有所误解。

鱼与熊掌不可兼得，比如，一个人不可能同时欣赏《卡门》和《哈姆雷特》。在购买门票时，他必须在两个演出之间做选择。就算演出时间相同的两张票作为礼物同时赠予他，他也必须选择其中之一。对于他拒绝观看的演出，他也许会有这样的想法："我只是现在不喜欢它""要是另一张票的时间是明天或后天就好了"。[1]然而，这并不表示他偏好未来的财货甚于眼前的财货。他必须在两个不可兼得的享受之间做取舍，这是每一个取舍都会有的两难局面。现在他偏好欣赏《哈姆雷特》甚于《卡门》，但情况改变以后，他很可能做出不同的选择。

第二个貌似例外的情况出现在一些容易腐坏的财货上。这些财货可能在每年的某一季节供应充足，而在其他季节供应稀少。然而，冬天的冰块和夏天的冰块之间不是现有财货和未来财货之间的区别，而是一件即使现在没消费掉也会丧失功用的财货和另一件需要不同生产过程的财货之间的区别。冬天的冰块只有在经过特殊的保存过程后才能保留到夏天使用。就夏天的冰块而言，冬天的冰块充其量不过是其补充性生产要素之一。缩减消费冬天的冰块不可能增加夏天冰块的供应量。实际上，这两样东西是不同的两种商品。

守财奴的例子也不能反驳时间偏好的普遍有效性。守财奴在花费自己的一些收入勉强过活时，也是偏好某些近期的满足甚于未来的满足。极端的守财奴连维持最低限度生活的食物也舍不得消费，这是一种病态的生命力枯竭状态的体现。这种人和因为害怕病从口入而拒绝进食的人、宁可自杀也不想迎战危险的人以及因为担心睡觉时可能遭遇不测而不能入眠的人是一模一样的。

---

[1] 参见费特，《经济原理》（*Economic Principles*）（纽约，1923年），第一卷，239页。

第三节 资本财

一旦眼前的需求都被完全满足了——比满足未来的需求更为迫切，人们便会开始储蓄一部分现有的消费财以供未来使用。消费延迟可能引导行为人在短时间内追求较为遥远的目标。由于延迟消费，人们现在能够追求一些在此之前由于所需生产期较长而无法考虑的目标。此外，人们现在也能够选择一些生产期较长的方法，以提高每单位产品投入的产出数量。若要延长生产过程，储蓄（也就是目前的生产所得）需要多于消费的部分，这是一个必要条件。储蓄是改善物质享受的第一步，也是继续这种改善的第一步。

即使没有一些拥有技术优势但需要较长生产期的过程所提供的激励，人们也会延迟消费并积累一些消费财以供未来之用。而一些虽然比较费时但却具有更高生产率的生产过程，会极大增加人们的储蓄。于是，缩减近期消费所付出的代价不仅将通过减少未来的消费而得到补偿，还能在未来获得更加充足的供给，以及获得不付出这种代价便不可获得的新的财货。在其他条件相同的情况下，行为人如果不是毫无例外地偏好近期消费甚于未来消费，他将总是储蓄，而且永远也不会消费。限制储蓄和投资的因素是时间偏好。

行为人若要进行生产期较长的生产过程，首先必须通过储蓄积累数量充足的消费财，以便在等待期间满足他的需求，他们认为满足这些需求比从生产期较长的生产过程中所获得的福祉更迫切。资本的积累是从某些人延迟消费以便形成一些供未来消费的消费财开始的。这些省下来的消费财如果只是储存起来供应未来的消费，那便只是单纯的财富，或者更准确地说，是一笔未雨绸缪以备不时之需的物资储备，因而停留在生产活动之外。只有当它们被人们用作生活物资以便从事比较费时的生产过程时，才算是从经济意义上，而非物理意义上，融入了生产活动。我们说某些人省下的消费财如果被消费掉，那么在物理意义上它们就消失了，但就经济意义而言，它们并未消失。它们首先转变成某些较长生产过程的中间产品，然后又转变成这些生产过程的最终产品——消费财。

所有商业冒险和生产过程都受制于资金核算这个智力工具，资金核算是以货币为依据的经济计算的顶点。如果没有货币计算的帮助，人们除了知道生产期长短，不可能知道某一生产过程是否有可能比另一生产过程更具生产率。没有货币计算的帮助，各生产过程所需的成本将不可能进行比较。资金核算以现有可供进一步生产使用的资本财市场价格为起始点，而这些资本财市场价格的总和被称为"资本"。资金核算记录资本组合的每一项支出以及这些支出所带来的所有收入项目的价格，最后确立资本组合所有转变的最终结果，从而确立整个转变过程的成败。资金核算不仅显示最后的结果，也反映了达到最后结果的每一个中间阶段。它提供了在每一个可能需要盘算收支平衡的时点上的临时资产负债表，以及每一部分或每一阶段生产过程的损益表。资金核算是市场经济生产活动不可或缺的指南针。

在市场经济里，生产是一个无止境的连续性活动，这个过程可以分成无数个阶段。无数生产期各异的生产过程同时进行，彼此互补，同时也相互竞逐稀缺的生产要素。在此期间，新的资本可能被不断地经由储蓄而积累起来，先前积累的资本也可能因过度消费而消耗殆尽。生产活动被分散在无数的工厂、农场、企业和车间中进行，每个生产单位只完成有限的任务。中间产品或资本财，即生产出来供进一步生产使用的要素在生产过程中被不断转手。它们从一个工厂转移到另一个工厂，直到最后制成消费品抵达人们手中并被享用。社会的生产过程永不停歇，时时刻刻都有无数的生产活动在进行，有的生产过程离完成特定目标较近，有些生产过程离完成特定目标较远。

在这种不断追求财富的生产过程中，所有的积累都是在前人的储蓄与预备工作铺就的基础上达成的。我们有幸继承了先人的遗产，他们的储蓄积累了今天帮助我们工作的资本财。我们这些电气化时代的宠儿，现在仍然得益于原始时代渔夫们的财富积累。他们奉献了一部分工作时间，并生产出了第一批捕鱼的渔网和小渔船，这也是在为未来的生产做准备。如果渔夫的儿孙把这些中间产品，即渔网和小渔船用坏了，却没生产新的替补资本财，那就是在消耗资本。这样一来，储蓄和资本积累的过程就必须从头开始。我们的处境之所以比前人更好，是因为我们拥有前人为我们积累的资本财。[1]

商人都是行动派，他们只专注于一件事，就是怎样好好利用现有的一切手段来改善未来的情况。商人不是从分析和理解的角度审视当前的事态，他只根据一些肤浅的经验法则对各种进一步生产的手段归类，并评估它们的重要性。他会区分三种生产要素：大自然赐予的物质类要素、人力要素——劳动，以及资本财——过去生产出来的中间要素。他不分析资本财的性

---

[1] 这里的评论驳倒了奈特在他的文章《资本、时间和利率》（"Capital, Time and the Interest Rate"）(《经济学》，第 1 卷，第 257—286 页）中所提出的就时间偏好理论的反对意见。

质，在他眼里，资本财是增加劳动生产力的手段。他相当天真地以为，资本财具有天生的生产能力，他没把资本财的工具性质追溯到大自然和劳动，他不问资本财是怎么来的。在他看来，资本财的重要性只在于其有助于他的成功。

就商人来说，这种思考模式是没有问题的，但对经济学家来说，同意商人的这个肤浅的看法却是一个严重的错误。商人错在把"资本"视为一种独立的生产要素，并和大自然赐予的物质类要素以及劳动并列。然而，资本财作为过去生产出来并供进一步生产使用的要素来说，不是一种独立的生产要素。资本财是过去花费两种原始要素——自然赐予的物质类要素和劳动——的共同产品。资本财并没有独立的生产能力。

此外，把资本财当成储存起来的劳动和大自然也是不正确的，但是可以将资本财当成储存起来的劳动、大自然和时间。不使用资本财的生产活动和使用资本财的生产活动之间的差异在于时间。资本财是从生产活动的起点到完成其最终目的——产出消费品，这个过程的中间站。相对于一个没有资本财协助生产的人，有资本财协助生产的人享有一个极大的优势：他更加接近他的最终目标。

没有所谓资本财的生产率这回事。一种资本财，如一部机器的价格和重新制造该资本财所需的各种互补的原始生产要素总价的差异完全是由时间差造成的。使用该资本财的人比较接近生产目的。对于有资本财可用的人来说，他的生产期比一个必须从头开始积累资本财的竞争者要短一些。当某人购买某部机器时，他购买的是制造该部机器所需花费的各种原始生产要素再加上时间，也就是说他的生产期将被缩短。

时间价值，即时间偏好或对近期的需求满足估值高于未来的需求满足是人的行为的一个根本要素，它影响着人的每个抉择和每个行为。没有哪个人会无视早一点和晚一点的差别。在所有商品和服务的价格形成过程中，时间价值都发挥了作用。

第四节 生产期、等待期和准备期

如果有人想要测算当初制造现存各种财货所花费的生产期长短，他就必须追溯这些财货的起源历史，直到最初花费原始生产要素的那一刻。他必须确定自然资源和劳动首次被用于生产是在何时，以及在这个过程中，这些资源除了用于生产这些财货是否还用于生产别的财货。要解决这个问题，就必须先对自然资源和劳动进行实物上的归属分析。也就是说，必须能在数量上确定直接或间接地用于生产这些财货的各种工具、原料和劳动各自的贡献。这种历史探究必须追溯到原本粮食仅够糊口、人们开始储蓄和积累资本的起点。这种历史研究实际上不仅困难重重，而且实物归属问题的不可解更使得这种研究工作在起步时就很艰难。

行为人本身以及经济理论都不需要去测量过去花了多少时间才生产出现在可供使用的各种财货。行为人即使知道这些数值，也用不着。行为人面对的是怎样合理地利用现有的财货供给。在选择怎样利用这些供给的每一部分时，他的目的是使尚未满足的需求中最迫切的需求获得满足。为了达到这个目的，他必须得知道，把他和他可以选择的各个目标隔开的那些等待时间分别有多长。正如前面已经指出而在此需要再次强调的，行为人没必要回顾现有资本财的历史。行为人计算的等待时间和生产期是从今天往后算起的。正如他没必要知道现有的各种产品在过去生产时花费了多少劳动和物质类生产要素，他也一样不需要知道过去生产该产品所花费的时长。对于所有财货，行为人都根据它们能给未来需求的满足提供什么服务来评估其价值。过去为了生产它们所付出的代价和所花费的时间已不再重要，都属于已经消逝的过去。

我们必须认识到，经济学范畴全都有关人的行为，与事物的物理性质没有任何直接关系。经济学不是关于财货的学问，而是关于人的选择与行为的科学。行为学的时间概念不是物理学或生物学的概念。行为学的时间概念涉及行为人在做价值判断时发挥作用的那个"早一点或晚一点"的时间差。资本财和消费财之间的区别，不是严格取决于相关财货物理性质的区别，而是取决于行为人的立场和他必须做出的选择。同一批财货可以被视为资本财，也可以被视为消费财。例如，一批可供立即消费的财货也可能是资本财，只要人们把该财货当作等待期间维持他自己和所雇工人生活的手段即可。

若要延长生产期或者采用工艺复杂的生产过程，现在就必须增加可供使用的资本财数量。如果某人想达成未来的目标就必须采用比较长的生产期，因为较短的生产期不可能达成这样的目标。如果某人想采用每单位投入产出数量比较多的生产方法，也必须延长生产期，先前之所以采用每单位投入产出数量比较少的那些生产过程，完全是由于其所需生产期比较短。但若利用的是新增储蓄所积累起来的资本财，那么并非每一种选定的用途从开始生产到产品成熟的生产期都一定会比所有先前已采用的生产过程更长。实际情况也许是：在满足了比较迫切的需求后，人们现在渴望获得一些能在相对短的期间生产出来的财货。先前之所以没生产这些财货，不是因为所需的生产期太长，而是因为另有更为迫切的用途需要使用生产要素。

如果有人宣称，只要资本财供给增加，就会导致生产期和等待期进一步延长；那他所依据的应该是这样的推论：如果 a 代表先前已产出的财货，b 代表利用增加的资本财启动新过程生产的财货，那么，人们等待 a 和 b 的时间显然一定长于只等待 a 的时间。因为要生产 a 和 b，人们不仅必须取得生产 a 所需的资本财，并且还必须取得生产 b 所需的资本财。而如果人们把原本储蓄下来打算供应生产 b 的工人生活所需的物资挪来增加实时消费，那便可以早一点满足其他需求。

在讨论资本问题时，有些反对奥地利学派观点的经济学家会做出假设，人们采用的技术方法总是由给定的技术知识状态所决定。与此相对，奥地利学派的经济学家则主张，在诸多已知的技术方法当中，哪个方法将被采用是由当时的资本财供给数量决定的。[1] 对资本相对稀缺问题稍加研究，便可轻松证明奥地利学派的观点是正确的。

让我们以 1860 年左右罗马尼亚的情况为例分析一下受困于资本稀缺的某个国家的处境。罗马尼亚缺乏的肯定不是科技知识，西欧那些先进国家所使用的一些科技方法不是什么秘密。那些方法在书本上都有描述，在许多学校里也有人传授，在奥

---

[1] 参见哈耶克《纯粹资本理论》(*The Pure Theory of Capital*)（伦敦，1941 年），第 47 和 48 页。哈耶克认为，将某些思想贴上国家的标签实在让人觉得别扭，自李嘉图以来的古典经济学家，特别是穆勒，在某些方面比盎格鲁—撒克逊时代的经济学家更像奥地利学派。

地利、瑞士和法国的科技大学里，罗马尼亚的青年精英已经获得了关于现代生产科技方法的全部信息。数以百计的外国科技专家也准备在罗马尼亚推广他们的知识和技能。罗马尼亚当时缺乏的是按照西欧模式把罗马尼亚落后的生产、运输和通信设备进行改造所需的资本财。如果一些先进国家给予罗马尼亚的援助只是科技知识方面的，那么罗马尼亚人必然将意识到，他们需要花很长一段时间才能赶上西欧国家。罗马尼亚人必须做的第一件事是储蓄，以便让现有的工人以及原料投入一些比较费时的生产过程。只有这样，罗马尼亚人才能首先生产出建造某些工厂所需要的工具，接着利用这些工具建造工厂，再通过这些工厂把建造现代工厂、农场、矿场、铁路、电报线路和建筑等所需的设备生产出来。等到罗马尼亚人把过去落后的时间弥补过来，可能已经过去了数十年。在这段过渡时期，罗马尼亚人除了尽可能地在生理条件许可的范围内缩减当前的消费，没有别的办法让这个追赶过程加速。

然而，实际情形与上述情况不同。西欧资本主义国家借给了一些落后国家可以立即改造大部分生产方法所需的资本财。这为后者节省了时间，并很快提高了劳动生产力。对罗马尼亚人来说，这样做的结果是使他们能立即享受到现代生产科技所带来的好处，宛如他们在很早以前便已开始储蓄和积累资本财了。

资金短缺意味着某人离他所追求的某个目标的距离超过了他如果早一点开始朝这个目标迈进所剩下的距离。因为他过去忽视了这一点，以致现在缺少一些中间财，尽管生产这些中间财所需的一些大自然的要素是一直存在的。资金短缺就是时间的缺乏，即人们朝着相关目标迈进得太晚了。要描述现有资本财所带来的好处及其资本财稀缺的坏处，就不能不提到时间要素。[1]

行为人若拥有资本财，就代表他比较接近他想要达到的目标。增加资本财的供给让行为人能够追求较远的目标，而无须在这个过程中被迫缩减消费。与此相对，资本财方面的损失迫使行为人必须放弃追求某些先前能够追求的目标，或者必须缩减消费。在其他条件相同的情况下[2]，拥有资本财意味着赢得了时间（有利润空间）。在给定的科技知识状态下，相对于欠缺资本财的人而言，资本家能够较快达到一定的目标，而无须缩减消费或增加劳动和大自然赐予的物质类要素。资本家的先机在于时间：一个资本财较少的对手只有缩减消费才赶得上他。

相较于其他国家，西方国家的人民所取得的先机在于他们很早以前便已创造出必要的政治和制度条件，让大规模储蓄、资本积累和投资过程得以平稳且大体上不间断地进行。因此，到了19世纪中叶，他们的物质享受程度便已远远超过一些比较贫穷的国家——这些国家在以牟利的资本主义观念取代掠夺性的军国主义观念时失败了。如果不能获得外国资本的协助，这些贫穷国家要改善自己的生产、运输和通信等，将要花费更长的时间。

如果不了解这种大规模资本移转的重要性，就不可能了解过去几个世纪世界形势的发展以及东西方之间的关系变化。西方不仅给东方带去了生产科技和医疗方面的知识，也给了东

---

[1] 参见杰文斯的《政治经济学理论》(*The Theory of Political Economy*)（伦敦，1924年，第4版），第224—229页。

[2] 这也意味着大自然赐予的要素供给数量相同。

方立即应用这些技术和知识所需的资本财。由于外国资本输入，这些东欧、亚洲和非洲国家能够早一点获得现代产业的成果。在某种程度上，这些国家无须通过缩减人民的消费来积累足够的资本财，但是这些国家的民族主义者对此却持不同意见。事实就是经济落后的国家可以获得先进国家的财富而变得富裕。

双方都从这个过程中获得利益。促使西方资本家到国外投资的因素是国内消费者的需求。西方国家的消费者需要购买一些本国根本不可能生产的财货，同时也要求本国降低一些财货的价值，而事实上，生产这些财货的成本越来越高且只能在本国生产。如果西方资本主义国家的消费者不曾这样行动，如果事实证明资本输出的制度性障碍难以逾越，则资本输出不会发生。这样一来，西方资本主义国家将会有更多纵向的国内生产扩张，而不是横向的国外扩张。

讨论资本市场国际化、国际资本市场如何运作和资本接受国所采取的征收政策最后如何导致国际资本市场瓦解是历史学的任务，而不是交易经济学的任务。交易经济学只需详细探讨资本财供给变多或变少所引起的后果。

让我们比较两个独立的市场体系 A 和 B。在面积、人口、科技水平和自然资源方面，这两个体系是相同的，它们只在资本财供给上有所不同：A 的资本财供给大于 B 的资本财供给。于是，A 所采用的许多生产过程中每单位投入的产出数量大于 B 所采用的那些生产过程。在 B 中，由于资本财相对稀缺，人们不可能考虑采用每单位投入的产出数量比较多的那些生产过程，因为若要如此，就必须缩减消费。在 B 中，许多生产操作都是手工完成的，而这些操作在 A 中则采用可以节省劳动的机器。在 A 中，人们生产的财货属于耐久财货；在 B 中，人们却必须放弃生产耐久财货，即使所需增加投入的比例小于耐久性延长的比例。在 A 中，劳动生产力乃至工资率和工薪阶级的生活水平皆高于 B。[1]

准备期延长到行为人的预期寿命之后

在近期的满足和未来的满足之间进行取舍的价值判断所显示的是行为人现在的估值，而不是未来的估值。行为人权衡的是自己现在认为的近期满足的重要性与未来满足的重要性。

行为人想尽可能消除的那种不适永远是现在的不适，即永远是在当下感觉到的那种不适，而且永远指向未来。行为人现在对未来的预期事态感到不满，因此尝试通过有意识的行为改变预期的事态。

如果行为的目的主要是改善他人的处境（通常被称为利他的），那么行为人想要消除的那种不适便是他自己现在对于他人在未来的预期情况感到的不满意。对行为人来说，照顾他人就是在缓解行为人自己的不满意。

这就是为什么行为人愿意把准备期延长到他自己的预期寿命之后。

时间偏好理论的一些应用

经济学的每一部分都可能被一些人故意曲解和误读，因为

---

[1] 参见约翰·贝茨·克拉克（John Bates Clark），《经济理论要论》（*Essentials of Economic Theory*）（纽约，1907 年），第 133 页。

这些人急于为自己的党政纲领所依据的一些错误理论进行辩解或提供支持。为了尽可能防止这种滥用，下面将对时间偏好理论再增加一些相关说明。

有些思想流派断然否定人与人之间有先天遗传上的差异。在这些论述者看来，西方的白种人和因纽特人之间的唯一差异是，因纽特人在向着现代工业文明前进的道路上比较落后。然而，与人类从类人猿状态演化到今天的智人状态所历经的数十万年相比，这几千年的时间差是微不足道的。因此，现在有些人种比白种人落后的事实并不能作为支持个体之间所谓种族差异的假说。

不管是行为学还是经济学，它们都和这个争论所引起的议题无关。但是，经济学家必须采取一些预防措施，以免经济学在这种敌对的理念冲突中被染上党派色彩。如果那些盲目反对现代遗传学经验的人稍微懂点经济学，那么他们肯定会把时间偏好理论变成他们的优势。他们会说，西方国家的优势仅在于这些国家比较早地开始努力储蓄和积累资本财。然后，他们会以一些偶然因素来解释时间差，如环境提供了较好的机会。

针对这些可能的曲解，我们必须强调这样一个事实：西方国家所取得的先机是以某些意识形态因素为先决条件的，而这些意识形态因素绝不可能归结为仅仅是环境使然。所谓人类文明迄今一直是一个从霸权型联结转向契约型联结为主的社会合作形态的发展过程。但是，许多种族和民族止步于这个转向过程的早期阶段，而其他民族则继续迈步前进。西方民族的卓越之处在于，他们成功地抑制了掠夺性军国主义，并在较大范围内创造出可以实施储蓄与投资的社会制度。没有人会反对这个事实：在从原始人类的赤贫状态发展到19世纪西欧和北美比较令人满意的那种状态的过程中，个体的主动性和私有制是不可或缺的发展阶段。东印度群岛、中国、日本和伊斯兰国家欠缺的是保障个人权利的制度[1]。巴夏（pashas）、卡迪（kadis）、王公（rajahs）、满大人（mandarins）和大名（daimios）的武断治理不利于资本的大规模累积。法律有效地保障了个人财产权免于被任意征用和没收是西方空前的经济发展得以开花结果的基础。这些法律可不是什么偶然的历史事件，也不是地理环境的意外成果，它们是理性的产物。

我们无从得知，如果当年亚非国家被别的国家排除在外，它们的历史将会怎样发展。实际的历史是，它们当中有些曾受欧洲人统治，而其他国家，比如中国和日本，则在西方列强海军的军事威胁下被迫打开门户。西方工业制度的一些成就于是从海外来到它们跟前，后者很快便利用起西方的借款和投资。但是，对于产生现代工业制度的那些意识形态，它们却迟迟不愿意接受。因此，它们对西方生活方式的效仿仅仅停留于表面。

我们正处在一个革命进程当中[2]，将很快消灭所有类型的殖民主义。这个革命的范围并非仅限于那些被英国人、法国人和荷兰人殖民统治的国家。甚至一些曾经在无损于他们的政治主权下受惠于外国资本的国家也热衷于摆脱外国资本家的羁绊。他们以各种手段，如歧视性课税、拒付欠款、赤裸裸地没收和外汇限制等手段剥夺外国人的财产。我们正处于国际资本市场

---

[1] 指的是1949年之前的情况。——编者注
[2] 读者请注意，本书首版发表于1949年。——译者注

完全崩塌的前夕。这种事态的经济后果相当明显，而其政治影响则难以预料。

若要评估国际资本市场崩塌的政治后果，那就必须记得资本市场国际化在过去曾产生了哪些作用。在19世纪晚期，一国是否具备充分利用其境内自然资源所需的资本是无关紧要的。实际上，对每个人来说，每个地方的自然资源都是自由开放的。在寻求最有利的投资机会时，资本家和首倡者没有被国界所阻挠。就充分开发、利用已知的自然资源而言，地球上的绝大部分地区可以被视为已融入一体化的世界市场体系。没错，这个结果在某些地方，如英属和荷属东印度群岛和马来西亚，是在殖民政权下达成的，而那里的本土政权很可能不会主动建立引进资本所需的制度环境。不过，东南欧和西半球国家则自己主动加入了国际资本市场。

有学者指出，外国借款和投资的目的在于满足战争、征服和殖民扩张的欲望。然而，资本市场国际化加上自由贸易和自由移民其实是有助于消除战争和领地征服的经济诱因。对于任何人来说，本国的政治疆界位于何处不再是一个重要的考虑因素，企业家和投资者不会受到这些疆界的阻碍。在第一次世界大战之前的年代，那些执着于爱好和平的"堕落"的自由主义国家，正是那些对外借款与投资名列前茅的国家。在最主要的侵略国当中，俄国、意大利和日本不是资本输出国，它们需要外国资本来开发国内的自然资源。至于德国，帝国主义的冒进政策并未获得国内大企业和金融机构的支持。[1]

---

[1] 参见米塞斯的《全能政府》(*Omnipotent Government*)（纽黑文，1944年），第99页。

国际资本市场的消失彻底改变了这一切。国际竞争和利用自然资源的自由被剥夺了。如果某个经济落后国家的计划经济体制政府欠缺利用本国自然资源所需的资本，那么这种情况将无法补救。如果国际资本市场提早一百年消失，那就不可能在墨西哥、委内瑞拉和伊朗开发油田，也不可能在马来西亚修建橡胶园或在中美洲发展香蕉产业园了。如果有人认为那些先进国家会默许这种情况的存在，那就错了。为了取得迫切需要的原料，先进国家采取的唯一办法就是征服。在国际资本市场允许实现的外国投资自由之外，战争是唯一的替代选项。

外国资本流入不会伤害接受国。正是欧洲资本的进入加快了美国和英属自治领的经济发展。由于接纳了外国资本，拉丁美洲和亚洲的一些国家有了现代化的生产和运输设施。如果未曾得到外国资本的协助，它们将在很长一段时间内忍受欠缺这些设施的不便。这些国家现在的实际工资率和农场产出远高于之前没有外国资本参与的情况。现在，几乎所有国家都强烈要求外国的资金援助，仅凭这个事实便可以彻底驳倒计划经济者和民族主义者的那些无稽之谈。

然而，只是渴望获得资本财并不会使国际资本市场复苏。只有当资本引进国接受私有财产权原则，不会在某一天设法剥夺外国资本家的所有权时，资本家才有可能到某国投资或借钱给某国。而正是这种剥夺摧毁了国际资本市场。

政府之间的借贷不可能取代国际资本市场的功能。如果这些借款是在商业条件下发放的，那么它们就和私人借款一样是以充分尊重财产权为基础的。如果这些借款——就像通常情形那样——被当作实际补贴发放，因而并不指望还本付息，那么它们对债务国的主权就会施加一些限制。实际上，这种所谓的借款大部分是为了在即将来临的战争中获得债务国提供的军事援助而支付的款项。在那个时代，这种军事考虑在欧洲列强准备发动大战时便曾经产生过重要的作用。最典型的例子是法国资本家在第三共和政府的强硬压迫下把大笔款项借给沙俄。当时的沙皇把这笔借款用于强化军备，而不是用于改善俄国的生产设备。

第五节 资本财用途的可转换性

资本财是通往特定目标的中间步骤。如果在生产期间目标改变了，那些已经生产出来的资本财并非总是能用来达成新目标。有些资本财变得完全没用了，过去所有生产它们的成本现在看来就是被浪费掉了。其他一些资本财可供新生产计划使用，不过也得经过一番调整改造，而如果人们一开始就针对新目标进行生产，便可以省下改造所需的成本。第三类资本财则无须改造便可以供新计划使用。但是，如果当初在生产时就知道它们将供新计划使用，便可以以较低的成本制造其他一些有相同功能的资本财。最后，有些资本财可以用在新生产计划上，而且和当初所计划的一样适用。

如果不是为了驳斥一些流行的错误概念，这里就不必提到这些显而易见的事实。这个世界上没有独立于具体资本财的抽象的或理想中的资本。如果不考虑持有现金在资本组合中所扮演的角色（对此我们将在后文讨论），那就必须知道资本总是被具体化为一定的资本财，而每一件与该资本财有关的事情都会对其产生影响。一笔资本的价值是它所体现的那些资本财价值的衍生值。一笔资本的货币价值是我们抽象地谈论该笔资本时所涉及的那一批具体资本财的货币价值总和。没有什么能被称为"自由资本",资本总是以一定的资本财的形式存在。这些资本财适合某些用途,而不适合另一些用途,甚至完全不能用于某些用途。因此,在某种意义上,每一单位资本都是固定资本,可用于一定的生产过程。商人习惯区分固定资本和流动资本,这种区分只是一种程度上的差异,而非本质上的不同。所有对固定资本有效的东西对流动资本也同样有效,只是在程度上必须打一点折扣。所有资本财或多或少都有其特殊性。当然,对于大部分资本财来说,其不太可能因为需求和生产计划的改变而变得毫无用处。

一定的生产过程越接近最终目标,中间产品和最终目标之间的联系就越紧密。比如,铁的特殊性小于铁管,而铁管的特殊性又小于铁制的机器零件。一定的生产过程进行得越深入,产品就越接近终点——越快生产出消费财,要改变这个过程通常也就越发困难。

如果我们从头开始考虑资本积累的过程,那就很容易理解为什么不可能有自由资本这回事了。资本必然具体化为一些性质比较特殊的或比较不特殊的财货。当人们的需求或人们对于如何满足需求的见解有所改变时,资本财的价值也就会随之改变。唯有通过一定的行为使消费滞后于生产才能产生新增的资本财。而新增的资本在它产生的那一刹那便已体现为某些特定的资本财。这些资本财首先必须被生产出来,才可能作为生产大于消费而产生的余额,并变成资本财。在这个过程中,货币也扮演了重要角色,对此我们稍后会再加以讨论。这里只需确认，即使对拥有货币资本和拥有货币所有权的资本家来说，他也不能拥有自由资本。他的资本是和货币绑在一起的，因此会受到货币购买力变动的影响，如果他因为投资而成为债权人，那么他也会受到债务人偿付能力变动的影响。

把资本区分为固定资本和自由资本或流动资本很容易被曲解，因此最好以资本财用途的可转换性取代这种区分。资本财用途的可转换性是指根据基本生产条件的变化调整其使用方式。资本财用途的可转换性是有层级变化且不完美的，也就是说，并非所有的条件变化都能实现资本财用途的可转换性。对某些特定的生产要素而言，改变用途的可能性完全不存在。由于发生了不可预见的变化，资本财才必须从原先规划好的用途转换到别的用途，所以在讲到资本财用途的可转换性时不能概而言之，也就是说不能不顾及基本条件已经发生或预期发生什么样的具体变化。有时候基本条件的改变可能使原先认为很容易转换用途的资本财变得完全不能转换用途或者必须克服很大的困难后才能转换用途。

有些财货的功能在于提供一系列服务，并且可以持续一段时间，还有些财货在生产过程中只提供一次服务就耗尽了其功能。显然，在现实中财货是否可以转换用途对上述第一类财货来说比对第二类财货重要许多。未开发的工厂产能、闲置的运输设备以及报废某个原本计划长期使用的耐久装置显然比抛弃过时的布料、衣物以及容易腐败的生产要素的影响更重大。转换用途的可能性之所以是资本和资本财特有的一个问题，是因为只有在资金核算使资本财尤显重要时才会凸显这个问题。此外，个人为了自己使用或消费而取得的某些消费财，基本上也存在转换用途的可能性。如果过去导致购买那些消费财的情况改变了，那么消费财用途的可转换性也同样会在他们身上变成一个实际问题。

作为资本的拥有者，资本家和企业家并不是完全自由的；他们并非总是处在尚未束缚他们的首次决定与行动的前夕，他们总是已经在某些方面有了牵绊。他们的资金不是放在社会生产过程之外，而是投资在一些特定的生产过程中。如果他们拥有现金，那么根据当时的市场状况，这或许不是一项明智的"投资"，但总归是一项投资。他们或许已经错过了适当的时机，未能购买迟早必须购买的一些生产要素，又或许适当的购买时机还没到来。如果是第一种情况，他们持有现金就是不明智的，因为他们错过了一个机会；如果是第二种情况，他们的选择则是正确的。

资本家和企业家在支出货币购买具体的生产要素时，完全是他们从当下预期未来市场状况的前提下来评估各种财货的价值。他们所支付的价格已经按照他们现在所评估的未来状况加以调整。过去生产现有资本财所犯下的种种错误不会拖累资本财的买方，那些错误的后果完全由卖方承担。就此意义而言，企业家把过去一笔勾销之后，才会拿出货币购买现有的资本财，以进行未来的生产活动。无论现在购买的这些生产要素的价值和价格曾经发生什么变化，都不会影响他的冒险计划。只有在这个意义上，我们也许才能说，拥有现金的人就拥有流动资本，而且资本是自由的。

第六节　过去的活动对行为的影响

资本财积累得越多，其用途可转换性问题就越重要。从前的农夫和手工艺人所使用的原始生产方法比现代的资本主义生产方法更容易调整，以适应新情况。而现代资本主义生产方法所面对的情况变化尤其迅速。在我们这个时代，科技知识和消费需求方面的变化每天都在发生，许多引导生产过程的计划因而变得不合时宜，这就导致一个问题：人们是否应该继续执行原本制订的计划。

彻底创新的精神可能十分打动人心，并能使人们克服懒散怠惰的行为，甚至可以激励那些循规蹈矩的懒人废除那些传统的价值判断，从而使人们走上通往新目标的道路。空想家可以试图忘记，我们不可避免地要在各方面延续前辈的努力，我们的文明是长期演化的产物，不可能一下子被全盘改造。但是，创新的倾向不管多么强烈，总是会受到某个因素的制约，迫使人们不能仓促地偏离前辈所选择的前进路线。所有物质类财富都是过去活动的遗产，并体现为一些特定的资本财，其用途转换的可能性相当有限。如果现代人的自由裁量权没有受限于过去完成的某些约束性活动，那么这些积累下来的资本财会把人的行为导向一个他们自己原本不会选择的路线。行为人选择某种目的和选择达成这些目的的手段都受到过去行为结果的影响。资本财是一个保守元素，迫使我们调整自己的行为去适应自己先前的行为以及适应过去几代人的思想、选择和行为所形成的条件。

想象一下，如果我们过去能够按照现在关于自然资源、地理、科技和卫生学方面的知识安排所有生产过程和制造所有资本财，结果将会是什么样的。我们会把生产中心设置在不同于现在的一些地方，我们也会以不同于现在的方式在地球上安置人口。原本有些人口稠密且布满工厂与农场的地方，其人口数量将会比较少，因为我们会在其他一些地方分配更多的人口、厂房和农场。所有企业将配备最有生产效率的机器和工具，每个企业的规模将保证其产能获得最经济有效的利用。在这个想象中的完美世界里，不会存在生产科技落后的问题，不会存在被闲置的产能问题，也不会存在（可避免的）人员交通与财货运输问题，人类劳动的生产力将远远超过现在这个不完美的世界的实际水平。计划经济体制者的著作中充斥着这种乌托邦式的幻想。不管他们是自称为计划经济体制者还是技术主义者或仅自称为规划师，他们都急于向我们证明，现在各种事情的实际安排是多么愚蠢，而如果他们能赋予改革者以领导权，人们的生活将会多么幸福。

　　有人说，正是因为资本主义生产模式的固有缺陷才导致人类享受不到现代科技所提供的便利。这种理性的浪漫主义思想的根本错误在于，它误解了现有资本财供给的性质和资本财稀缺的意义。现有中间产品或资本财是先人和我们过去制造出来的。过去生产这些资本财所依据的计划无论就其目的还是科技手段的选择而言，都是符合当时流行理念的产物。如果我们现在考虑选择不同的目的和不同的生产方法，我们就得面对一个抉择：要么必须舍弃大部分现有资本财，从头开始生产现代设备；要么必须调整生产过程，尽可能地适应现有资本财的特殊性。在市场经济中，选择权总是在消费者的手中，消费者"买或不买"便解决了这个问题。消费者在老公寓和备有各种舒适家具的新公寓之间，在铁路和汽车之间，在煤气灯和电灯之间，在棉织品和人造丝制品之间，在蚕丝袜和尼龙丝袜之间所做的选择已经决定了是继续使用先前积累下来的资本财，还是将其废弃不用。如果一栋还能居住多年的老式建筑没有被拆除并被改建成一栋现代化的房子——老建筑的承租人不准备支付较高的房租，他宁愿用房租满足其他欲望也不愿意住进比较舒适的房子——那么，这就清楚地表明了现在的消费抉择是怎样受到过去活动的影响的。

并非每一项科技改良都会被立即应用到整个相关领域，就好像市场推出了新款汽车或时髦的衣服，也不是所有人都会立即抛弃自己的旧车或旧衣服并购置新的。在所有这些事情中，人们的选择都是基于对现有物品稀缺性的考虑。

假设一台比先前使用的所有机器都更有效率的新机器被制造出来了，那么那些配备旧的、效率较低的机器的工厂是否会立即抛弃那些仍然可以使用的旧机器，而代之以新机器呢？这取决于新机器"新"到什么程度。只有当"新"的程度大到足以补偿所需增加的花费时，报废旧机器在经济上才是明智的。假设 p 是新机器的价格，q 是旧机器报废后能够卖得的价格，a 是使用旧机器生产时每单位产品的成本，b 是使用新机器生产时每单位产品的成本（不考虑购买新机器所花费的成本）。让我们进一步假设，新机器的卓越之处仅在于比较节省原料和劳动投入，而不在于能够制造出数量比较多的产品，因此每年产出 z 维持不变。如果收益 $z(a-b)$ 大到足以补偿支出 $p-q$，那么以新机器取代旧机器是有利的（假设新机器每年的折旧率与旧机器的折旧率相同，这里先不管折旧费用）。以此类推，我们也可以用这个方法考虑是否应该把一座旧工厂从某个比较不利于生产的地方移转到条件比较有利的地方。

技术落后和经济劣势是两回事，绝不可混淆。从技术的角度来看一个条件落后的生产组合也许能够成功地和一些配备比较优良或占据有利地点的生产组合相竞争。与改造旧有设备或迁移工厂所需的额外花费相比，（技术上）高效率的设备或有利的生产地点所带来的优势决定了新旧取舍的问题。这种关系取决于相关资本财用途的可转换性。

尽管浪漫的工程师希望我们相信，对技术完美和经济权宜之计进行区分是资本主义经济才有的特征，但事实并非如此。没错，在市场经济中，只有通过经济计算才有机会让行为人确立所有必要的计算程序，以便认识相关事实。计划经济体制下的经济管理当局不可能以算术方法查明它所面对的情况，所以，它不知道它所计划和执行的是不是现有资源最适当的使用程序以及最适合用来满足国人尚未满足的需求中的最迫切的需求。但如果它真能计算，那么它的进一步行动和一个工于算计的商人的行为将不会有什么不同。它将不会把生产要素浪费在一些它认为需求不迫切的满足上，因为这将使比较迫切的需求得不到满足。它将不会急着报废仍然可用的旧的生产设施，因为替代旧设施而需进行的新投资可能对扩大生产某些比较迫切需要的财货产生不利影响。

适当地考虑资本财用途的可转换性可以轻易驳倒许多流行的谬论，如主张保护和扶植新兴产业的理论。这个理论的拥护者辩称，如果要在某些国家发展一些加工业，那么对其予以暂时的保护就是必需的。这些国家的自然条件比较有利于某些加工业的发展，至少不会输给外国的老牌竞争者。不过，老牌竞争者起步较早，已经取得了竞争优势。尽管这种优势完全是由于"起步较早"这一历史的、偶然的和显然"非理性的"因素所致，但毕竟还是阻碍了一些原本有条件以更便宜或至少同样成本生产的竞争者。尽管这个理论的拥护者也许会承认，给新兴产业提供保护暂时是很耗费成本的，但他们会说，新兴产业后来获得的利益可以补偿这种牺牲，甚至绰绰有余。

事实就是，就经济观点而言，只有当新地点的优势非常巨大，大于那些老牌工厂既不能转换用途又不能迁移的资本财遭到废弃时所产生的损失时，在新地点建立新兴产业才是有利的。如果新地点的优势确实如此巨大，则新工厂将能够成功地和老牌工厂竞争，而且无须政府给予任何帮助或扶持。如果新地点的优势不是如此巨大，则给予新工厂关税保护便是一种浪费，哪怕这种保护只是暂时的，新工厂未来也能够独立运行。实际上，该关税等于是消费者被迫支付的一项津贴，它被用来补贴购买某些生产要素，以取代一些仍然可以使用，但过早报废的资本财，或者用来补贴某些稀缺的生产要素使其撤离某些用途，而对于这些用途，消费者认为这些被撤离的生产要素原本提供的服务更有价值。消费者被剥夺了满足某些需求的机会，因为满足这些需求所需的资本财被引向生产一些在没有保护性关税的情况下他们便已经可以取得的财货。

所有产业都普遍倾向于移往生产潜能最有希望实现的地方。在未受干扰的市场经济里，这种倾向因为必须适度考虑稀缺的资本财的用途不能转换而相应地发生转变。然而，这个历史性因素并不能给予旧有产业以永久的优势，它只能防止投资造成的浪费。这些投资一方面导致仍然可用的生产设施被弃置不用，造成了浪费；另一方面也缩减了资本财的供给，使某些需求得不到满足。在没有关税保护的情况下，产业迁移的适当时机会延后至投资于旧工厂的资本财耗损到不能再使用，或由于科技的巨大进步，以致旧设备过时而必须以新设备取代之。美国工业史上有许多产业中心迁移的例子，这些产业迁移都没有得到政府保护性措施的扶持。新兴产业论似是而非的程度不亚于所有其他主张产业保护的理论。

另一个流行的谬论涉及有用的发明专利遭到压制而不被使用的问题。一项专利是颁发给某项新发明的创造者在一定年限内有效的合法独占权。在这里，我们不关心颁发这种独占特权给发明人是不是一个好政策[1]，我们只需处理大企业是否如某些人所宣称的那样滥用专利制度，导致民众享受不到科技进步带来的好处。

有关当局在颁发专利给发明人时，不会去研究获颁专利的发明有什么经济含义，而只关心先前是否有人提出该项发明，并且相关的审核也仅限于技术方面的问题。有关当局对所有发明一视同仁，无论这些发明是能使某个产业发生革命性变化的创造，还是一些毫无用处的小玩意儿。因此，专利保护被颁发给一大堆毫无价值的发明。这些发明者很容易高估自己的发明对技术知识进步的意义，对该发明可能带给自己的物质利益也很可能有一些夸张的期望和幻想。结果他们失望了，于是他们抱怨这是一个荒谬的经济体制，责怪它剥夺人民享受科技进步的好处。

前面我们已经指出，在哪些条件下，以新改良的设备取代仍然可用的旧设备是合乎经济利益的。如果不具备这些条件，

---

[1] 参见第十六章第九节和第二十四章第三节。

那么不管是对市场经济里的私人企业来说还是对极权体制里的计划经济管理当局来说，立即采取新技术进行生产都是不划算的。未来生产用于建设新工厂的新型机器、扩建旧工厂和更换已耗损到不能被使用的旧机器都会按照新发明的设计完成。但仍然可以使用的设备不会被立即报废，新发明的生产程序只会被逐步采用，而操作旧设备的工厂在一段时间内仍然可以和操作新设备的工厂进行竞争。那些对上述说法的正确性有所质疑的人应该扪心自问：他们是否在比较好的新产品一上市时就立即抛弃了自家正在使用的吸尘器或收音机呢？

就这一点而言，新发明是否获颁专利保护是不会有什么差别的。取得某项专利特许的企业，已经为该项新发明花费了资金。尽管如此，如果该企业没有采用这个新方法，就说明采用新方法不划算，即使它有专利权提供的独占地位，从而可以防止竞争者应用该项专利也无济于事。唯一要紧的是，新发明相较于旧方法究竟优越到什么程度。这种优越意味着，每单位产品生产成本的降低，或者产品质量的显著提高使得购买者愿意支付足够高的价格。如果优越程度不足，以致转换生产过程无利可图，那只能证明消费者其实比较在意取得其他一些财货，而不在乎享受新发明的好处——最终的决定还是取决于消费者。

肤浅的观察者有时候未能看清这些事实，因为他们被许多大企业的通常做法迷惑住了。这些企业在购买它们运营领域中的专利授权时，通常不在乎该专利是否有用。这个惯常的做法出于许多不同的考虑：

（1）该项新发明的经济意义还不能清晰显现。

（2）该项新发明显然没什么用，但该企业认为能以某一方式加以改进，使之变得有用。

（3）立即应用新发明不划算，但该企业打算在未来更换不能使用的设备时应用该项新发明。

（4）该企业希望鼓励某位发明人继续努力研究，尽管到目前为止，该发明人的努力未曾产生实际可用的价值。

（5）该企业希望安抚某些喜好诉讼的发明人，以避免其提起的侵权官司可能导致的时间浪费与金钱浪费，甚至是神经紧张。

（6）该企业在进行几乎不加掩饰的贿赂或屈服于某种隐蔽的勒索，即这些毫无用处的专利的发明人是某些厂商或机构的干部、工程师或其他有影响力的人士，而那些厂商和机构则是该企业的顾客或潜在的顾客。

如果一项新发明真的优于旧生产过程，以致旧设备显得过于陈旧，使人们想要立即以新代旧，那么，这项改造工作就会立即开始，不管该项发明的专利权是掌握在旧设备所有者还是某个独立企业手中。所有与此相反的陈述必然基于如下假设：不仅是发明人和他的代理人，所有已经活跃在相关生产领域的人，以及所有一旦有机会便想进入该领域竞争的人，都未能完全掌握该项发明的重要意义。所以发明人会把专利权贱卖给某家老牌企业，因为没有其他人想购买该项专利。而这家老牌企业也十分愚蠢，以至于看不出能从该发明的应用中得到什么利益。

没错，如果人们没能看出某项技术的改进是有用的，那么这项技术就不可能被采纳。在计划经济体制管理当局的控制下，相关部门的主管官员无能或顽固不化足以阻止人们采用比较经济有效的生产方法。而在政府主宰的一些领域里，新的发明也经常面临相同的命运。最显著的例子是，有些著名的军事专家未能理解新机器的重要性。比如，伟大的拿破仑没能看出汽艇在他入侵英国的计划中所提供的帮助。第一次世界大战前夕，不管是法国的福煦元帅还是德国的参谋本部都同样低估了航空战斗的重要性，而后来著名的美国空军战备先驱比利·米切尔（Billy Mitchell）将军也曾有过许多不愉快的经验。但是，在没受到目光短浅的官僚机构干扰的市场经济领域，却完全是另一幅景象。在那里，人们倾向于高估，而不是低估创新发明的获利潜力。在现代资本主义的历史中，有无数尝试推动创新却终归失败的例子。许多企业的首倡者因为毫无根据的乐观而付出了沉重的代价。指责资本主义倾向于高估一些没用的创新比指责资本主义压制有用的创新更贴近事实。实际上，大笔资金曾被浪费在购买一些没什么用处的专利发明或者浪费在实际应用这些专利发明却毫无结果的商业冒险上。

有人说，现代大企业偏爱阻止技术进步，这种说法实在荒谬。事实上，有许多大公司会花大价钱寻求新程序和新方法。

那些悲叹自由企业压制发明专利的人，千万别以为他们的论点已得到了印证，因为他们的理由是许多专利从未被利用或拖延了很长时间后才被利用。许多专利，也许是绝大多数专利，显然是没什么用处的。我还没看到，指称创新遭到不合理压制的那些人曾举出什么例子来显示哪一个创新在有专利保护的资本主义国家没获得利用，却在某些苏维埃国家——这些国家的掌权者可不是尊重专利权的人——获得利用。

资本财用途的有限可转换性在人文地理学中也扮演着重要角色。在地表之上，现今人类的居住情况和产业中心的分布情况在某种程度上是由一些历史因素决定的。在遥远的过去，某些特定地点被前人选定的事实现在仍然能发挥作用。没错，人们普遍倾向于移往最具生产潜能的地方。然而，这种倾向不仅受到一些制度因素的限制，比如移民障碍，也受到了历史因素的限制。从我们现有的知识角度来看，一些用途难以转换的资本财已经被投资在欠缺生产潜能的地方。这些资本财的不可流通性阻碍了我们按照现代地理、地质、动植物生态、气候和其他科学知识在最适当的地方安置工厂、农场或住宅。相对于移往自然条件较佳的地方能够带来的好处，我们也必须考虑抛弃一些既不太可能转换用途也不太可能迁移的资本财所带来的损失。

因此，现有资本财供给的有限转换性的程度影响了所有生产和消费方面的决定。用途的可转换性越小，科技进步实现的时间就会越延后。然而，如果有人指责这个延缓因素是非理性的和反对进步的，那就太荒谬了。在计划行动方案时，考虑所有预期的好处和坏处，衡量它们的相对重要性，是理性的表现。对现实感到困惑不解的不是头脑清醒、精于算计的商人，而是浪漫的技术主义者；再者，真正延缓技术进步的因素也不是资本财转换用途的受限性，而是资本财供应的稀缺性。人类的富裕程度还没达到足以放弃仍然可用的资本财的地步。资本财的供给并不会阻碍技术进步，相反，它正是所有改良和进步不可或缺的条件。前人的遗产体现为我们现在的资本财供给，是我们的财富，也是增加我们福祉的最重要的手段。没错，如果先人和我们自己在过去曾经比较成功地预料到我们今天必须面对的情况，那么我们现在的处境将会更好。认识到这个事实可以解释许多我们现在看到的现象，但这可不是在责怪过去，也不能说明市场经济有什么本质上的缺陷。

第七节 资本的积累、保持和消费

资本财是中间产品，它将在进一步的生产过程中转变成消费财。所有资本财（包括那些不容易腐败的）最后都会消失。它们要么在生产过程中失去实用性，要么在此之前由于市场基本情况的改变而丧失经济功能。保持资本财库存完好无损是不可能的事，资本财是一种短暂存在的东西。

财富恒久不变的概念是由主观计划及其行为衍生而来的。它指的是资本核算所应用的那个资本概念，而不是资本财本身。在物质世界中，没有什么具体的东西能和资本的概念相对应，它只存在于那些对未来有所计划的人们心中，不存在于别的地方。资本是经济计算的一个因素。资本核算只有一个目的，就是帮助我们了解我们现在的生产和消费安排如何影响我们未来需求的满足。它要回答的问题是：某一行为过程究竟会增加还是会减少我们未来努力的成效。

想保持自己现有的资本财的充分供给或增加资本财供应的动机也会驱使不会使用经济计算作为思考和判断工具的人做出某种行为。原始时代的渔夫和猎人当然知道减少工具磨损、保持其功能完好与工具损坏又没有合适的替代工具之间的差异。一个顽固守旧且不懂资本核算的农夫也清楚地知道，保持他的农具完好无缺和牲口数量的重要性。在一个停滞或发展缓慢进步的经济社会中，即使没有资本核算，人们也可能成功运作。在这样的社会中，要想使资本财供给大致不变，就必须以如下的方式落实：要么在当下生产一些资本财，以更换那些用坏的资本财；要么积累一笔消费财，以便以后投入精力生产可用于更换的资本财,且无须缩减消费。但是,在不断变化的工业经济里,行为人不能没有经济计算和相关的资本、收入等基本概念。

概念的具体化已经使人们对资本概念的理解发生混乱,它还衍生出了一套关于资本的神话。[1] 有些学者认为,"资本"实际上存在于"资本"所具体化的资本财之外。他们认为,资本能够实现自我再生产,因此它是自我持存的。还有人说,资本会产生利润。所有这些都是无稽之谈。

资本是一个行为学概念,它是推理的产物,存在于人类的思想中。它是一个审视行为问题的模式,是从某一计划观点评估行为适当与否的方式。该行为模式可以决定人的行动方向,因此,唯独就此意义而言,资本是一个真实因素。它不可避免地和资本主义市场经济联系在一起。只要人们在采取行动时接受资本核算的指引,资本的概念便会发生作用。如果某个企业家以某一方式运用生产要素使得产品的货币价值至少等于用掉的生产要素的货币价值,那么该企业家便能以与货币价值相等的新资本财置换用掉的资本财。但是,产品总收入的分配运用,即如何将其用于保持旧资本、消费或积累新资本永远是企业家和资本家有意识的行为的结果。资本能够保存下来不是"自动的",而必然是有意识的行为的结果。如果计划所依据的经济计算因为疏忽、错误或对未来情况的误判而失效,那么该计划便可能失败。

新增资本只可能通过储蓄而获得,即只可能通过生产大于

---

[1] 参见哈耶克的文章《资本神话》("The Mythology of Capital"),(《经济学季刊》,1936年),第 223 页及其后。

消费财的余额来积累资本。储蓄可能来自缩减消费，但也可能在既没有进一步缩减消费也没有改变资本财投入的情况下，通过提高净产量而获得。这种情况可能以如下方式出现：

（1）自然条件比较有利，收获颇丰。例如，人们有机会耕种更肥沃的土地或挖掘单位投入产出比更高的新矿藏；过去反复发生的使人们劳而无获的各种自然灾害变少；流行病和动物瘟疫已经消退。

（2）在既没有投入更多资本财也没有进一步延长生产期的情况下，人们成功地使某些生产过程更有效率，收获也更多。

（3）社会制度对生产活动的干扰减少。战争、革命、罢工、怠工和蓄意破坏以及其他一些犯罪活动造成的损失变少了。

如果因此导致的一些生产增额被用来增加投资而非立即消费，则未来的净生产收入将进一步增加。那时，人们就可以扩大消费，而不至于缩减资本财供给和降低劳动生产力。

资本，永远是个体或某些行动一致的个体所组成的团体所积累起来的，它从来不是国家或社会所积累起来的。[1]有时候可能发生这样的情况：当某些行为人在积累新增资本时，同一时间却有其他一些行为人在消费以前积累的资本。如果这两个过程在金额上相等，则市场经济里的资本金供给总额保持不变，这就等于资本财供给的总额没发生任何变化。某些人所积累的新增资本只避免了某些生产过程原本必须进行的生产期缩短调整。但是，这时不可能增加采用任何生产期比较长的生产过程。如果从这个角度观察事态发展，我们可以说发生了资本移转。

---

[1] 在市场经济里，国家和自治城市也只是代表某些特定团体的行为人，它们所代表的这些团体则是由行动一致的某些个体组成的。

但是，我们必须小心提防，切勿混淆这个资本移转概念和下面谈到的个体或团体之间的财产权转让。

就资本财的买卖和企业贷款的发放等财产权的转让本身而言，它们不是资本移转。这些财产权的转让行为是人们之间的交易，是他们把一些具体的资本财传输给有意利用它们以执行某些生产计划的企业家。这些转让动作是一系列长远的行为过程中的附属步骤。其综合作用决定了整个生产计划的成败。但是，不管是获利还是亏损，这些转让动作都不会直接造成资本积累或资本消费。使现有资本数额发生变动的是那些有幸获利或不幸亏损的人选择怎样安排他们自己的消费。

资本移转既可能伴随资本财所有权的转让，也可能没有伴随资本财所有权的转让。第一种情况是，某个人在消费资本，而另一个和他毫无关系的人恰好在积累数额相等的资本。第二种情况是，某一件资本财的卖方消费了他所卖得的收入，而买方则是从净收入大于消费的余额中挪出一笔储蓄支付该件资本财的价格。

资本消费和资本财的实体消灭是不同的两回事。所有资本财迟早都会转变成最终产品，并且随着它们的使用、消费、耗损而不复存在。能够以适当的消费保存下来的只是资本金的价值，从来不是具体的资本财。有时候可能发生这样的情况：天灾人祸导致资本财损失严重，以致任何可能的消费紧缩都无法在短期内将资本金补充到原来的水平。但是，这样一种资本消耗的情况同样也是"当下的生产净收入中，用来维持资本不变的部分比例不够大"这个事实所造成的。

第八节　投资人的流动性

　　资本财用途的转换虽然有限，但它不能完全束缚住其所有者，投资人可以自由地改变他的投资。如果他能够比别人更正确地预料未来的市场情况，他的投资行动便可以取得成功，因为他只会选择价格上涨的投资标的，而不会选择价格下跌的投资标的。

　　企业家的盈利或亏损取决于生产要素实际投注在哪些生产项目上。而股票和证券市场之外的类似交易则决定了这些项目的利润或亏损将落在谁的头上。人们倾向于区分纯粹投机的股票市场冒险和真正合理的实业投资。然而，所谓投机和投资之间的差别，其实只是程度上有所不同而已。这世界上，没有非投机性的投资这回事。投资可能是好的也可能是坏的，但永远是投机的。环境的根本性变化会使通常认为绝对安全可靠的投资变成坏的投资。

　　股票投机不可能撤销过去的行为，也不可能抹除任何已经存在的资本财用途可转换的有限性所产生的问题。股票投机所能做到的只是阻止投机者在他不认同的产业或企业增加投资。市场经济的一般趋势是：扩大有利可图的生产和缩小无利可图的生产。股票投机则为这个趋势指出了一个具体方向。就此意义而言，股票市场简直就是"所有市场的代表"和市场经济的焦点，是使预期的消费者需求成为市场最强指导力量的终极机制。

　　投资人的流动性显现在所谓的"资本外逃"的现象上。个别投资人会从自己认为不安全的投资标的撤离，只要他甘愿承担已经被市场折现的损失。于是，他能避开预期发生的进一步损失，而把该预期损失移转给某些对相关财货的未来价格评估不切实际的人。"资本外逃"不会把不能转换用途或不能迁移的资本财撤离既定的投资用途，"资本外逃"只是资本财所有权的转让。

就这一点来说，"资本外逃者"究竟是"逃到"国内另一个投资标的，还是"逃到"国外的投资标的并无区别。外汇管制的一个主要目标是防止资本逃至外国。然而，外汇管制仅能成功地阻止持有国内投资标的人及时把他们认为不安全的国内投资标的换成某个他们认为安全的国外投资标的。

如果所有或某些种类的投资标的遭到部分或全部没收的威胁，那么股票市场就会借由适当改变相关投资标的的价格来抵消这一政策的不利后果。这种情况一旦发生，投资人想通过"资本外逃"以避免损失那就太晚了。只有那些在大多数投资人还没意识到灾难即将临头时便足够敏锐的投资人才可能以某一较小的损失换得脱身。不管这些极个别的资本家和企业家可能采取什么行动，都不可能使资本财转换用途或发生转移。对固定资本而言，人们大致能认同这一点，但对流动资本而言，人们却不这么觉得。人们断言，商人能输出产品，但不能汇入其产品在国外卖得的收入。此断言者没有看到，一家企业一旦被剥夺了流动资本，便不可能继续营运。如果某个商人将资本金中原本每天用来购买原料、劳动和其他必要生产要素的部分汇出，那么他就必须以借来的资金替代这些资金。在关于资本流动性的神话中，如果还有一丝真理存在，那就是：有时候，投资人可能采取和规避固定资本所受到的损失无关的手段来规避流动资本受到的损失。然而，不管是流动资本还是固定资本，

"资本外逃"的过程都是一样的——投资者转换成别人,而投资标的本身则不受影响,即相关资本并没有外移。

"资本外逃"到国外预设了某些外国人倾向于用他们在"资本外逃国"境外的投资来交换"资本外逃国"境内的投资。比如,除非有哪个外国人接手英国境内的投资,否则一个英国资本家不可能撤销他在英国境内的投资。因此,"资本外逃"绝不可能产生人们大谈特谈的国际收支恶化,也不可能使外汇汇率上扬。如果许多资本家——不管是英国的还是外国的,想要卖掉英国证券,则债券的价格将会下跌,但这并不影响英镑和外国货币之间的兑换率。

这同样适用现金形式的投资。假设某个持有法郎的人想提前应对法国政府的通货膨胀政策以规避预期产生的后果,那他要么通过购买某些财货而"逃"向"实际物品",要么"逃"向外国货币。但是,他必须得找到愿意接受法郎并愿意以财货或外国货币和他交换的人。只有在仍然有人对法郎未来的交换价值比他的判断更为乐观的情形下,他才可能卖掉法郎。使商品价格和外汇汇率上扬的不是那些准备卖掉法郎的行为,而是那些只有按比较低的兑换率才愿意接受法郎的行为。

许多政府宣称,它们之所以采取外汇管制以防止资本外逃,是基于国家重大利益的考虑。然而,外汇管制造成的真正局面在实际上却损害了许多公民的现实利益,对任何公民或国家经济而言,这种"幽灵"都没有任何好处。如果法国发生了通货膨胀,那么,只让法国人承担所有灾难性后果肯定对法国或对法国公民没有什么好处。如果某些法国人能通过出售法国钞票或可兑换为法国钞票的债券给某些外国人,从而把通货膨胀的损失转嫁给一些外国人承担,则法国通货膨胀所导致的一部分损失将会落在外国人身上。阻止上述交易的明显后果只会使某些法国人变得更穷，却没让所有法国人变得更富有。从民族主义者的角度看来，外汇管制似乎一点也不可取。

一般舆论认为，无论从哪个角度来看，股票市场的交易总有些令人反感：如果股票价格上涨，投机者会被斥为牟取暴利，因为他们侵吞了本该属于别人的收入；如果股票价格下跌，投机者则会被斥为挥霍国家财富。投机者赚得利润被污名化为抢夺和偷窃，受害者则是其他国家的人。人们含沙射影地暗指投机者是民众贫穷的原因。人们通常会把证券交易商"不诚实"的丰厚获利和制造业者的利润区分开来，他们认为，制造业者不仅仅是在冒险，他们还要供应商品满足消费者的需求。即便是财经作家也未能意识到，股票市场的那些交易既不产生利润也不产生亏损，而只是工商活动所产生的利润或亏损的结合。这些利润或亏损是民众对过去实施的投资表示赞同或不赞同的结果，只不过是经由股票市场公之于世。股票市场的交易对一般民众没有影响，反倒是一般民众对投资人所安排的生产模式的反应决定了证券市场的价格结构。最终是消费者的态度让某些股票价格上涨，让某些股票价格下跌。那些不储蓄、不投资的人，不会因为股票市场的报价波动而获利，也不会因之而受损。证券市场上的交易只是确定哪些投资人将赚得利润，哪些投资人将承受亏损。[1]

---

[1] 有一个流行的学说认为，股票市场"吸收"资本和货币。马赫卢普（F. Machlup）批判性地分析并且完全驳倒了这个学说。参见马赫卢普的《股票市场、信贷和资本形成》（*The Stock Market, Credit and Capital Formation*）（伦敦，1940年），第6—153页。

第九节　货币与资本，储蓄与投资

资本是用货币来计算的，并且在核算中，资本代表了一定数额的货币。但是，资本也可能是由一定数量的货币直接组成的。因为资本财也被人们用来交换，而且这种交换和所有其他财货的交换一样是在相同的交易条件下进行的，所以在资本财交换的场合，间接交换和货币的使用也成为强制性的了。在市场经济中，没有哪个参与者能放弃持有现金所带来的好处。人们不仅在作为消费者时持有现金，而且在作为资本家和企业家时，也必须持有现金。

人们之所以对这个事实感到费解是因为他们误解了货币计算和资本核算的意义。他们试图给资本核算分配某些它绝不可能达成的任务。资本核算是一个思考工具，适合于市场经济里行动着的个体或团体。只有在货币计算的框架里，资本才是可以计算的。资本核算唯一能达成的任务是向参与市场经济活动的人们表明，他们用于牟利的资本的货币价值是否已经改变以及改变到什么程度。对于其他目的，资本核算是没用的。

在"人们各自用于牟利的资本"以及"人们各自牟利资本的总和"这两个明显毫无意义的概念之外，如果有人还想调查某个所谓国家经济资本或社会资本的总量，那么他当然会被一个虚假的问题所困扰。他会问：在这样一种所谓社会资本的概念中，货币扮演了什么角色？他发现，资本从个人观点看和从社会观点看会有一个巨大的差异。然而，这种推理是完全错误的。在计算一个除非使用货币否则不可能被计算的量时，想要不涉及货币显然是自相矛盾的。在一个既没有货币也没有生产要素货币价格的经济体系里是不可能进行货币计算的。因此，试图使用货币计算调查某个在这样的经济体系里没有意义的量是荒谬的。我们的推理一旦超出市场社会的框架，就绝不涉及任何货币和货币价格。社会资本这个概念只能被认为是各种财货的一个集合，而两个这样的集合是不可能进行比较的。我们最多只能说，其中一个集合对消除整个社会的不适比另一个更有用（而是否有哪个普通人能毫不犹豫地做出这样的判断，则是另一个问题）。这样的集合是不能用货币来衡量的。在处理一个没有生产要素市场的社会体系的资本问题时，以货币表述的项目是没有任何意义的。

近年来，有些经济学家特别关注现金持有在储蓄和资本积累过程中所扮演的角色，并提出了许多关于这个角色的错误理论。

如果某个人使用一定数量的货币不是用来消费，而是用来购买生产要素，那么储蓄便直接变成了资本积累。如果这个储蓄者用他的额外储蓄来增加他的现金持有量——因为在他看来这是最有利的储蓄方式，那么这便引发了一个趋势，这个趋势倾向于使商品价格下降，使货币的单位购买力上升。如果我们假设市场体系中的货币供给不变，那么储蓄者增加现金持有量的行为对资本积累以及对运用资本来扩大生产将不会有直接影响。[1] 这个储蓄者的储蓄，即他所生产出来的物品减去他所消费掉的物品，并没有因为他存储货币而消失。这种行为不会导致一些资本财价格上升到在没有该储存行为时会到达的高度。

---

[1] 每一次由现金引起的货币购买力的变动都会造成财富与收入变动，进而会对资本积累有间接影响。

但是，大量储蓄者增加现金持有量并没有影响有更多资本财可供使用的事实。如果没有人使用这些财货来扩大消费（带来了额外的储蓄），那么这些财货仍然是可用资本货物数量的增量，无论它们的价格是下降还是上涨。这两个过程，即现金持有量的增加和资本积累的增加，会同时发生。

在其他条件相同的情况下，商品价格的下跌会导致个人资本的货币价值的下降。但是，资本的货币价值下降并不等于资本财供给减少，因此也无须调整生产活动去适应所谓的贫困状况。商品价格下跌只改变了货币计算所纳入的那些项目的货币价值。

现在让我们假设，信用货币或不可兑换货币数量增加或信用扩张为人们提供了增持现金所需的额外货币。于是，有三个过程独立进行：其一，可用的资本财数量增加，及其导致的生产活动扩张，倾向于使商品价格下跌；其二，持有现金的货币需求增加，倾向于使商品价格下跌；其三，（广义的）货币供给增加，倾向于使商品价格上升。这三个过程从某种程度来说是同步进行的，每一个都能引起一些特定的后果，并且根据情况不同，会相互增强或减弱。但重点是，额外的储蓄所导致的资本财并没有因同时发生的货币变动——广义的货币供给和货币需求的变动——而消灭。每当某个人将一定数量的货币用于储蓄而不是用于消费时，这个储蓄过程总是和资本积累与投资过程完全一致。就这一点来说，储蓄者是否增持现金是无关紧要的。储蓄这个行为总是表示有相应的财货被生产出来但没被消费掉，总是表示有相应的财货供给可用于进一步的生产活动。一个人的储蓄总是具体化为一些资本财。

有些学者认为，储存起来的货币是整个财富中没有生产属性的部分，这部分财富的增加导致用于生产的那部分财富萎缩。这种想法只有在一种情况下才算正确：货币单位购买力的上升导致更多生产要素被用于开采金矿，并且导致黄金从产业用途转向货币用途。但是，这种情况是人们试图增持现金造成的，而不是储蓄造成的。在市场经济里，只有省下一部分收入不消费，才可能有储蓄。个别储蓄者会以现金的形式存储货币，这会影响货币购买力的决定因素，因此，可能降低资本的账面金额，即降低资本的货币价值。但是，这不会使任何一部分积累起来的资本失去生产属性。

第十九章 利率

第一节 利 息

前面已经讲过，时间偏好是人的行为固有的元素，体现为本源利息（originary interest），即未来财货相对于现在财货的折扣。

利息并非仅仅指资本利息，利息也不是利用资本财所获得的特殊收入。古典经济学家所讲的三种生产要素——劳动、资本和土地，对应三种收入——工资、利润和租金，是经不起推敲的。租金不是来自土地的特殊收入，而是一般的市场交换现象。租金在劳动和资本财收入中所扮演的角色与其在土地收入中所扮演的角色是一样的。再者，也没有什么来源相同的收入可以按照古典经济学家的意思被称为利润。利润（就营业利润这个意义而言）和利息不是资本特有的收入，也不是土地特有的收入。

消费品的价格是由市场上相互作用的各种力量决定的，这些力量是市场上合作生产消费品的各种因素的综合。由于消费品是当下消费的商品，而生产要素则是面向未来的生产资料，并且由于人们对现有物品的估值总是高于同一种类以及同一数量的未来物品，因此，现在分给各个互补生产要素的货币数量总和会低于相关消费品现在的价格，即使在均匀轮转的经济假想里也是如此。其间的差额就是本源利息。本源利息和古典经济学家所区分的三种生产要素都没有特别的联系。企业家的利润或亏损是市场基本情况在生产期间发生变化及其所导致的价格变动造成的。

在来自狩猎、捕鱼、畜牧、伐木和农耕的日常收入中，朴素的思想者看不出有什么问题。大自然生出鹿、鱼和家畜，并且使它们成长，使母牛产乳，使母鸡生蛋，使树木长成树林并开花结果，还使种子发芽。有权利把这种一再发生的财富归为己有的人享有稳定且源源不断的收入，就像一条绵延不绝的小溪，这个"收入流"不断地流淌，一再带来新的财富。这个过程明显就是一种自然现象。但对经济学家来说，确定土地、家畜和所有其他收入来源的价格却是一个问题。如果未来财货的交易没有一个相对于现有财货的折价，则土地的买家必须支付的价格将会等于所有未来各期土地净收入的总和，因而也不被允许享有涉及该土地重复交易的其他收入。就交换学观点而言，土地和家畜拥有者每年获得的收入与迟早会在生产过程中用尽的生产要素所产生的收入并没有什么不同。对一块土地的处置权是控制该土地与其他要素合作生产可能在该土地上生长的果实的权利，对一处矿区的处置权是控制该矿区与其他要素合作开采可能从该矿区挖掘出来的矿藏的权利。同样，对一部机器或一包棉花的所有权，就是控制它们与其他要素合作生产可能产出的所有商品的权利。所有从生产力和使用方法的角度探讨利息问题的学说所隐含的根本谬误就在于，这种学说把利息现象归结到生产要素所提供的生产服务上。然而，决定生产要素价格的是生产要素的可用性，而非利息。这个价格抵偿了在某一生产过程中有或没有该生产要素的合作所造成的生产力的全部差额。各种互补的生产要素的价格总和与产品价格之间的差额是，即使市场基本情况没有任何变化也会出现的价差，这个价差是现有财货被评估的价值高于未来财货的结果。随着生产过程的进行，各种生产要素被改造或转化为价值较高的现有财货。这种在生产过程中随着时间的流逝而增加的价值是流入生产要素所有者手中的特别收入和本源利息的来源。

就交换学的观点而言，有别于由整合市场操作功能所构想的纯粹企业家[1]，物质类生产要素的所有者会获得两种不同的收入：一方面是获得他们所控制的生产要素参与生产合作时被支付的价格；另一方面是获得利息。这两件事情绝不可混淆。在解释利息时，绝不可涉及生产要素在生产过程中所提供的服务。

所有利息现象的性质都相同，没有不同性质的利息来源。耐用财货的利息、消费信用的利息和其他种类的利息一样，都是现有财货估值高于未来财货估值的结果。

---

[1] 参见第十四章第七节。——译者注

第二节 本源利息

本源利息是近期的需求满足相对于未来的需求满足在人们心目中的价值比。在市场经济中，这种价值比表现为未来财货相对于现有财货的折扣。这种折扣本身不是价格，而是商品的价格比。市场倾向于使所有商品的价格比趋于相等。在均匀轮转的经济假想里，所有商品的本源利息都是一样的。

本源利息不是"为资本服务支付的价格"[1]。庞巴维克和后来的一些经济学家在解释利息时指出，比较费时的迂回生产方法有比较高的生产力，但是，这个事实解释不了利息现象。相反，倒是本源利息这个现象解释了为什么人们采用了比较不费时的生产方法，尽管比较费时的生产方法会提高每单位投入的实际产出。再者，本源利息这个现象也解释了为什么一块可利用的土地能按有限的价格买卖。如果一块土地所能提供的未来服务和现在的服务有同样的估值，那么，不管价格有多高，它都将不足以诱使地主出售该土地。土地将不可能按一定金额的货币买进或卖出，也不可能与能提供有限服务的财货直接交换。一块土地将只会和另一块土地直接交换。一栋在未来10年内每年能产生100元收入的建筑物的价格（剔除它的地皮的价值）在第一年将被估价为1000元，在第二年的年初将被估价为900元，以此类推。

本源利息不是资本或资本财供需在市场上互动所决定的价

---

[1] 这是一种较为流行的利息的定义，参见伊利（Ely）、亚当斯（Adams）、洛伦兹（Lorenz），和扬格（Young）的《经济学概要》（*Outlines of Economics*）（纽约，1920年，第3版），第493页。

格。本源利息的高低并非取决于资本或资本财供需的多少，反倒是本源利息的高低决定了资本和资本财的供需。本源利息决定了有多少现有物品供给将用于较近的消费，多少将用于较远的消费。

人们储蓄和积累资本不是因为有利息。利息既不是储蓄的动机，也不是放弃立即消费的报酬或补偿。利息是现有财货相对于未来财货的价值比。

借贷市场不决定利率，而是根据未来财货的折价所显现的本源利息调整借贷利率。

本源利息是有关人的行为的理论范畴，它在每一个针对外在事物的估值中都能发挥作用，并且这种作用绝不可能消失。如果有一天曾经发生在基督纪元第一个千禧年年末的情景再度出现，也就是说如果某些人再次相信世界末日即将到来，他们将停止供应未来的"世俗需求"（secular wants）。于是，在他们的眼中，各种生产要素将变得毫无用处，没有任何价值。这时，现有财货相对于未来财货的折价不但不会消失，反而会提高到无法计量的程度。而如果本源利息消失，那将意味着人们完全不在乎满足近期的需求，也意味着人们宁可选择在一千年或一万年后获得两个苹果，也不选择在今天或明天或一年后或十年后获得一个苹果。

如果本源利息——作为每一个行为必然隐含的元素——不存在，我们甚至不能想象世界将变成什么样。不管有没有分工和社会合作，也不管社会合作的组织形态是以私人控制生产资料还是公共控制生产资料为基础，本源利息永远存在。在计划经济体制国家里，本源利息的角色与在市场经济中的角色并无任何不同。

庞巴维克已经彻底揭露了以生产力解释利息的幼稚谬误，即所谓"利息是生产要素物质生产力的显现"这个观点。然而，庞巴维克本人却在一定程度内根据生产力观点构建了他自己的利息理论。他在解释利息现象时，以迂回的生产过程较为优越地回避了幼稚的生产力谬论的粗糙疏漏。其实，他只是以比较微妙的形式重拾了相关论点。后来有些经济学家忽视了庞巴维克利息理论中的时间偏好观念，而仅仅强调其中的生产力观点。于是，他们不得不推论说，如果有一天延长生产期不再能使生产力进一步提高，本源利息必定会消失。[1] 然而，这个结论是完全错误的，只要有手段稀缺的问题，只要存在人的行为，本源利息便不可能消失。

只要这个世界没变成万物丰裕的世外桃源，人们就会有手段稀缺的问题，并必须有所行动和节约利用有限的手段。人们不得不在较近的满足和较远的满足之间做选择。因为不管是前者还是后者，完全满足的状态都不可能实现。于是，改变生产要素的用途，把某些要素从满足较近的需求转而用于满足较远的需求，必然会降低较近需求的满足，同时增加较远需求的满足。如果我们假设不是这种情形，我们就会被卷入各种无解的矛盾中。我们顶多能想象这样的一种状态：科学知识和技术发展已经到了凡人所能达到的极限，不可能再有进一步的发展。此后，将不再出现每单位投入产出较多的生产过程。但

---

[1] 参见哈耶克的文章"资本神话"。然而，哈耶克教授后来部分改变了他的观点 [参见他的文章《一种反思：时间偏好与生产率》（"Time-Preference and Productivity, a Reconsideration"）《经济学》（1945 年），第 22—25 页]，但文本中被他所批评的观点仍然被经济学家广泛接受。

是，只要某些生产要素是稀缺的，我们就绝不能认为，撇开生产期不谈，所有最具生产力的过程都被充分利用了；也绝不能认为，人们不会采用实际生产力较低或每单位投入产出较少的过程——因为该过程比实际生产力较高的过程会更早获得成果。生产要素的稀缺性表示我们虽然能够制订某些计划以提高物质生活水平，然而碍于缺乏足够的手段，导致该计划不可能实现。正是这种我们想要实现却不可能实现的愿望构成了资源稀缺的真义。生产力观点的现代拥护者的推论受到了庞巴维克"迂回的生产方法"这一概念及其所暗示的技术进步观点的误导。然而，只要存在手段稀缺的问题，就必定会存在某一产业部门以延长生产期来增加物质幸福的技术机会尚未被利用，不管技术知识的状态进步与否。只要手段是稀缺的，只要目的和手段的行为学关系仍然存在，那么根据逻辑的必然性，就一定会存在某些尚未满足的需求，不管是在近期还是在遥远的未来。永远会有一些我们必须放弃的财货，因为获得这种财货的过程太过漫长，以致妨碍了我们满足某些比较迫切的需求。我们之所以没给未来的需求提供更充足的准备，是因为我们相较于未来的满足对近期的满足做了评估，此一估值的价值比就是本源利息。

让我们假设，在一个技术知识已经完美无缺的世界里，某个企业家草拟了一个计划 A，即要在一处风景优美但不容易到达的山区盖一座旅馆，并且要开辟几条通往该旅馆的道路。他在深入研究该计划的可行性时，发现现有手段不足以执行该计划。他在计算这项投资的获利前景时，得出这样的结论：预期收入不够多，以至不足以支付所需花费的材料和劳动成本以及为此投入的资本的利息。于是，他放弃执行 A 计划，转向计划 B。根据后者，这座旅馆将盖在一处交通比较发达的地方，风景不像计划A所选的山区那样优美宜人，但在那里盖旅馆的成本比较低，而且有可能在短期内竣工。如果所需资本的利息没纳入计算，企业家会产生一种错觉，误判市场的基本情况——资本财的供给和民众的估价——实施计划A。然而，执行计划A将迫使某些稀缺的生产要素从生产满足消费者认为比较迫切的需求的部门转出，那就意味着明显的错误投资，即对现有的可满足某种需求的手段的一种浪费。

延长生产期，能增加每单位投入的产出数量或生产某些完全不可能在较短期间内生产出来的财货。但这并不表示：因为生产期延长所增加的财富价值归属于生产期延长所需的资本财，所以产生了资本利息。如果有人是这样想的，那么他就重新陷入了庞巴维克已彻底推翻的生产力观点的一些愚蠢的错误。各种互补生产要素对生产结果的贡献是生产要素被认为具有价值的理由，生产要素的贡献解释了其被给付的价格，而且在决定这一价格时，生产要素的全部贡献已经被纳入考虑了。绝不会有什么没被纳入考虑的贡献，且用作解释利息。

有人曾断言，在虚构的均匀轮转经济里，将不会出现利息。[1]然而，我们能证明，这个主张和虚构均匀轮转的经济时所依据的那些假设并不相容。

首先可以区别两类储蓄：单纯的储蓄和资本家的储蓄。单纯的储蓄只是积累消费财以供未来消费，而资本家的储蓄则是积累一些财货，并打算用其改进生产过程。单纯储蓄的目的是供应未来消费，这只是消费的延后。单纯储蓄所积累起来的财

---

[1] 参见熊彼特的《经济发展理论》(*The Theory of Economic Development*)（剑桥，1934年），第34—40页，第54页。

货储备将迟早被消费掉，那时什么都不会留下。而资本家储蓄的目的首先是提高生产力。他们的储蓄是积累资本财，以供进一步的生产活动使用，而不仅仅是供应未来消费的储备。得自单纯储蓄的利益是在将来消费那些没被立即消费而积累起来以供应未来需求的库存。得自资本家储蓄的利益则是增加财货的产出数量或生产出一些如果没有该类储蓄的协助便绝不可能生出来的财货。在构建一个均匀轮转的（静态）经济想象时，经济学家不在乎资本积累过程：各种资本财是既定的，而且一直如此，因为根据假设，该经济的基本情况不会发生任何变化，既不会有储蓄导致新资本的积累，也不会有消费超出收入（当期生产减去维持资本所需的资金准备）而导致的资本消耗。现在，我们的任务便是证明这种假设和没有利息的想法是不相容的。

在这里，我们无须花太多时间讨论单纯的储蓄。单纯储蓄的目的是供应未来某段时间的消费，因为储蓄者担心那时自己的收入可能不如现在这么充裕。然而，均匀轮转的经济假想有一个根本特征，就是假设未来和现在完全一样，而且行为人也充分认识到这个事实，并会根据这个事实采取行为。因此，在均匀轮转的经济里，不存在单纯的储蓄。

至于资本家通过储蓄所积累起来的资本财存量，其情况就不同了。在均匀轮转的经济里，既没有储蓄和新增资本财的积累，也没有既存资本财的消耗。否则这两个现象的发生将等同于经济基本情况的改变，因此将扰乱该假想的经济体系的均匀轮转。在均匀轮转经济确立之前所储蓄和积累的资本数量是被调整到适应当时的利率水平的。随着均匀轮转的经济的确立，资本财拥有者不再收到任何利息，而过去在配置各种财货存量以满足未来各期需求时一直发挥作用的那个条件就被推翻了。该条件的改变必然导致新的配置安排。而即使是在均匀轮转的经济里，对未来各期需求满足的估值差异也不可能消失。在这个假想构建里，人们今天给一个苹果的估值也将高于他们给十年后或一百年后一个苹果的估值。如果资本家不再收到利息，近期的满足和未来的满足之间的供需平衡就被打乱了。一个资本家把自己的资本恰好维持在十万元的事实是以现在的十万元等于十二个月后可以动用的十万零五千元这个事实为基础的。在他的眼里，这五千元足以胜过立即消费他的一部分资本可望获得的好处。如果利息收入消失了，资本消耗就会接踵而至。

这就是熊彼特所描述的静态体系的基本缺陷。只假设该体系的资本设备已经在过去积累起来以及这个先前积累起来的资本设备现在可被全部使用，并且此后将一直保持在相同水平是不够的。在该假想的体系中，还必须保证那些将资本水平保持不变的力量继续运作。如果抹去了作为利息收入者的资本家的角色，那就等于以作为资本消费者的资本家取而代之。因为不再有什么理由能说服资本财拥有者不立即将资本财用于消费。在假想的静态（均匀轮转的经济）情况所隐含的假设下，人们不需要单纯地保持资本财储存以供不时之需。即使我们矛盾地假定，有一部分资本财储存专门用于这个目的而暂时没被消费掉，那么至少还有一部分资本将被消耗掉——这部分资本相当于单纯储蓄之外的资本家储蓄。[1]

---

[1] 参见罗宾斯的文章《关于平稳均衡概念中的某些歧义》（"On a Certain Ambiguity in the Conception of Stationary Equilibrium"），《经济杂志》（1930年），211页及其后。

如果没有本源利息，资本财将不会被用于立即消费，也就是说资本将不会被消耗掉。相反，在这样一个既不可推理也无法想象的情况下将没有任何消费，而只有储蓄、资本积累和投资。并非本源利息莫名其妙地消失了，而是原本支付给资本家的利息被废除而导致了资本消耗。资本家之所以因为利息被废除而消费他们的资本财和他们的资本，正是因为存在着本源利息，人们偏好现在的满足甚于未来的满足。

所以，企图以某种社会制度、法律或金融操纵手段废除利息是绝不可能成功的。想要废除利息的人必须使人们认为一百年后一个苹果的价值不低于现在的一个苹果。能够以法律和命令废除的只是资本家收取利息的权利，但是，这样的法律将导致资本消耗，并将很快使人类退回到原始的贫穷状态。

第三节　利率的高低

在孤立的个人储蓄行为中，不管是单纯的储蓄还是资本家的储蓄，未来各期的需求满足估值差异都显现在行为人为近期所做的供应储备比为长期所做的供应储备更为充裕上。在市场经济中，如果虚构的均匀轮转经济所隐含的那些假设条件存在的话，本源利率将等于两笔数量不等的货币之间的比率：其中一笔为今天可用的货币，另一笔为以后可用的、在行为人看来其价值与前者相同的货币。

本源利率可以引导企业家的投资活动。在每一个生产部门，都是由本源利率来决定等待期和生产期的长短。

人们时常问:"高利率"和"低利率"对储蓄和资本积累的激励究竟哪个比较大,哪个比较小?这个问题毫无意义。对未来财货的折价越低,本源利率也越低。人们不会因为本源利率上升而增加储蓄,本源利率也不会因为储蓄增加而下降。本源利率和储蓄数量的变动——在其他条件,尤其是制度相同的情况下——是同一现象的两个方面。本源利息消失等同于消费消失,本源利息提高到无法计量的程度也等同于储蓄和所有未来的供应储备都消失了。

现有资本财的供给数量既不会影响本源利率,也不会影响进一步的储蓄数量。即使最为充裕的资本供给也不会必然导致本源利率下跌或储蓄倾向下降。资本积累和人均资本额增加是经济发达国家的一个特征;但是,资本积累不会必然降低本源利率或减弱人们的储蓄倾向。在处理这些问题时,学者大多只比较由借贷市场所决定的市场利率,因而他们被误导了。但是,借贷市场的毛利率不会只表现本源利率的高低。正如稍后我们将阐释的那样,它还包含其他因素,这些因素导致了以下事实:贫穷国家的毛利率通常高于富裕国家。

人们普遍认为,在其他条件相同的情况下,人们在近期获得的供应越充足,为未来的需求提供的供应便越充足。因此,他们认为,一个经济体系的总储蓄和资本积累量取决于人口各收入阶层的人口分布情况。收入接近平等的社会的总储蓄量小于收入相对不平等的社会的总储蓄量。这种观点确实有一丝道理。不过,这种观点以心理事实为基础,因而欠缺行为学陈述所固有的普遍有效性和必然性。再者,这种观点所预设的相同的情况还包含了"人们拥有不同的价值观",即包含人们在权衡立即消费与延迟消费的利弊得失时所显现的主观价值判断。这种观点对一部分人的行为的描述确实很恰当,但也有一些人的行为与这种观点所言并不相符。比如,19世纪法国的小农虽然大多为中等财富和中等收入人群,却以过度节俭的习惯而出名,而当时法国的一些富有的贵族阶级以及拥有巨额工商业财富的继承者则同样以其骄奢淫逸闻名于世。

所以,无论就整个国家而言还是就个人而言,在可使用的资本数量和储蓄量、资本消费数量或本源利率的高低之间是不可能确立任何具有必然性的行为学定理的。怎样配置稀缺的资源以满足未来各期的需求取决于人的价值判断,也因而间接取决于所有构成行为人个性的那些因素。

第四节　变动经济中的本源利息

迄今为止,我们一直在某些假设下探讨本源利息问题。这些假设是:财货买卖使用中立的货币,储蓄、资本积累和利率的决定未受到任何制度的干扰,整个经济过程在均匀轮转的经济架构中进行。我们将在下一章剔除前述第一个和第二个假设,现在让我们讨论一下变动经济中的本源利息。

某人如果想为满足将来的需求做准备,就必须对这些需求有正确的预测。如果他对未来的需求判断有误,事实将证明他所做的准备会难遂其意,甚至会毫无用处。这个世界上没有什么抽象的储蓄可以满足所有的未来需求,且完全不受外在情况和主观估值的影响。所以,在变动经济中,本源利息绝不可能以一种纯粹的没掺杂其他因素的形式显现。只有在均匀轮转的经济假想中，单纯的时间推移才可使本源利息形成，即在生产过程进行时，随着时间的流逝，越来越多的价值仿佛被积累到了互补的生产要素中，一直到生产过程结束，逝去的时间已经在产品价格中产生了全部属于本源利息的份额。然而，在变动经济中的生产期间，除了时间因素，估值也可能同步发生其他变化。比如，有些财货的主观价值可能比从前高，而另一些财货的主观价值则可能比从前低。所有这些变化都是企业家的利润或亏损的根源。只有那些在计划生产时便已正确预测到市场未来状况的企业家才能够在出售产品时获得一笔超过生产成本支出（包括纯粹的本源利息）的差额。一个对未来情况判断失误的企业家，即使他的产品还能销售，其售价也将不足以补偿他的成本支出以及已投入的资本的本源利息。

和企业家的利润或亏损一样，利息不是一个价格，而是以一种特殊的计算方式从经营成功的企业的产品价格中解析出来的一个量。某一商品的销售价格和生产该商品所支出的成本（不包括投入的资本的利息）的差额在英国古典经济学术语中被称为利润。[1] 现代经济学则认为，这个差额是一些不同的交换学分析项目的综合。被古典经济学家称为利润的这个差额（总收入超过支出的部分）其实包含了生产过程中所使用的企业家本人劳动的价格和其所投入的资本的利息，以及企业家真正的利润。如果企业家在出售产品时没获得这个差额，那他不仅未

---

[1] 参见沃特利（R.Whatley），《逻辑要素》（*Elements of Logic*）（伦敦，1848年，第9版），第354页及其后；卡南（E.Cannan），《1776年至1848年英国政治经济学生产与分配理论史》（*A History of the Theories of Production and Distribution in English Political Economy from 1776 to 1848*）（伦敦，1924年，第3版），第189页及其后。

能获得真正的利润，也没得到和他所贡献劳动的市场价值相当的收入以及所投入的资本的利息。

（古典意义上的）毛利润被分解为管理阶层的工资、利息和企业家的利润并非只是一个经济理论上的技巧。随着商业会计和测算等商业实践的逐步完善，这样的概念在商业活动中得到发展，并独立于经济学家的论说。明智的商人对于古典经济学家所使用的那个混乱的利润概念并不在意。商人的生产成本概念包含他本人提供服务的潜在市场价格、为借入的资本所支付的利息以及当他自己的企业进行投资时根据市场情况可能赚到的利息。只有将销售收入减去这样计算的成本后得到的差额才是他心目中的企业家利润。[1]

将企业家工资从古典经济学家利润概念所包含的所有项目中区分开来不是什么特别困难的事情，但要区分企业家利润和本源利息就比较困难了。在不断变化的经济中，借贷契约所确定的利息永远是一个毛值（a gross），除了本源利息，还含有其他考虑成分。其中的纯本源利息必须用特别的计算和分解程序来确定。前面已表明，在每一个放贷行为中，除了货币单位购买力可能变动的问题，还含有企业家的冒险因素。信用授予必然总是一项企业家的投机活动，这项投机活动很可能失败，以致部分或全部借出去的钱产生损失。借贷契约所确定和支付的每一笔毛利息不仅包含本源利息，也含企业家的利润。

在过去的很长一段时间里，前述事实曾使许多试图建立令人满意的利息理论的尝试误入歧途。直到均匀轮转的经济假想

---

[1] 当然，时下对所有经济概念的刻意混淆有利于模糊这里所强调的区别。于是，在美国，当讨论到公司所分发的股利时，人们说那是"利润"。

获得详尽论证后，学者才终于能够借助该架构精确区分本源利息和企业家的利润或亏损。

第五节 利息的计算

本源利息是某些估值的产物。这些估值不断地波动和变化，导致本源利息也随之波动和变化。以年为单位来计算利息只是一种商业惯例，也方便记账。这种商业惯例不会影响市场所决定的利率的高低。

企业家的活动倾向于在整个市场经济范围内确立一个统一的本源利率。如果一个市场部门现有的财货和未来财货价格之间的差距不同于其他市场部门，商人便会争取进入差距比较大的部门，避开差距比较小的部门，从而导致所有市场部门的这种价格差距趋于相等。在均匀轮转的经济中，所有市场部门最后的本源利率都相同。

导致本源利息出现的那些估值偏好在近期所获得的满足甚于在较远的未来所获得的相同程度的满足。但是，我们无法假设，这种对较远的未来的满足的估值折价幅度会连续且均匀地提高。如果允许这样的假设，那就是在暗示，人们所计划的准备期是无限的。然而，不同的人对未来需求所做的供应储备其实是各不相同的，而且即使对最为深谋远虑的人来说，超出一定期间的供应储备也显得没必要。仅仅是这些事实就不容许我们假设准备期是无限的。

利息的计算绝不可受到借贷市场一些惯例的误导。借贷契约习惯给整个借贷期间确定某个均一利率,并且按此利率计算复利。[1]利率的真实性和这些惯例以及其他利息的计算方法无关。如果利率按契约规定在某一期间内固定不变,则市场利率在这一期间的预期变动就会反映在契约成立时贷款本金所需支付价格的相应变动上,这种价格变动当然是已经适当考虑契约对贷款到期必须偿还多少本金有不可更改的约定的结果。不管利息的计算是基于不变的利率和变动的本金价格,还是基于变动的利率和不变的本金金额,抑或是变动的利率和变动的本金,结果都不会有什么影响。

借贷契约的利息条款和借贷期限是息息相关的。不仅因为使市场毛利率偏离本源利率的那些毛利率中的其他因素会受到借贷期限长短不同的影响,而且导致本源利率变动的那些因素也一样。所以,借贷契约会因为所约定的借贷期限不同而得到不同的估值和评价。

---

[1] 当然,也有些借贷契约会偏离这个惯例。

第二十章　利息、信用扩张与商业周期

第一节　问　题

在市场经济中，人与人的交换行为通过货币这个媒介来完成，因此，"本源利息"这个概念主要表现在货币借贷的利息上。

前面已经指出，在均匀轮转的经济假想中，本源利率是统一的，即整个经济体系只通行一个利率。货币借贷利率等于未来财货相对于现有财货的折价，即等于本源利率。我们可以称此货币借贷利率为中性利率。

均匀轮转的经济假想预设了中性货币，然而，货币绝不可能是中性的，于是便出现了一些特别的问题。

如果货币关系改变，即作为持有现金的货币需求相对于供给的比例改变，那么所有财货的价格都会受到影响。然而，这种影响不会在同一时间按同一程度改变各种财货的价格。这导致人们彼此之间财富与收入状态的改变，从而也改变了决定本源利息高低的因素。货币关系改变后，经济体系将要确立的那个最后的本源利率就不再是此前体系将确立的那个最后的本源利率。因此，货币的驱动力能导致最后的本源利率和中性利率发生持续的改变。

　　此外，有一个更重要的问题，当然也可以视为前述问题的另一个方面：在某些情况下，货币关系变动会首先影响借贷市场。在那里，资金的供需关系会影响借贷市场利率。我们可以将此称为货币或市场的毛利率。货币关系改变所导致的货币毛利率改变能否使包含在货币毛利率里的净利率持久地偏离本源利率（现有财货相对于未来财货的估值差）？借贷市场的供需变化能否部分地或完全地消除本源利息？对于这个问题，每个经济学家都会毫不犹豫地给予否定的回答。但是，接着会出现一个问题：各种市场因素的互动会怎样调整货币毛利率，从而使它趋向于本源利率？

　　这些都是大问题，都是经济学家在讨论银行运作、信用媒介和循环信用、信用扩张、信用的无偿性或有偿性、商业周期和有关间接交换时想要解决的问题。

第二节　市场毛利率中的企业家因素

　　借贷市场的利率不是纯利率。在决定借贷市场利率的因素当中，有一些不属于利息。放贷者永远是一个企业家。每一笔放款都是一项投机的企业冒险，成败是不确定的。放贷者总是要面对风险，他可能损失一部分或全部出借的本金。他对这种风险的估量决定了他怎样和准债务人讨价还价并达成借贷契约。

无论是放贷还是其他种类的信用交易与延期支付，都不可能是绝对安全的。债务人、保证人和担保人可能丧失偿付能力，担保品和抵押品可能丧失价值。债权人永远是债务人的实际合伙人，以及担保品与抵押品的实际拥有者。影响债务人或担保品与抵押品的市场情况变化也可能影响债权人。于是，债权人的命运既和债务人的命运联结在一起，也和抵押品的价格变动联系在一起。资本不会自己长出利息，资本必须获得妥善运用和用于投资才可能产生利息，才可能避免完全消失。就此而言，"钱不会生钱"（pecunia pecuniam parere non potest）这句格言是有意义的。当然，这与古代以及与中世纪哲学家赋予该格言的意义截然不同。毛利息只能由放贷成功的债权人获得。如果债权人赚得净利息，那么这种净利息总是包含在某项不仅包含净利息的毛收入里。净利息只是学者为了进行思考分析而从债权人的毛收入中提取出来的一个量。

债权人毛收入里所包含的企业家因素既取决于在每一个企业家冒险项目中都会产生作用的那些因素，也取决于法律和制度环境。借贷契约将债务人及其财产或抵押品设定为缓冲物，并置于债权人及其出借资本被错误投资而产生的灾难性后果中间。然而，这个缓冲效果也受到法律和各种制度的制约。只有当法律和制度架构能够确保债权人可以对违约的债务人强制执行债权时，债权人暴露于投资失败与损失的风险才会小于债务人。然而，经济学无须详细涉及各种长短期债券、优先股、抵押贷款和其他种类的信用交易所涉及的法律问题。

企业家因素出现在所有种类的放贷中。人们通常会对消费性贷款或个人贷款,以及生产性贷款或企业贷款进行区分。前一类贷款的特征在于它能使贷款人得以花费预期的未来收入。然而,出借资金者在取得对这些未来收入的部分要求权时俨然变成了一个企业家,这和出借资金者在取得对某一企业未来收入的部分要求权时是一样的。放贷结果所特有的不确定性在于未来收入的不确定性。

再者,人们也通常区分私人贷款和公共贷款,后者指对政府和政府部门的放款。公共贷款先天特有的不确定性源于人世间权力的沉浮。帝国可能瓦解,政府可能遭到革命者推翻,而继任者可能不愿意偿还前任政府的负债。此外,前面已指出,政府的各种长期负债基本上都存有一点"不良居心"。[1]

各种延期支付的契约随时有遭到政府干预的危险,就像头上悬着一把达摩克利斯之剑[2]。舆论向来都在歧视债权人,认为他们是饱食终日且无所事事的富人,而债务人则是忍饥挨饿、勤勉刻苦的穷人。舆论憎恶富人,把富人当作穷凶极恶的剥削者;舆论怜悯穷人,把穷人当作无辜的被压迫者。舆论认为,政府所采取的一些旨在削减债权人求偿权的措施对绝大多数人是有利的,它们只会伤害极少数的铁石心肠的高利贷者。舆论完全没有注意到,19世纪资本主义的各种创新已经完全改变了债权阶级和债务阶级的成员。在梭伦(Solon)的古希腊时代、在实施平均地权法的古罗马时代以及在欧洲中古世纪,债权人

---

[1] 参见第十二章第五节。
[2] 达摩克利斯之剑(The Sword of Damocles)表示时刻存在的危险,源自古希腊传说。——译者注

大多是富人，而债务人则大多是穷人。但是，在各种长短期债券、抵押贷款银行、储蓄银行、人寿保险单和社会安全生活补助金的时代，绝大多数收入低微的民众反倒成为债权人。而那些拥有公司普通股、工厂、农场和房地产的富人多半是债务人，而不是债权人。普罗大众要求政府剥夺债权人的权利就等于在损害他们自己的利益。

在这样的舆论状态下，债权人受到反债权人措施的不利机会与受到反债务人措施的有利机会并不平衡。倘若这种政治风险仅限于借贷市场，没有影响所有作为生产手段的私人财产权，那么这种不平衡将导致一个单向趋势：使包含在毛利率中的企业家因素的影响趋于上升。然而，在现有的情形下，没有哪一种投资会完全免于私人财产被没收的政治风险。即使资本家选择直接投资于企业，不出借他的资本给企业或政府，也不可能降低他的财富风险。

金钱放贷所涉及的政治风险不会影响本源利息的高低，而只会影响市场毛利率中所包含的企业家因素。在极端的情形下，即当人们普遍预期所有关于延期支付的契约将丧失法律效力时，这种风险将导致毛利率中的企业家因素的影响增加到无法计量的地步。[1]

---

[1] 这个情况（情况 b）和上一章第二节所讨论的世界末日预期即将来临的情况（情况 a）的差异在于：在情况 a 中，本源利息之所以增加到无法计量的地步，是因为未来财货变得毫无价值；在情况 b 中，本源利息没有改变，而毛利率中的企业家因素的影响则增加到无法计量的地步。

第三节　市场毛利率中的价格贴水

如果现金引起的货币单位购买力变动在同一时间以同一程度影响所有的商品和服务，货币便是中性的。如此一来，只要没有延期支付问题，则中性利率也是可以想象的。假设有延期支付，如果我们撇开作为债权人的企业家立场及其在毛利率中出现的企业家影响因素，那么我们还必须进一步假设，在约定借贷条件时，货币购买力在未来所有可能出现的变化后果都会被考虑到。贷款本金将定期乘以货币的购买力指数，从而按照相关期间内购买力发生的变化相应地增减。如果本金按此调整，利息计算所依据的那个金额也会跟着变动。于是，签订借贷契约时所约定的利率便是一个中性利率。

如果货币是中性的，那么只要借贷双方能够正确预料货币购买力的未来变化，中性利率也能以另一种约定方式达到：借贷双方可以约定一个包含反映购买力变化的毛利率，即根据购买力变化给本源利率加上或减去若干百分点。我们可以称之为正的或负的价格贴水。当通货紧缩快速进行时，负的价格贴水不仅有可能吞没全部的本源利率，还可能把毛利率倒转成一个负值，即一个支付给债务人的利率。如果价格贴水被正确算出，则不管是债权人的处境还是债务人的处境，都不受借贷期间购买力变动的影响。这样的利率将是中性的。

然而，所有这些假设纯属虚构，谁也不可能毫无矛盾地做出假设与想象。在变动的经济里，利率绝不可能是中性的。因为没有统一的本源利率，只有一个倾向于确立某个统一的本源利率的趋势。然而，在最后达到统一的本源利息之前，市场基本情况又会出现新的变化，把利率的变化重新转向某个新的最终状态。当一切事物都处于不断变化之中时，中性利率是不可能确立的。

在真实的世界里，所有价格都是上下波动的，行为人不得不充分考虑这些起伏变化。企业家从事商业冒险，以及资本家改变投资组合，只因他们预测市场将发生的变化有利可图。市场经济的根本特征就在于它是一个让人的冲动永不停歇并趋向于改善自己处境的社会体系。一些深谋远虑和有进取心的人为了赚取利润，一再重新调整生产活动，希望以尽可能好的方式满足消费者的需要，包括消费者已经知道的需要以及还没想到的潜在需要。首倡者的投机冒险促使价格结构日新月异，从而也使市场毛利率每天都呈现出新的变化。

假设某人预测某些价格将上涨，他便可以以借款人的身份进入借贷市场，也愿意支付略高于他预期价格上涨的幅度不大或者价格不变时他支付的毛利率。贷款人放款时，如果他自己也预测价格将上涨，他想要的毛利率将会高于借贷市场未预测价格上涨或上涨幅度不大时的毛利率。借款人不会因为利率较高而裹足不前——如果他的投资项目具有很好的前景（哪怕只是一种可能），那么他也能负担较高的利息成本。如果放款毛利率不足以补偿贷款人按照后一种方式获得的利润，那么他将放弃放款，并且他自己将以企业家和出价者的身份进入商品和服务市场。因此，价格上涨的预期使毛利率倾向于上升，而价格下跌的预期使毛利率倾向于下降。如果价格结构的预期变化只涉及有限的几种商品和服务，而且某些财货价格预期的上涨将被其他财货价格预期的反向变动抵消，这两种相反趋势会大致平衡，那么这种情形就如同货币关系保持不变时会发生的那样。

但是，如果货币关系很敏感地发生了变动，以致人们预期所有商品和服务的价格将普遍上涨或下跌，那么将只有一个趋势在发生作用。于是，在所有关于延期支付的合约中，某一正的或负的价格贴水就会出现。[1]

变动经济里的价格贴水的作用和我们前面所说的那个假想的不可能实现的架构中所赋予价格贴水的作用不同。即使仅就信用借贷而言，价格贴水也绝不可能完全消除货币关系变动的影响，即绝不可能使利率变成中性的。价格贴水改变不了货币本身具有驱动力的事实。即使所有行为人都知道整个经济体系里（广义的）货币供给将会如何变动，包括数量将如何变化、何时变化、首先会影响哪些人等，人们还是不可能事先知道，作为持有现金的货币需求是否会改变，按怎样的时间顺序改变，改变到什么程度以及各种商品价格将会改变到什么程度。只有当价格贴水的出现先于货币关系变动所造成的价格变动时，价格贴水才可能抵消货币关系变动对信用契约的实际影响。而这样的价格贴水将必然是一个推理的结果。在这个推理过程中，人们努力计算所有直接和间接对自身满足状态有影响的商品与服务价格将在什么时候改变到什么程度。然而，这种计算是不可靠的，因为这要求人们对于未来的各种情况与估值具备完全的知识。

事实上，价格贴水的出现并非来自一种能够提供可靠的知识或者消除未来不确定性的算术演算。价格贴水是首倡者和企业家对于未来的了解，以及他们根据这种了解所做计算的结果。

---

[1] 参见欧文·费雪，《利率》（*The Rate of Interest*）（纽约，1907年），第77页及其后。

价格贴水是逐步出现的，首先是少数人，接着是越来越多行为人陆续意识到：市场面临着现金引起的货币关系变动，从而面临一个往某一特定方向发展的趋势。只有当人们利用这个趋势开始牟利（买进或卖出）时，价格贴水才会出现。

我们必须认识到，价格贴水是人们鉴于货币关系预期变动而做出的一些揣测的结果。在人们预测某一通货膨胀趋势会持续的时候，引起价格贴水的是在后来变得流行的所谓"逃向实际价值"现象的初期迹象，而且最后会演变成过度繁荣以及相关货币体系的全面崩溃。就像每一个尝试了解未来会怎样发展的场合那样，这里的预测者有可能犯错，预期的通货膨胀或通货紧缩可能中止或减缓，因而未来的价格会不同于预测者的预期。

增强的买进或卖出倾向（就是这种倾向产生或正或负的价格贴水）对短期贷款的影响通常先于对长期贷款的影响，而且影响的程度也较大。就通常情形而言，价格贴水首先出现在短期贷款市场，然后由于市场各个部分的连接，才出现在长期贷款市场。然而，在某些情形下，价格贴水在长期贷款市场的出现和短期贷款市场的形势发展完全没有关系。这种情形在过去国际资本市场仍然活跃的日子里更为常见。偶尔会出现这样的情形：放款者对于某国通货的短期发展很有信心，因此，以该国通货约定的短期贷款完全没有或只有少许价格贴水。但是，对于该国通货的长期展望，贷款者信心较弱，因此以该国通货约定的长期贷款合约便纳入了一个相当高的价格贴水。结果是：以该国通货约定的长期贷款只有按较高的利率才可能借到，高于同一借款人以黄金或某一外国货币约定的贷款能借到的利率。

我们已经给出一个理由说明价格贴水为什么实际上只会缓和但绝不可能完全消除现金引起的货币关系变动对信用交易的实际影响（另一个理由将在下一节提出）。价格贴水永远落后于购买力的变动，因为引起价格贴水的因素不是（广义的）货币供给变化，而是该变化对价格结构的影响——后一影响必然落在货币供给变化之后。只有在不断发生的通货膨胀的最后阶段，事情才会变得不一样。对货币体系崩溃的恐慌，过度繁荣，其特征不仅显现在各种物品价格倾向于上涨到无法计量的高度，也显现在正的价格贴水倾向于上升到无法计量的高度。对准贷款人而言，任何毛利率不管多高，都显得还没高到足以补偿贷款人将因货币单位购买力不断下降而蒙受的损失。他会放弃放款，转而买进一些"真实"的财货，于是，借贷市场陷入停顿。

第四节 借贷市场

借贷市场所决定的毛利率不是统一的。毛利率中永远含有企业家因素。该因素的大小因个别借贷合约的特殊性而各不相同。所有关于利率变动的历史统计研究都有一个很大的缺点，那就是忽略毛利率中的企业家因素。把公开市场的利率数据或中央银行的贴现率按时间排成数列是毫无用处的，构成这些数列的个别数据并没有可比性。同一家中央银行在不同时期的贴现率代表着不同的东西。各国中央银行操作的制度条件、各国的私人银行和各国所组织的借贷市场各不相同，如果没有充分考虑这些差异就直接把名义利率拿来比较将会引起深深的误解。我们可以先验地知道，在其他条件相同的情况下，贷款人会偏向高利率，而借款人则会偏向低利率。但实际上，其他条件是永远在变化的。在借贷市场上，有一个强大的趋势促使同一类贷款的毛利率趋于相等。所谓同一类贷款是指在这些贷款的场合，企业家因素和导致价格贴水的那些因素相同。这个先验的认识是一个思考工具，可以用来解释与利率有关的历史事实。没有这个认识的帮助，庞大的历史事件和统计资料将只是一堆没有意义的数据。在把某些初级商品的价格按时间排成数列时，经验主义至少还有一个表面时，即它所处理的价格数据指向相同的物理对象。其实，这是一个虚假的借口，因为价格和商品不变的物理性质无关，而同行为人所赋予物品的变化着的价值相关。但是，在研究利率的场合，甚至连这个蹩脚的借口也不允许提出。在现实中出现的那些毛利率，除了市场交换理论在它们身上看到的那些特征，没有别的共同点。那些毛利率是一种复杂的现象，绝不可能用来构建什么实证的或后验的利息理论。它们绝不可能证实或证伪经济学对于相关问题的剖析与论述。如果利用经济学知识仔细分析，那些毛利率可以成为非常珍贵的经济史参考数据，但是对经济理论而言，则于事无补。

人们习惯于区分短期贷款市场（货币市场）和长期贷款市场（资本市场）。更为深入的分析甚至必须进一步在各贷款期限内区分贷款类别。此外，契约条款赋予放款人求偿权利所涉及的法律方面的差异也必须予以考虑。简而言之，借贷市场不是一个同质的市场。但是，最显著的差异来自毛利率当中的企业家因素。当人们说贷款是基于信任或信心时，他们指的就是这个企业家因素。

借贷市场所有部门之间以及各部门所决定的毛利率彼此之间的连通性源自这些毛利率中的净利率，基本上倾向于趋近最后的本源利率。由于存在这一趋势，市场交换理论可以处理市场利率，就好像它是一个统一的现象，并且还可以抽离必然总是包含在毛利率里的企业家因素以及偶尔会包含的价格贴水。

所有商品与服务的价格每一刻都在朝向最终状态移动。如果这个最终状态实现了，那么最后显现的本源利息就是现有财货相对于未来财货的价格比。然而，变动的经济绝不会达到前述想象的最终状态。新的情况一再出现，促使价格变动趋势从原本趋向的目标转向另一个最终状态。结果就是，与最后的价格状态相对应的可能是一个不同的本源利率。因此，本源利率并没有比价格和工资率拥有更持久不变的特性。

有些人，如企业家和首倡者，他们的行为深谋远虑，旨在调整生产要素的用途，以适应市场情况预期的变动。他们根据市场所决定的各种价格、工资率和利率计算他们的行为的后果。他们发现，互补生产要素的现在价格和以市场利率折减后的产品预期价格之间存在差距，并且他们渴望利用这种价格差距来牟利。在商人的计划中，利率扮演的角色是显而易见的。市场利率将向他显示，在把生产要素从满足近期需求的用途上抽离，他能做到什么程度；在把生产要素投入到远期需求的满足上，他又能做到什么程度。在每一个具体安排生产过程的场合，市场利率将向他显示，什么样的生产期符合民众针对现有财货相对于未来财货所做出的价值差异判断。市场利率阻止商人从事某些生产项目，因为这些项目的执行将和民众储蓄所提供的资本财数量有限的事实格格不入。

正因为影响到利率的这个根本功能，所以货币的驱动力才能以某种特别方式产生作用。在某些情况下，现金引起的货币关系变化在影响商品与劳动的价格之前已先影响了借贷市场。广义货币供给的增减能使得借贷市场上的资金供给发生增减，从而降低或提高市场毛利率——尽管本源利率没发生任何变动。如果发生这种情况，市场利率便会偏离本源利率状态，也偏离可供生产使用的资本财供给所要求的水平。于是，市场利率未能发挥它在引导企业家决策方面所扮演的功能。它使企业家的计算失效，继而使其行为转向，并偏离最符合消费者利益（即满足其最迫切需求）的那些路线。

接下来，还有一个重要事实需要知晓。在其他条件相同的情况下，如果（广义的）货币供给增加或减少，从而导致所有价格普遍趋于上升或下跌，那么某一或正或负的价格贴水将会相应出现，以提高或降低市场毛利率。但是，如果货币关系变动首先影响借贷市场，则它所实际引起的市场毛利率的变动情况就恰恰和前述货币购买力变动所要求的市场毛利率变动情况相反。虽然这时需要有某一或正或负的价格贴水来调整市场利率，以反映货币关系的变化，但事实上，市场毛利率却会反向下降或上升。这就可以用来说明价格贴水不可能完全消除由现金引起的货币关系变动对延期支付契约的实际影响的第二个理由。价格贴水发挥作用太过迟缓，如上所述，落在购买力变化之后。现在我们知道，在某些情况下，把毛利率往相反的方向推动的力量会比价格贴水更早在借贷市场上显现。

第五节　货币关系变动对本源利息的影响

像市场基本情况的每一次变动一样，货币关系变动也可能影响本源利率。根据通货膨胀主义史观，通货膨胀倾向于增加企业家收入。因为商品价格比工资率涨得更快且更剧烈。一方面，赚取工资者，即那些将大部分收入用于消费而很少储蓄的阶级受到不利的影响，从而必须紧缩支出。另一方面，那些比其他人更倾向于将大部分收入储蓄起来的资产阶级则因通货膨胀而受惠。资产阶级不按收入比例增加消费，而是超比例增加储蓄。因此，就社会整体而言，新资本的积累趋势倾向于增强。投资增加是限制消费的必然结果，这部分人口消费了经济体系中全年生产的大部分商品。这种强迫储蓄降低了本源利率，加速了经济进步以及技术方法改善的步伐。

我们必须承认，这种强迫储蓄可能源自通货膨胀，而这种情形过去也确实时常发生。在处理货币关系变动对利率高低的影响时，我们绝不可忽略在某些情况下这种变动确实能改变本源利率的事实。但是，我们也必须考虑其他事实。

首先，我们必须知道，强迫储蓄可能由通货膨胀引起，但这并非必然。工资率是否会落后于商品价格的上升取决于每一个通货膨胀过程的具体情况。实际工资率趋向于下跌不是货币单位购买力下降的一个不可避免的后果。名义工资率有可能比商品价格上涨得更多、更快。[1]

其次，我们必须记住，所谓比较富有的阶级有比较多的储

---

[1] 我们此刻正在讨论的是一个不受干扰的劳动市场情况。关于凯恩斯勋爵所提的主张见第三十章第三节和第三十一章第四节。

蓄和资本积累倾向等,这个说法所依据的只是某个心理学事实。它本身并非行为学事实。实际上,因通货膨胀而获得额外收入的这些人有可能不会把额外收入储蓄起来用于投资,反而会用来增加消费。我们不可能以所有经济学定理共有的那种确定的名义预测那些从通货膨胀中获利的人将怎样行动。历史能告诉我们过去发生了什么事情,但是,它不可能断言这些事情会在未来再次发生。

通货膨胀也会产生一些促成资本消费的力量。忽略这个事实将是一个严重的错误。通货膨胀的一个后果之一是扭曲经济计算和资本核算,导致虚幻的或表面的利润现象。在每年摊提折旧时,如果没充分考虑重置耗损的设备将要比过去购买该设备时支出更高的成本,那么所决定的折旧摊提份额显然是不够的。如果在出售存货和产品时将它们的所得价款和它们的出售价格之间的全部差额当作盈余记录在账册上,那也犯了同样的错误。如果把股票和房地产价格上涨当作一项利得,那也是明显的幻觉。正是这种虚幻的利得使人们相信通货膨胀将导致普遍繁荣。人们觉得幸运降临,变得出手大方,花钱豪爽,享受生活。他们装修住宅,建造新的豪华宅第,并且赞助演艺事业。他们在花费这些表面利得,即错误计算所产生的虚幻结果时,正在消费资本。谁是这些大方花钱的人无关宏旨,他们可能是商人或股票经纪商,也可能是赚取工资的工人——因为他们提高酬劳的要求被脾气随和且自认为变得越来越富有的雇主满足了。他们也可能是一些靠政府税收维持生活的人,因为这时税收通常会搜刮很大一部分表面利得。

最后,随着通货膨胀的进一步发展,越来越多的人意识到购买力的下降。对于那些不是亲身从商且不熟悉股票市场情况的人来说，主要的储蓄工具是积累储蓄存款、购买债券和人寿保险。所有这些储蓄都受到通货膨胀的损害。于是，储蓄行为被泼冷水，而挥霍无度则似乎被暗中嘉许。民众最后的反应是"逃向实际的财货"。这是一个绝望的尝试，企图从毁灭性崩溃后的废墟里捞出一些碎片、残骸。就保持资本的观点而言，"逃向实际的财货"不是一个补救办法，而只是一个拙劣的应急措施，充其量只能拯救一小部分储蓄者的资金。

因此，通货膨胀主义和信用扩张主义拥护者的主要论点是相当脆弱的。我们可以承认，通货膨胀过去时常但并非总是导致强迫储蓄和资本供给增加。然而，这不表示通货膨胀将来也必定会产生同样的效果。相反，我们必须知道，在现代社会，在通货膨胀的影响下，趋向资本消费的力量比较可能压倒趋向资本积累的力量。无论如何，货币关系变动影响储蓄、资本和本源利率的结果，最终取决于每一实例的具体情况。

这个结论在加以必要的更改后也适用于通货紧缩或信用紧缩的类似后果与影响。

第六节　通货膨胀和信用扩张影响下的市场毛利率

无论通货膨胀还是通货紧缩对本源利率影响的最终结果是什么，这个最终结果与现金所引起的货币关系变动导致的市场毛利率方面的暂时变化之间都不存在任何必然的对应关系。如果流入或流出市场体系的货币和货币替代物首先影响借贷市场，那么它们会暂时扰乱市场毛利率和本源利率之间的协调状态。

市场利率随可放贷的货币数量的减少或增加而上升或下降,这种升降和本源利率在后来的事态发展中由于货币关系改变而最终可能发生的变化不存在必然的相关性。如果市场利率背离本源利率所决定的最终市场利率,有一些力量便开始发生作用,使市场利率倾向于调整并重新回到和本源利率相对应的水平。在这个调整过程中,本源利率的大小有可能改变,而这个改变也有可能是当初引起市场利率背离本源利率的通货膨胀或通货紧缩所造成的。那么,这时决定市场利率重新调整到最后趋势的本源利率便不是原来的协调状态被扰乱之前的那个本源利率了。本源利率发生这样的变化可能影响调整过程的具体情况,但不影响调整过程的本质。

简而言之,我们要处理的现象是:本源利率取决于未来财货相对于现有财货的折价,尽管货币与货币替代物的供给变化能间接影响本源利率实际的高低,但它基本上与货币和货币替代物的供给是没有关系的。但是,货币关系变动会直接影响市场毛利率,因此,后者必定会重新进行调整。这是一个什么样的过程呢?

在这一节,我们只讨论通货膨胀和信用扩张的影响。为了简化起见,我们假设新增的货币和货币替代物全部流入借贷市场,并且只通过发放贷款才进入其他市场部门,这恰恰对应于循环信用扩张的情况。[1]因此,这里的研究等于是在分析信用扩张所引起的调整过程。

进行这个分析时,我们必须再次提到价格贴水。上面已经

---

[1] 关于"长波"的波动,请见第八节。

指出，在信用膨胀刚开始的时候，不会出现价格贴水。在新增的（广义）货币供给已经开始影响商品与服务的价格之前，不可能出现价格贴水。但是，只要信用扩张继续进行，不断有新增信用媒介流入借贷市场，便会有一股力量持续给市场毛利率施加压力。市场毛利率势必将上升，因为随着信用扩张过程的发展，正的价格贴水也会不断上升。但是，当信用扩张持续进行时，市场毛利率会持续落后于本源利率加上正价格贴水的那个水平。

我们必须强调这一点，因为它驳倒了人们习惯于用来区别所谓利率高低的那些方法，即人们通常只考虑利率的数字水平或利率走势。对于"正常的"利率，舆论认为大概是3%~5%。当市场利率上升到这个水平以上，或者当市场利率——不管其数字高低——屡创新高时，人们相信，这就是高利率或正在上涨的利率。针对这些错误的认知，这里必须强调，在价格普遍上升（货币单位购买力下降）的情况下，只有当价格包含大致充分的正价格贴水时，市场毛利率相对于购买力大致没变时才可被视为确实如此。就这一意义而言，在1923年秋天，德意志国家银行90%的贴现率是一个低利率——实际上是一个低得可笑的利率，因为它大幅落后于价格贴水，以致市场毛利率应有的其他因素根本没有容身的余地。[1]基本上相同的现象在每一个持续很久的信用扩张实例中都会出现。在信用扩张过程的后期，市场毛利率都会上升，但因为没有达到商品价格预期普遍

---

[1] 这里所谓的价格贴水应指货币购买力下降的幅度，而不是实际包含在市场毛利率里的价格贴水。90%的贴现率低得离谱，因为它没包含充分反映购买力下降的价格贴水。——译者注

进一步上涨所要求的那个高度，或者说，没充分反映购买力预期进一步下跌的幅度，所以市场毛利率还是较低的。

为了分析信用扩张的过程，让我们假设，经济体系在适应市场基本情况的调整过程中，即经济体系在朝向确立最终价格和利率的过程中被一个新的基本情况所干扰，即借贷市场新增了一笔可供放贷的信用媒介。在这次干扰发生前，按当时的市场毛利率，并且在每一个借贷实例中的企业家因素都获得适当考虑时，所有想借钱的人都能借到所要的贷款。因此，现在新增的放款资金只能按较低的市场毛利率贷出。市场毛利率的下跌是否表现为约定的借贷利率实际减少若干百分点是无关宏旨的。名义的借贷利率可能保持不变，信用扩张则表现为一些原本贷款利率因为涉及企业家因素相当高而遭到拒绝的贷款请求，现在则按原来的利率谈成了。这样的结果是由市场毛利率的下跌造成的。

市场毛利率下跌会影响筹划投资的企业家对于获利可能性的计算。除了物质类生产要素的价格、工资率和产品的预期未来价格，利率也是企业家筹划计算的一个项目。相应的结果为企业家指明了某个投资计划是否有利可图。它表明，在民众对现有财货和未来财货所做的估值判断既定的情况下，什么是可以投资的；它引导他的行为与该估值判断相契合，它阻止他从事某些可能不为民众所认可的投资项目，因为该投资结果所需的等待期太长，迫使他按照某一方式使用现有的资本财存量，因为那是使消费者最迫切的需求获得满足的最佳方式。

但是，现在发生的利率下跌改变了企业家的计算结果。虽然可供使用的资本财数量并未增加，企业家的筹划计算却使用了一些原本只有在资本财供给增加的情况下才可使用的数值。

这样的计算结果具有误导性，它使某些投资项目看起来似乎有利可图且可以执行，而根据没被信用扩张扭曲的利率的正确计算方法，该等投资项目其实是不可行的。于是，遭到误导的企业家着手展开此类投资项目。商业活动受到刺激，并开始出现商业暴涨现象。

企业家新增的需求扩张倾向于抬高生产资料的价格和工资率。而随着工资率的上涨，消费品的价格也跟着上涨。此外，企业家也为消费品价格的上涨贡献了一份力量，因为他们被营业账簿显示的虚幻利得所蒙骗，进而乐于增加消费。各种价格普遍上扬，乐观的情绪蔓延。如果只有生产资料的价格上涨，而消费品的价格没受影响，企业家将会变得很尴尬。他们对于原来的计划是否安全可靠将会产生怀疑，因为生产成本的上升已经推翻了原来的计算结果。但是，鉴于消费财需求增强的事实，尽管价格持续上涨，扩大销售看来还是可行的，而这又使他们觉得放心。于是，他们深信生产将会获利。尽管生产成本比原先设想的还高，但他们仍决定继续下去。

当然，为了继续进行由信用扩张引起的扩大生产，所有企业家，包括那些已经扩大生产的企业家以及那些只在先前计划内生产的企业家都需要额外的资金，因为生产成本现在已经增加了。如果信用扩张只是一次性的，它在将某一定量的信用媒介注入借贷市场后便会完全停止，那么暴涨必定会很快结束，企业家也无法取得继续冒险所需的资金。因为贷款需求增加，而可供放贷的货币供给没有相应增加，所以市场毛利率上升。同时，因为某些企业家抛售存货，而其他企业家却不购买，所以商品价格回跌，工商业活动再度收缩。商业繁荣结束，因为引起商业暴涨的力量不再发生作用。新增的循环信用数量已经耗尽了作用力，不再影响价格与工资率。后者和每个人的现金持有都朝向适应新的货币关系进行调整。在没有额外的信用媒介继续注入和干扰的情况下，它们朝向和这个新的货币关系所对应的最后状态移动。与新的市场价格结构相配的那个本源利率全力以赴对市场毛利率发挥作用。市场毛利率不再受现金引起的（广义）货币供给变动的干扰和影响。

所有尝试解释商业暴涨，即生产的普遍扩大和所有价格趋向上涨，却没提及货币或信用媒介供给变化的理论都有一个重要缺陷，即忽略了这个情况：只有在所有商品供给减少或（广义的）货币供给增加的情况下，价格才可能普遍上涨。为了方便论证，让我们暂时承认，关于商业暴涨和商业周期的非货币解释是正确的。虽然货币供给未增加，但价格却在上涨，工商活动也在扩张。那么，在这种情况下，必定很快就会出现价格回跌的趋势，因为贷款需求必定会增加，市场毛利率必定会上升，而短暂的暴涨便会终结。其实，每一个非货币的商业周期理论都暗地里假设或逻辑上应该假设信用扩张是经济虚假繁荣的一个附带现象。[1] 任何非货币的商业周期理论都不得不承认，如果没有信用扩张，虚假繁荣不可能出现。（广义的）货币供给增加是价格普遍上涨的必要条件。因此，在严格检视下，商业周期波动的非货币解释缩减为如下主张：信用扩张虽然是商业暴涨的一个不可或缺的条件，但单靠信用扩张并不足以引起商业虚假繁荣。后者的出现还需要某些进一步的条件。

然而，即使就这个缩减的意义而言，这些非货币学说也是

---

[1] 参见 G. 诉哈勃勒（Haberler），《繁荣与萧条》(*Prosperity and Depression*)《国际联盟报告》，1939年，日内瓦），第7页。

无效的。显然，每次信用扩张必定会引起前面所描述的商业暴涨，除非受到其他因素的抵消。例如，当银行扩张信用时，如果人们预期商人的"超额"利润将全部被政府的课税没收，或者人们预期一旦在经济刺激措施导致价格上涨后，政府将立即中断信用扩张；那么商业暴涨便发展不起来。企业家将避免利用银行暂时提供的廉价信用来扩大事业，因为他们看不出这会增加利润。这里必须提到这个事实，因为它能解释美国新政的刺激措施为什么失败以及20世纪30年代所发生的其他事件。

只有在信用扩张不断加速的情况下，繁荣才可能持续下去。一旦没有新增的信用媒介流入借贷市场，繁荣就会立即结束。但是，即使通货膨胀和信用扩张不断进行，繁荣也不可能永远持续。那时，它将碰到阻止循环信用无限扩张的障碍。这将导致繁荣的消失以及整个货币体系的崩溃。

货币理论的精髓在于认识到：现金引起的货币关系变动既不会在同一时间，也不会按同一程度影响各种商品价格、工资率和利率。如果没有这种不均衡的影响，货币将是中性的。货币关系变动也不会影响工商业结构、各产业部门的规模与发展方向、消费以及各阶层人民的财富与收入。那么，市场毛利率也将——不管是短暂地还是持久地——不受货币和循环信用变动的影响。货币和循环信用变动能改变本源利率的事实是由前述的不均衡影响导致的人们相对财富与收入变化造成的。除了本源利率改变，市场毛利率暂时受影响的事实也是这种不均衡现象的一个表现。如果新增货币数量进入经济体系的方式是在促使商品价格和工资率上涨之后才抵达借贷市场，那么新增货币对市场毛利率即刻的暂时的影响将是轻微的，或者完全没影响。流入经济体系的新增货币或信用媒介供给越早抵达借贷市场，市场毛利率受影响的程度就越剧烈。

在信用扩张的情况下，如果新增的货币替代物全部借给商人，则生产规模将会扩大。企业家要么从事横向的生产扩张（在个别产业的生产期没延长的情况下扩大生产），要么从事纵向的扩张（延长生产期）。不管是哪一种扩张，新增的工厂都需要投资更多的生产要素。但是，可供使用的资本财数量未曾增加，而信用扩张也没引起消费倾向紧缩的趋势。没错，正如上面在讨论强迫储蓄时已经指出的，在信用扩张发展的后来阶段，有一部分人将被迫缩减消费。但是，某一阶层人群的强迫储蓄是否能弥补其他阶层的消费增加，从而导致整个市场体系总储蓄的净增加则取决于每一信用扩张实例的具体情况。无论如何，信用扩张会即刻导致某些赚取工资者的消费增加。他们的工资因为从事扩张的企业家所展现地对劳动需求的上升而提高。为了方便论证，让我们假设，这些受惠于通货膨胀的工资收入者所增加的消费在数量上等于其他受通货膨胀损害者的强迫储蓄，因此总消费数量没发生变化。那么情况将是这样的：生产活动已经往延长等待期的方向转变了，但对消费品的需求却并未下降，因此现有的供给并不足以支持较长时期的消费。当然，这个事实导致消费品价格上涨，从而引起了强迫储蓄的趋势。然而，消费品价格上涨增强了工商企业的扩张趋势。企业家根据需求和价格上涨的事实得出更多投资和生产将有利可图的推论。所以他们继续扩张，而企业活动的增强又引起生产资料价格和工资率的进一步上涨，从而再度推升消费品的价格。只要银行愿意继续扩张，即注入越来越多信用，商业就会持续繁荣。

在信用扩张前夕，所有那些在当时给定的市场基本情况下被认为有利可图的生产过程都在进行中。经济体系正朝向某个状态移动，在该状态下，所有渴望赚取工资者都将被雇用，所有不能转换用途的生产要素都将被利用到消费者需求和非特殊用途的物质类生产要素以及劳动供给容许的最大限度。进一步的生产扩张只有当资本财的数量在有新增储蓄的投入，即有生产出来但没消费掉的剩余产出投入时，才可以执行。信用扩张所引起的商业繁荣的特征就在于这个额外的资本财尚未到位。因此，企业活动扩张所需的资本财就必须从别的生产用途挪移过来。

我们可以把信用扩张前夕可供使用的资本财总供给称作 p，把在一定期间内不妨碍未来生产的前提下，这些 p 所能生产出来的供当期消费的消费财总量称作 g。现在，企业家受到信用扩张的引诱，并着手生产某种额外数量的被他们一直生产的财货 g_3，以及某种数量的未曾生产过的财货 g_4。为了生产 g_3，需要一份被称作 p_3 的资本财供给；为了生产 g_4，需要一份被称作 p_4 的资本财供给。但是，根据我们的假设，可供使用的资本财数量迄今为止保持不变，所以欠缺 p_3 和 p_4 的供给。正是此一事实把信用扩张所创造的"人为"繁荣景象和只有在 p_3 与 p_4 增加后才导致的"正常"生产扩张区别开来。

在一定期间的生产总收入当中，某一数量的资本财 r 必须用来替补生产过程中用掉的那部分资本财。如果将 r 用于这种替补，经济体系将能够在下一阶段再生产出 g 来；如果将 r 挪出此一用途，p 将减少 r，而 p−r 在下一阶段将只生产出 g−a。我们可以进一步假设，受到信用扩张影响的经济体系是一个发展中的经济体系。在信用扩张之前，该经济体系"通常"生产出资本财剩余 p_1+p_2。如果信用扩张未曾介入，p_1 将用于生产被称作 g_1 的先前一向生产的财货的额外数量，而 p_2 则将用于生

产被称作 g_2 的先前未曾生产的财货。企业家可以自由规划和处置的资本财总量是 $r+p_1+p_2$。然而，受到廉价贷款的迷惑，企业家的行为就好像有 $r+p_1+p_2+p_3+p_4$ 的资本财可供使用，就好像他们不仅能够生产出 $g+g_1+g_2$，还能生产出 g_3+g_4。其实，各个企业家通过彼此竞相加价而争取到的资本财份额加总起来也不足以使他们那些野心过大的生产计划全部实现。

随之而来的生产财价格暴涨可能在刚开始时超出消费财价格的上涨，也就是本源利率起初可能倾向于下降。但是，随着信用扩张后续的进展，消费财价格的上涨幅度将超过生产财价格的上涨。而工资和薪水的上涨，以及资本家、企业家和农夫的利得的增加——虽然这些新增利得大部分是表面的，却会增加对消费财的需求。信用扩张的提倡者断言，通过强迫储蓄，这样的繁荣景象能真正增加消费财的总供给。这里无须细究这个主张。无论如何，增加的消费财需求出现在市场上的时机是那些新增投资还未能生产出产品时。于是，现有财货相对于未来财货的价格差距再度扩大。在信用扩张早期阶段可能出现的那个本源利率下降的趋势将会由一个相反的趋势所取代。

本源利率倾向于上升的趋势以及正价格贴水的出现，可以解释商业暴涨的某些特征。银行这时面对来自企业增加定期贷款与临时垫款的需求，企业家会准备按较高的毛利率借钱。于是，尽管银行会索要较高利息，企业家还是会继续借款。就数学计算上来说，那些毛利率已上升至超过信用扩张前的水平了。然而，就市场交换学观点而言，市场毛利率还达不到本该达到的那个包含本源利息加上企业家因素与价格贴水所导致的水平。银行认为，当按较为苛刻的条件放款时，他们已经尽到阻止"不明智的"投机的责任，批评者不该责怪银行助长了市场的投机热潮。然而，银行未能看出，它们给市场注入越来越多的信用媒介的行为，其实就是在煽动人为的商业暴涨。引发、助长和加速这一现象的原因正是不断增加的信用媒介供给。市场毛利率的现状只是信用媒介供给增加的一个结果。如果有人想知道是否有信用扩张，那就必须去看信用媒介供给的状态，而不是看利率的数值高低。

人们习惯把商业暴涨描述为过度投资。然而，只有在资本财供给有所增加的程度内，才有所谓新增的投资。由于暴涨本身除了强迫储蓄并未导致消费缩减，反而使得消费增加，所以并未导致更多的资本财作为投资标的来供人们投资。因此，信用扩张所引起的暴涨在本质上不是过度投资，而是投资在错误的用途上，即错误投资。企业家使用实际可供使用的资本财供给 $r+p_1+p_2$，宛如能够使用更多的资本财供给 $r+p_1+p_2+p_3+p_4$ 一般。企业家在可供使用的资本财数量不足的情况下从事投资扩张。然而，由于这种不足，企业家的那些投资计划不可能实现，且迟早会失败。信用扩张不可避免的结束使企业家所犯的错误显现出来。有些工厂不能交付使用，因为生产互补生产要素所需的那些工厂还不见踪影。有些工厂的产品没有销路，因为消费者比较热衷于购买其他一些财货，然而其他财货的产量却不够充足。有些工厂因而不能继续建造，因为现在人们已经明白它们不值得建设。

有些人以为，商业暴涨的根本特征在于过度投资，而不在于错误投资。这个错误的认识源自他们习惯于仅根据可以感觉得到的具体事物来判断当下的情况。肤浅的观察者只注意到看得见的错误投资，却未能看出某些设施之所以是错误投资，全是因为欠缺别的一些工厂，即那些生产互补生产要素所需的工厂，以及生产民众比较迫切需要的一些消费财所需的工厂。限于技术条件，扩大生产首先必须扩大某些工厂的规模，这些工厂所生产的财货在生产顺序上离终端消费财最远。为了扩大生产鞋子、衣服、汽车、家具或房子，人们必须首先增加生产铁、钢、铜以及诸如此类的财货。人们生产出 $a+g_1+g_2$ 产品的资本财供给是 $r+p_1+p_2$，若资本财供给是 $r+p_1+p_2+p_3+p_4$，那么直到能够生产 $a+g_1+g_2+g_3+g_4$ 时，人们必须首先着手生产那些基于物理原因而最先需要生产的产品与设施。可以说，整个企业家阶层就好比是一个建筑大师，他的任务是利用有限的材料盖一栋建筑物。如果这个建筑师高估了可供使用的实际建材数量，那他拟订的便是一个可支配手段不足以执行的计划。他一开始便把地基挖得太深，把基础范围铺设得太大，到后来才发现欠缺完成整栋建筑所需的材料。显然，这个建筑大师所犯的错误不是过度投资，而是不适当地使用可支配的手段。

有些人认为，经济危机之所以发生，是因为人们不当地把"流动"资本转变成"固定"资本。个别企业家面对危机时的信用紧缩状况，确实有理由后悔过去花太多钱扩张工厂和购买耐久设备。如果花在那些用途上的资金用于他的日常业务，他的处境将会比较好。然而，在商业从上升反转成衰退的转折点上，市面上并不欠缺原料、初级商品、半成品和食物。相反，经济危机的特征恰恰在于这些财货大量在市场上抛售，以致它们的价格急剧下跌。

前面的论述可以解释为什么商业暴涨最显著的特征是全套生产设施、重工业生产以及耐久生产财的扩张。一百多年来，从事金融和工商业报道的编辑们一直把这些产业和建筑业的交易数据当成商业波动的指标。这是对的！他们只是对过度投资的判断有误。

当然，商业暴涨也影响到了一些消费财产业。人们对它们的投资更多了，从而扩大了它们的产能。然而，这些新工厂和旧工厂新增的附属设施所生产的产品，并非总是民众最迫切需要的。它们很可能契合了整个以生产 $a+g_1+g_2+g_3+g_4$ 为目标的计划。这一规模过大的计划的失败揭露了人们的不适当投资。

商品价格急剧上涨在过去并非总是商业暴涨的一个附带现象，信用媒介数量的增加无疑总会使价格上涨。但是，因为某些作用相反的力量足够强大，便有可能在同一时间将价格上涨维持在狭小的范围之内，甚至会完全消除价格上涨的趋势。市场经济平稳运作遭到信用扩张主义一再打断的那一段历史时期是一个经济不断进步的时期，稳步增加的新资本的积累使技术进步成为可能。每单位投入产出增加的工商企业使市场充满越来越多物美价廉的财货。如果（广义的）货币供给的同步增加比实际发生的增加少一些，那么让所有商品价格倾向于下跌的趋势肯定会发生作用。作为实际的历史事件，信用扩张总是发生在某个特定的环境中，而这个环境中往往有一些强大的力量在抵消信用扩张引起价格上升的趋势。通常这些相反力量碰撞的结果是那些产生价格上涨的力量占优势，但是，仍存在一些特殊情况——价格只会轻微上涨。最显著的例子是美国1926—1929年的商业暴涨。

信用扩张的本质不受前述这种特殊市场情况的影响。引诱某个企业家从事某些投资项目的因素既不是高价格也不是低价格本身，而是生产成本（包括所需资本的利息）和产品预期价格之间的差异。信用扩张所引起的市场毛利率降低会产生这样的作用：它会使某些以前看起来并非有利可图的投资项目现在显得有利可图。它促使企业界使用 $r+p_1+p_2$ 时就像使用 $r+p_1+p_2+p_3+p_4$ 那样。它必然会导致一个和实际的资本财供给不符，因而最后必然倒塌的投资和生产活动结构。有时候所涉及的价格变动出现在购买力普遍倾向于上升的背景之下，并且没把这个背景趋势转变成明显相反的趋势，而只是把背景趋势转变成某种大致可以被称为价格稳定的状态。然而，这样的事实只是改变了整个过程的一些次要方面罢了。

无论实际情况是什么，有一点是确定的：不管怎样操纵银行信用，都不可能为经济体系提供资本财。生产活动的良性扩张需要的是新增资本财，而不是额外的货币或信用媒介。信贷扩张导致的商业暴涨是建立在银行钞票和存款垒成的沙堆上的东西，有朝一日，它必定倒塌。

一旦银行业因商业暴涨速度过快而感到害怕，并开始避免进一步扩张信用，这种倒塌就会出现。只有在银行业随时准备为企业提供所需的一切贷款，哪怕是去执行那些过度夸张和完全不符合实际生产要素供给状态与消费者估值的计划时，繁荣才可能持续。那些被宽松的货币政策、人为压低的利率和扭曲的企业家计算怂恿出来的虚幻计划，只有当新贷款能接受人为压低的某个毛利率时，才可能推动实施。这个毛利率低于它在未受干扰的借贷市场中可能达到的水平。正是这个利率差制造了那些错误的投资计划有利可图的假象。银行的行为转向不是造成危机的因素，它们只是使商业暴涨期间由企业错误投资所造成的破坏变得清晰可见而已。

即使银行业顽固地坚持扩张政策，商业暴涨也不可能永远持续。尝试以额外的信用媒介取代不存在的资本财数量（p_3 和 p_4）是注定会失败的。如果信用扩张没有被及时制止，商业暴涨就会变成爆掉的暴涨。人们会开始逃向实际财货，整个货币体系将崩溃倒塌。然而，银行过去通常未曾把事态推进到这样极端的地步。他们通常在离最后的大灾难还很远的时候，便警觉到必须改弦更张了。[1]

一旦额外信用媒介停止流入，商业暴涨这个空中城堡便会倒塌。企业家必须缩减生产，资金的缺乏使其无法继续推动大规模的计划。价格突然下跌导致一些企业陷入财务困境，它们会尝试在市场上低价抛售存货以取得现金。一些工厂被迫关闭，一些建造中的工程项目被迫叫停，一些工人遭到解雇。一方面，许多企业迫切需要增加货币以避免破产，而另一方面，所有企业都不再获得信任，市场毛利率中的企业家因素跳升到一个离谱的高度。

在制度和心理方面的一些偶然情况会使危机爆发并带来恐慌。对这些悲惨事件的描述可以留给历史学家来做。市场交换理论的任务不是详细描述在恐慌的那几天或那几周发生过什么不幸事件，也不是仔细研究这些事件偶尔会出现的一些怪诞景象。经济学对每一个实例中那些偶然的、取决于个别历史情况的事件不感兴趣。相反，经济学的目标是区分哪些事件是根本的、必然的，而哪些又是偶然的。经济学对恐慌中的人们的心

---

[1] 我们不该陷入幻觉，以为银行业的信用政策之所以改变，是因为银行家和货币当局洞悉继续信用扩张将不可避免地带来一些严重的后果。诱使银行业改变行为的因素，是我们将在第三十一章第五节讨论的一些制度条件。在经济学的拥护者当中，某些私人银行家是很杰出的，尤其是商业周期理论的雏形对通货论的详细论述大多是英国一些私人银行家的成就。但是，受托管理中央银行和控制政府各种货币政策的那些人通常不认为不断扩张信用有什么错，而且一有人批评他们的扩张主义，他们就动怒。

理状态不感兴趣，而只对如下这个事实感兴趣：信用扩张所引起的商业暴涨必然不可避免地导致俗称"衰退"的经济调整过程。经济学必须确认，衰退其实是重新调整的过程，重新使生产活动符合给定的市场基本情况，包括可供使用的生产要素供给数量、消费者的估值，尤其是显现于民众的估值当中的本源利息状态。

然而，这些基本情况不再和信用扩张前存在的那些情况相同，许多事情已经改变了。强迫储蓄以及比强迫储蓄更多的自愿储蓄可能已经积累了一些没被商业暴涨所引起的错误投资和过度消费完全浪费掉的资本财。每一个通货膨胀过程固有的不均衡影响已经改变了人们之间以及社会阶层之间的相对财富和收入。撇开任何与信用扩张有关的因果关系不谈，人口结构可能已经改变，技术知识可能已经取得进步，对某些财货的需求可能已经改变。市场过程倾向于确立的那个最后状态也因信用扩张的扰动而改变。

当重新调整期到来，人们可以冷静地做出评估时，他们在商业暴涨期间所进行的某些投资不再受到商业蓬勃发展时的幻觉所迷惑，因而这些投资限制看起来将是绝对无可救药的失败。他们必须果断舍弃，因为进一步利用那些投资所投入的流动资金不可能从产品的出售中回收。其他满足消费需求的产业部门对这部分流动资金的需求更为迫切——流动资金在这些部门能获得更有利可图的运用就是最好的证明。其他一些错误投资似乎有相对有利的机会。当然，如果当初的计算是正确的，人们是不会把资本财投放在这些投资项目上的。不过，由于它们不能转换用途已是既定事实，所以这给下一步的行动提出了一个新问题：如果它们的产品销售可望获得的收入大于流动成本，则继续下去将是有利可图的。虽然消费者准备为那些产品支付的价格不够高，不足以让整个不能转换用途的投资变得有利可图，但还是足以让一部分（尽管是很小一部分）投资有利可图。其余的投资必须被视为没有任何回报的支出、已经浪费和丢掉的资本。

如果从消费者的角度来看待这个结果，其警示意义当然也是相同的。如果宽松的货币政策所产生的幻觉未曾引诱企业家，如果他们未曾将稀缺的资本财浪费在满足一些比较不迫切的需求上，如果一些比较迫切的需求未因欠缺资本财投入而得不到满足，那么消费者现在的处境将会比较好。但是，现在木已成舟，商业暴涨已导致投资错误，消费者不得不承受这个不可挽回的局面，他们必须暂时放弃某些原可享受的生活便利品。但是，他们也可以获得部分补偿：现在，有些原本可望而不可即的享受也可以得到满足了，只因原本平稳的经济活动受到了商业暴涨期纸醉金迷的生活的蒙蔽。不过，这只是轻微的补偿而已，因为他们对其他东西的需求，比他们对这些所谓"替代品"的需求更为强烈，而如果资本财未曾被不当使用，他们原本是可以得到那些东西的。但事已至此，那些替代品是目前唯一的选择。

信用扩张的最后结果是人们普遍变穷。但是，有些人可能趁机增加了自己的财富，他们的理智没被群众集体的歇斯底里所迷惑，甚至及时利用个别投资者的投资转移所提供的机会获得了利益。其他一些人和部分社会阶层的财富也可能增加了，但这不是因为他们采取了什么主动的行为，而纯粹只是因为他们所出售和买进的财货在价格上涨与下跌之间有一个时间差。但是，绝大多数人必须承担商业暴涨期间的错误投资和过度消费所带来的苦果。

我们千万不能误解这里所谓的"变穷",它不一定是和信用扩张前相比较的变穷,这个意义上的变穷是否发生取决于每一具体实例的特定情况。市场交换学对此不可能有绝对正确的陈述。当交换学断言,变穷是信用扩张不可避免的一个后果时,它的意思是,与没有信用扩张和经济暴涨的情况下所发展出来的财富状态相比的变穷。在资本主义社会,经济史的特征是经济不断进步,可供使用的资本财数量稳定增加,一般公众的生活水平倾向于持续改善。经济进步的步伐是如此快速,以致即使在商业暴涨期间,改善的步伐也很可能超越同一时间错误投资和过度消费所造成的损失。那么,在商业暴涨结束时,整个经济体系还是变得比开始时更为富裕了。而只有当比较基准是原本就有的一个比较好的满足状态时,整个经济体系才会显得"变穷"了。

据说在极权政府的管理下没有经济衰退

许多计划经济体制的提倡者强调:经济危机和衰退反复发生是资本主义生产模式固有的现象,而计划经济体制则保证不会遇到这种问题。

正如我们已经十分清楚而且稍后将再度证明的,商业周期的循环波动并不是市场内部没受干扰下自发产生的现象,而是政府干预企业的社会环境并企图把利率压低至自由市场所决定的水平以下的结果。[1]在这里,我们只需着手分析"计划经济

---

[1] 参见第三十一章第五节。

体制可以确保经济稳定"这个论点。

我们必须知道，经济危机出现的原因是市场的民主过程。消费者不必然赞同企业家所安排的生产要素使用方式，他们以购买和拒绝购买的行为表示赞同或不赞同。企业家被人为压低的市场毛利率所创造出来的幻象所误导，未能把资本财用在那些可以使消费者最迫切的需求获得最佳满足的用途上。一旦信用扩张结束，这些投资失误就会凸显出来。消费者的态度迫使商人重新调整生产活动，以使消费者的需求获得最佳满足。人们把这个清除商业暴涨期间所犯过失并按照消费者的愿望重新调整的过程称为经济衰退。

但是，在计划经济体制里，唯有政府的价值判断说了算，而任何可以使民众的价值判断成为主导力量的手段都被剥夺了。独裁者在决定多少生产要素用于供应当前消费和多少用于新增投资时，不用担心民众是否赞同。如果独裁者投资多一点，从而削减了可供当前消费的手段，人们就必须少吃一点并且缄口不言。危机不会出现，因为独裁统治下的人没有机会表达心中的不满。在没有商业买卖的地方，商业活动便说不上好，也说不上坏。在计划经济体制里，可能有人饿死，但不会有我们在讨论市场经济问题时所说的那个意义上的经济衰退。在没有自由选择的地方，人们不可能反对掌权者指导生产活动过程中所做出的任何安排。

有人反对资本主义国家的舆论支持廉价的货币政策，这解决不了什么问题。群众被冒牌专家的夸夸其谈所误导，以为低利率可以使他们无须付出任何代价而变富。群众不知道投资只能扩大到有新增资本作为储蓄积累起来的程度。他们被一些货币怪咖的"童话故事"蒙骗了。然而，现实不是童话故事，而是人们的行为。如果人们不准备通过缩减当前消费来增加储蓄，那么经济体系就欠缺大量扩张投资所需的手段。供应投资的手段是不可能由印钞票和增加银行贷款提供的。

一个常见的现象是，作为选民的个人实际上与他在市场上的行为相矛盾。例如，他作为选民可能投票赞成某些措施，以提高某种或所有商品价格；而作为市场上的买者，他却希望看到这些商品的价格是低的。这些行为冲突源自无知和错误的认知。由于人性如此，因此，这种自我矛盾的行为可能发生。但是，在个人既不是选民也不是购买者的社会组织里，或在所谓投票和购买只是做做样子的社会组织里，因为不存在真正的行为，所以自我矛盾的行为当然也就不存在了。

第七节　通货紧缩和信用收缩影响下的市场毛利率

我们假设，在通货紧缩的过程中，（广义的）货币供给所减少的数量全部来自借贷市场。那么，借贷市场和市场毛利率在这个过程的一开始便会受到影响，而这时商品与服务的价格还没有因货币供需的变化而改变。例如，我们可以假设，政府为了减少货币供给借入一笔款项，然后再悉数将其毁掉。过去两百余年，这样的程序曾一再被采用。这种做法的目的是在经历长期通货膨胀政策之后，将贬值了的本国货币单位的价值提高到与之前的贵金属含量等价的水平。当然，在大多数实例中，这些通货紧缩政策很快就会被放弃，因为它们受到越来越多人的反对，也给国库带来沉重的负担。或者，我们可以假设，在信用扩张所引起的危机中，银行被一些不好的经验吓着了，决定根据负债增加货币储备比例，并相应缩紧循环信用的数量。第三种可能的假设是，危机已经导致某些放贷的银行破产，而随着这些银行所发行的信用媒介的消失，借贷市场的信用供给也减少了。

在所有这些场合，市场毛利率随即倾向于暂时上涨。一些过去显得有利可图的投资项目现在好景不再。生产要素价格趋于下跌，接着是消费财的价格，生意变得冷清。这样的停滞状态只有当各种商品价格与工资率已大致调整到适应新的货币供需关系时才会有所改变。那时，借贷市场也适应了新情况，市场毛利率不再因可贷资金短缺而受到干扰。因此，现金引起的市场毛利率上涨只导致了短暂的商业停滞。通货紧缩和信用收缩，与通货膨胀和信用扩张一样，都是扰乱经济活动顺利进行的因素。然而，如果轻视通货紧缩和信用收缩，只是把它当成通货膨胀和信用扩张的反面，那就错了。

信用扩张首先会产生虚假繁荣。它极受欢迎，因为看上去似乎大部分人甚至每个人都因此变得更加富裕。信用扩张十分诱人，要制止它，需要道德和勇气。信用收缩则会即刻损害每个人的利益，并受到谴责。信用收缩不受欢迎的程度远大于信用扩张受欢迎的程度，它会引起激烈的反抗。很快，反对信用收缩的政治力量就会变得势不可挡。

法定货币引起的通货膨胀和低利率贷款给政府的库房输送了额外的资金，而通货紧缩则使国库枯竭。对银行而言，信用扩张更为有利，而收缩却等于没收财产。对一般人来说，通货膨胀和信用扩张有一股吸引力，而通货紧缩和信用收缩则有一股排斥力。

但是，这两个相反的货币和信用操纵模式之间的差别并非仅在于其中一个受欢迎，而另一个被憎恨。比起通货膨胀和信用扩张，通货紧缩和信用收缩不太可能持续蔓延，这并非仅仅因为它们难以被实行。它们造成的损害之所以比较小，也是因为其本身固有的一些影响力。信用扩张通过错误投资和过度消费浪费了稀缺的生产要素，在其结束后，需要一个漫长的恢复过程来清除扩张导致的贫穷状态。但是，信用收缩既不会导致错误投资，也不会导致过度消费。它所导致的是生产活动的暂时减退，这种减退有可能因为失业工人和销量下降的物质类生产要素拥有者减少消费而大致相互抵消，因而不会有持久的损害。当信用收缩结束时，重新调整的过程并不需要弥补由资本消费所造成的损失。

通货紧缩和信用收缩在经济史上从未扮演过什么关键性的角色。但这里有两个例外：在经历拿破仑战争和第一次世界大战时的通货膨胀后，大英帝国曾经两度恢复战前的英镑黄金平价。在这两个历史时期，国会和内阁都率先采取通货紧缩政策，却未曾权衡两个恢复金本位制方法的利弊。[1] 在19世纪20年代，英国的那些决策者是可以原谅的，因为当时货币理论尚未厘清相关问题；而在一百多年后发生相同的错误，无疑是在彰显决策者对经济学和货币理论不可原谅的无知。

同样的无知也显现在人们倾向于把通货膨胀后的信用收缩过程与扩张性的商业暴涨必然导致的重新调整过程混为一谈。通货膨胀后的危机是否导致信用媒介数量紧缩，取决于引起商

---

[1] 这两个方法中的一个方法是在当下的英镑汇率下恢复英镑与黄金的自由兑换，另一个方法是在战前的英镑平价下恢复英镑与黄金的自由兑换。参见第三十一章第二节。

业暴涨的那个信用体系的制度结构。如果危机导致释放信用的银行破产，而剩下的银行没采取相应的扩张措施去补足破产银行减少的信用媒介，那么，通货紧缩便可能发生。但是，这样的紧缩不必然是经济衰退的一个附带现象。毫无疑问，欧洲在过去80年都未曾出现过这样的紧缩。而在美国，1913年《联邦储备法》通过后，出现这种紧缩的程度则明显被夸大了。这种危机所显现的那种信用稀缺现象不是信用媒介收缩造成的，而是源于银行没有继续扩张信用。信用稀缺伤害了所有的企业，不仅仅包括那些无论怎样都注定会倒闭的企业，其他企业也一样会受到伤害——即便是那些经营良好的企业，原本如果它们能获得适当贷款，仍能蓬勃发展。由于先前的放款尚未收回，银行即使面对良好的企业也欠缺放款资金。危机逐渐扩散并迫使所有产业部门和企业活动紧缩。但是，先前商业暴涨所衍生的那些后果是不可避免的。

经济一旦出现衰退，通货紧缩便立即遭到普遍谴责，公众嚷嚷着要求政府继续实施扩张性政策。没错，即使严格意义上货币和信用媒介供给没有出现任何紧缩，经济衰退也会导致现金引起的货币单位购买力出现上升趋势。每个厂商都下决心增持现金，于是（广义的）货币供给相对于（广义的）货币需求的比例便会受到影响。如果把这种情形称为通货紧缩也是恰当的。但是，如果有人认为商品价格下跌是厂商争取持有较多的现金造成的，那就大错特错了，这里的因果关系刚好相反。在商业暴涨期间，包括物质和人力在内的各种生产要素价格已经高得离谱。在企业变得有利可图之前，生产要素价格必须下降。企业家扩大现金持有，是因为价格和工资结构尚未调整至符合实际市场基本情况的地步，所以要避免购买财货和雇用工人。

因此，政府与工会中任何阻止或延迟这个调整过程的举措只会延长商业停滞的时间。

有些经济学家未能掌握前述这种因果关系。他们论证说：商业暴涨期间发展出来的那个价格结构是信用扩张压力的产物。如果信用媒介不再继续增加，价格和工资率的上涨必将停止。但是，如果没有通货紧缩，价格和工资率是不可能下跌的。

如果通货膨胀的压力在耗尽对商品价格的直接作用之前未曾影响借贷市场，这样的推论就是正确的。让我们假设，某个孤立国的政府发行额外的纸币，将其作为救济金支付给低收入的公民。这样引起的商品价格上涨将打乱原来的生产活动，它倾向于把生产活动从经常由该国未受补贴的阶层购买的那些消费财移转至受补贴的阶层现在需求的那些消费财。如果以这个方式补贴某些阶层的政策后来终止了，先前得到补贴的那些阶层所需要的商品价格将会下跌，而先前没得到补贴的那些阶层所需要的财货价格将会更大程度地上涨。但是，货币单位购买力将不会上升到通货膨胀前的那个状态。如果该政府没从市场撤回它先前以补贴方式注入市场的那个额外数量的纸币，价格结构将永远受到该通货膨胀政策的影响。

如果信用扩张首先影响借贷市场，那情形就不同了。在这种场合，通货膨胀的作用被资本的错误投资和过度消费扩大了。企业家彼此竞出高价，试图在有限的资本财和劳动供给中争取较大的份额，从而把价格推升，达到只有信用扩张以不断加快的步伐继续进行时才可能维持的高度。一旦额外的信用媒介没继续流入，所有商品与服务的价格将不可避免地急剧下跌。

当商业暴涨还在进行时，人们普遍倾向于尽快购买东西，因为人们预期价格将进一步上涨；当衰退发生时，人们避免买东西，因为他们预期价格将继续下跌。只有当价格和工资率降低到有足够多的人认为它们不会再下跌时，经济复苏和恢复"常态"的过程才可能开始。所以，缩短萧条时间的唯一办法是避免任何尝试延迟或制止价格与工资率下跌的举措。

只有当复苏开始时，信用媒介数量增加所造成的货币关系变动才会开始显现在价格结构上。

信用扩张和单纯的通货膨胀之间的差异

在论述关于信用扩张的影响时，我们曾假设新增信用媒介全部作为企业贷款进入市场体系。关于信用扩张的后果，前面的一切陈述指的都是这个情况。

然而，在某些场合，人们根据法律、法规实际操作的信用扩张是一个和市场交换学所说的"真正的信用扩张"完全不同的程序。出于政治和制度上的考虑，某个政府有时候会认为，在实际操作中，利用银行融资取代发行政府印制的法定货币会更方便。国库向银行借钱的方式是，银行以发行额外的银行钞票或让政府在银行开立存款账户的方式给政府提供资金。从法律上讲，银行变成国库的债权人。然而事实上，整个交易相当于法定货币的膨胀。这些新增的信用媒介经由国库支付各种政府支出项目而进入市场体系。正是新增的政府需求导致了企业的扩张活动。不管政府付给银行多少贷款利率，这些新增的法定货币数量都不会直接影响市场毛利率。撇开正价格贴水的情况不谈，这些新增的法定货币对借贷市场和市场毛利率一般而言不会产生影响，除非它们在对商品价格与工资率的影响完全发挥作用之前有一部分影响先抵达借贷市场。

例如，美国在第二次世界大战期间的情形就是这样。除了在战争爆发前便已采取信用扩张政策，美国联邦政府还大量向商业银行借贷。就技术层面而言，这是信用扩张；从本质上来说，它只是替代美元纸币的发行。许多国家甚至会采取更为复杂的替代技巧。例如，德意志帝国在第一次世界大战期间出售债券给民众。德意志帝国银行为这些债券的购买者提供融资，并接受债券作为抵押。除了购买债券者本身拿出的那一部分资金，帝国银行和购买债券的民众在整个交易中仅扮演形式上的角色。实际上，新增的帝国银行钞票就是不可兑换的纸币。

了解这些事实很重要，可以避免混淆真正的信用扩张后果和政府制造的法定货币膨胀的后果。

第八节　货币商业周期理论或循环信用商业周期理论

英国通货学派（Currency School）提出的商业周期理论有两点不能令人满意。

首先，该理论未能看出，银行不仅能以发行超出库存现金的钞票发放循环信用，也能以创造超出库存现金的支票存款（或存款货币）发放循环信用。这也就是说，该理论没看出存款也是信用扩张的一个工具。这个错误不那么严重，因为很容易改正。我们只需强调一点就够了，即所有涉及信用扩张的论述对所有种类的信用扩张都有效，不管新增的信用媒介是银行钞票还是银行存款。然而，在这个根本缺陷没有被揭露的时候，英国通货学派的学说便启发了英国政府立法防止信用扩张引起经济暴涨及其必然的后果——经济衰退。皮尔内阁于1884年通过的英国银行法，以及该法在其他国家的仿制品没有达到它当初的立法目的。这次的失败削弱了英国通货学派的权威性，银行学派（Banking School）则因而意外获得了胜利。

英国通货学派理论的第二个缺点的影响更为重大。通货学派把论证局限在黄金外流的问题上。该学派只针对一个特殊情况，即只涉及某个国家发生信用扩张，而其他国家要么没有信用扩张，要么就是信用扩张的幅度比较小。这大致可以解释19世纪上半叶英国的历次经济危机。但是，整个论证只触及了问题的表面，根本问题完全没提到。对于不局限于特定客户群体和少数银行的普遍信用扩张所引起的后果，该学派没有给予任何阐释。该学派没有分析（广义的）货币供给和利率之间的互动关系。对各式各样试图经由银行改革降低或完全消除利息的计划，该学派都高傲地将其当作骗术予以嘲笑，却未曾予以批判性的剖析与反驳。该学派还在暗地里赞同"货币中性"这个幼稚的假定。于是，所有以直接交易理论解释经济危机和商业波动的徒劳尝试获得了大肆发挥的空间。"货币中性"这个让人迷惑的魔咒过了数十年才被打破。

货币或循环信用理论必须克服的障碍不仅有理论上的错误，还有政治上的偏见。舆论倾向于认为，利息不过是阻碍生产扩张的一个制度性障碍罢了，却没意识到未来财货相对于现有财货的折价是人的行为固有的一个必要且永恒的元素，是不可能通过银行干预革除的。在货币怪人和煽动家眼里，利息是冷血的剥削者的阴谋产物。对利息的质疑已经彻底被现代干预主义唤醒了。干预主义坚持一个个教条主义：优良政府的一个首要任务是尽量降低利率或完全废除利率。当今所有政府都狂热地致力于可以降低利率的货币政策。正如前面已经提到过的,英国政府曾断言信用扩张已经完成了"把石头变成面包的……奇迹"[1]。纽约联邦储备银行的某位主席曾宣称:"凡是有一个像现代中央银行那样运作的机构存在的国家,如果其发行不能兑换黄金或其他货币,那就表示该主权国家拥有免于国内货币市场约束的最终自由。"[2] 许多政府、大学和经济研究机构非常大方地赞助了许多文章的发表,其主旨是赞美不受约束的信用扩张所带来的恩赐,并诋毁所有的反对者,认为他们在居心不良地为自私自利的高利贷行业做辩护。

像波浪一样撼动经济体系的那种力量,经济暴涨和随后的衰退反复发生的现象是人们一次又一次尝试通过信用扩张降低市场毛利率而引起的不可避免的后果。信用扩张所引起的经济暴涨终将走向崩溃,没有办法避免。要么让危机早一点来临——作为主动放弃继续扩张信用的结果,要么让危机晚一点来临——而以相关货币体系最后的全面崩溃收场。唯一曾被提出来反对这个循环信用理论的理由其实是无效的。有人曾断言,市场毛利率降低至自由借贷市场的利率以下,看起来不大可能是银行或货币当局蓄意执行政策的结果,而是他们的保守态度不经意造成的。面对一个如果任其自由发展将会导致市场利率上升的情况,银行会忍住冲动,不改变放款利率,从而不经意地落入了信用扩张的路线。[3] 这种主张是不恰当的。但是,即

---

[1] 参见第十七章第十八节。
[2] 参考拉穆(Bearley Ruml)的《税收已过时》"Taxes for Revenue Are Obsolete"一文,《美国事务》第八卷(1946年),第 35—36 页。
[3] 马克卢普将银行的这种行为称为"被动的通货膨胀主义",参见《股票市场,信贷和资本形成》,第 248 页。

使我们为了论证该问题而承认该主张的正确性,那也完全不影响货币商业周期理论的精髓。究竟是什么情况促使银行扩张信用以及把放款利率压低至没有干扰的市场将会决定的毛利率以下,是无关宏旨的。重要的是,银行和货币当局接受以下这种想法的引导:自由市场所决定的利率水平是一个邪恶之物。因此他们认为降低自由市场利率是一个好的经济政策目标并且信用扩张是达成这个目标的一个适当手段。它不会伤害任何人,除了像寄生虫一样的高利贷者。正是这种痴心妄想促使银行冒险从事最后必然引起暴跌的行为。

有人可能因为考虑到前述事实而不想在纯市场经济理论的架构中讨论相关问题,进而把它们降格为分析干预主义和政府对市场现象的干预。毫无疑问,信用扩张确实是干预主义的一个主要议题。尽管如此,分析相关问题的适当场所并不在干预主义的理论中,而是在纯市场经济的理论中。因为我们必须处理的问题主要在于货币供给和利率之间的关系,至于信用扩张的后果,只不过是这个基本问题的一个特殊实例罢了。

只要增加的货币供给在流入市场体系初期便抵达借贷市场,那么前面针对信用扩张所说的一切便同样适用于狭义的货币供给增加所引起的结果。如果新增的货币在商品价格和工资率尚未充分调整而适应货币关系变动之前就被人们用来增加放款,那么其所产生的效果便和信用扩张没什么两样。市场交换学在分析信用扩张的问题上完善了货币与利息理论架构,彻底摧毁了长久以来关于利息的错误观念,驳倒了所有企图以改革货币或信用制度废除利息的异想天开的计划。

信用扩张所引起的货币供给增加与只使用商品货币而完全没有信用媒介的经济体系里可能出现的货币供给增加之间的差

别全在于增加的数量不同和影响各市场部门的时间顺序不同。贵金属产量即使有急剧增加的现象，也绝不可能有信用扩张能达到的那种快速增幅。金本位制有效地抑制了信用扩张，因为它强迫银行在冒险扩张时不得超越某些界限。[1] 金本位制本身的通货膨胀潜力则受制于黄金开采量的变化。再者，新增的黄金中只有一部分会立即增加借贷市场的资金供给，而大部分会首先影响商品价格和工资率，直到通货膨胀过程的后来阶段才会影响借贷市场。

然而，商品货币的持续增加还是给借贷市场带来了一种稳定的扩张性压力。在过去的数个世纪，市场毛利率不断受到新增货币流入借贷市场的冲击。当然，这种压力在过去一百五十余年间的英语系国家以及过去一百余年间的欧陆国家所产生的影响远远不如同一时间银行正常发放的信用媒介增长的影响。而这还没计入银行不时为了降低市场毛利率而明目张胆地加强信用扩张所发放的信用媒介数量。于是，有三个倾向于降低市场毛利率的趋势同时运作且相互增强。第一个趋势是商品货币数量稳定增加的结果；第二个趋势是信用媒介在银行营运中自然增长的结果；第三个趋势是有关当局发起的，而且舆论也赞同的蓄意反利息政策的结果。当然，要以量化方式确定它们共同运作的效果以及它们分别作用的效果，是不可能办到的。这种量化问题只能通过了解历史来获得答案。

交换学的论证只能证明：如果没有宽松货币政策的过度干预，黄金加上信用媒介的持续增加对市场毛利率施加的那种轻

---

[1] 参见第十七章第十九节。

微但持续向下的压力是可以被市场经济固有的调适力量平衡掉的。企业的强大调适能力如果没有被市场外部力量蓄意破坏，是足以抵消借贷市场受到轻微干扰的后果的。

统计学家曾尝试以统计方法研究商业波动的长波趋势，这种尝试是不会有结果的。现代资本主义史是经济稳定进步一再遭遇狂热的经济暴涨以及随后必然出现的衰退打断的一页记录。一般来说，统计方法能把这些反复发生的波动和资本投入与产出数量倾向于增加的大趋势区分开来。但是，希望从这种大趋势本身发现什么有规律的波动，那是不可能的。

第九节　受商业周期反复影响的市场经济

通货膨胀和信用扩张普遍受到欢迎。这一点是一再尝试以信用扩张使人们变富裕的妄想的终极根源，因此也是商业周期波动的原因。这种受欢迎的程度清楚地显现在习惯用语上。商业暴涨被称为"生意好""商业兴旺""经济上扬"；而其不可避免的后果，即市场重新调整以适应真实的基本情况，则被称为"经济危机""暴跌""不景气""衰退"。人们非常厌恶如下洞见：扰乱经济的因素在于经济暴涨期间的错误投资和过度消费，人为诱发的经济暴涨注定会崩溃。人们希望找到能让经济暴涨永远持续的万灵丹！

前面已经指出，我们在什么意义上可以把产品质量改善和数量增加称为经济进步。如果将这个标准应用于商业周期的各个阶段，我们就必须称经济暴涨为退步，而衰退则是进步。经济暴涨通过错误投资和浪费稀缺的生产要素，以及过度消费减少资本财供给，其所谓的恩赐是以变穷为代价的。而衰退则是回归正途的过程，即让所有生产要素都回到满足消费者最迫切需求的生产正途上。

有些人曾努力尝试，在经济暴涨中寻找对经济进步有正面贡献的成分。他们强调强迫储蓄在资本积累上所发挥的作用。然而，这一论证是无效的。前面已经表明，强迫储蓄是否真能抵消一部分商业暴涨所引起的资本消费是很值得怀疑的。那些对强迫储蓄有益的效果大加赞扬的人如果坚持他们的观点，便应该支持向中下收入者征收税款以补贴富人的财税制度。以这个方法达到的强迫储蓄将使资本供给数量出现净增加，还不至于引起数量更大的资本消费。

提倡信用扩张者还强调，在经济暴涨期间所发生的错误投资，有些在后来变得有利可图。他们说，这些投资进行得太早了，即在进行这些投资的时候，资本财供给和消费者估值状况还不允许投资。然而，投资早晚所造成的伤害没有太大区别，因为这些投资项目后来总是要进行的。我们可以承认，对经济暴涨所引起的某些错误投资实例而言，这样的陈述是恰当的，但是，没人敢断言，对所有因为受到宽松货币政策所创造出来的幻象鼓舞而开展的投资项目来说，这样的陈述都是正确的。无论如何，这些投资项目影响不了经济暴涨的后果。它们既撤销不了也缓和不了随之而来的衰退。错误投资的效果当下就会显现，无论这些错误投资后来在不同时空是否能显示为合理的投资。当1854年如果没有信用扩张便不会兴建的一条铁路在英国竣工时，随后那几年的情况是不受1870年或1880年将有足够的资本财可供建造该条铁路这件事的影响。后来该铁路无须支用新资本和劳动建造的事实确实将会产生利益，但在1847年，它弥补不了过早开始建造所导致的损失。

经济暴涨导致贫困，但更为严重的灾难是对人们精神的打击，它使人们变得沮丧、意气消沉。人们在经济暴涨期间的繁荣幻觉下越是乐观，在衰退时的绝望和挫折感就越强烈。个体总是倾向于把幸运归功于他自己的能力，并将之视为自己的才能、勤勉和正直应得的报酬。与此相对的，他总是把命运的逆转归咎于他人，特别是社会和政治制度的荒谬。他不责怪有关当局曾经引发经济暴涨，却会因为此后必然的崩溃而咒骂当局。舆论认为，更多的通货膨胀和信用扩张是唯一可以对抗通货膨胀和信用扩张所带来的损害的办法。

他们说，这儿有一些工厂和农场，它们的产能要么完全闲置，要么部分闲置；这儿有成堆滞销的商品，有成群失业的工人。与此同时，这儿也有许多民众翘首以盼希望自己的运气好一点，希望自己的需要能被满足得多一点。他们欠缺的只是信用吗？额外的信用将使企业家能够恢复或扩大生产。失业的工人将找到工作，并且能购买产品。这个推论看似合理，却是完全错误的。

如果商品卖不出去，如果工人找不到工作，原因只可能是索要的价格和工资太高。凡是想出售存货或工作能力的人，都必须降低索要的价格或工资直到找到某个买者，这就是市场法则。这就是市场将每个人的活动引至对满足消费者需求最有贡献的那些途径的办法。经济暴涨期间的错误投资已把一些不能转换用途的生产要素错误地配置在某些生产部门，并且阻碍了其他迫切需要那些要素的部门的发展。换言之，这期间的错误投资造成了不能转换用途的生产要素在各产业部门之间的配置比例不恰当。这个问题唯有通过新资本的积累以及把新资本投资到有最迫切需要的那些产业部门才能得到纠正。这是一个缓慢的过程。当该过程还在进行中时，要充分利用某些工厂的产能是不可能的，因为它们欠缺互补的生产设施。

或许有人会提出一种无效的异议，他们会说有些可以生产非特殊性产品的工厂也有部分闲置的产能。他们认为，这些产品销路惨淡是不能以资本设备（不能转换用途的）在各产业部门的配置比例不恰当来解释的。这些产品能用于许多不同的生产用途，而且这些生产用途也需要它们。这异议本身也是一个错误。如果钢铁厂、铜矿场和锯木厂等工厂的产能不能全部运转，那么理由只可能是，市场上没有足够的买者愿意按足以补偿它们当前运转成本的价格购买它们的全部产出。由于那些变动成本的主要因素只可能是其他产品的价格和工资，而且由于其他产品的价格也是同样的情况，所以，这总是意味着工资率太高了，以致企业家无法给所有渴望工作者提供工作机会，从而也无法使用不能转换用途的设备，直到非特殊性的资本财与劳动不再继续从别的一些用途挪过来为止（因为超过这个程度后，资本财与劳动在原来的用途可以满足更为迫切的消费需求）。

只有一个办法可以摆脱经济崩溃后的局面，让经济回到一个由渐进的资本积累使物质幸福得到稳定改善的状态，那就是，新的储蓄必须积累所需的资本财，从而使所有生产部门有彼此协调的必要资本配置。人们必须提供那些在经济暴涨期间遭到忽视的生产部门所欠缺的资本财，工资率必须下降，人们必须暂时缩减消费，直到因错误投资而浪费掉的资本恢复原状。如果人们不喜欢调整期间的种种艰辛，那么现在就必须立即放弃信用扩张。

以新的信用扩张干预这个调整过程是没用的。新的信用扩张只会中断、扰乱和延长衰退期的恢复过程，甚至引发新一轮的经济暴涨及其不可避免的后果。

即使没被新的信用扩张所干扰，调整过程也会因为沮丧和挫折的心理效应而延后。人们很难从虚幻的繁荣自欺中解脱出来。商人试图继续推动无利可图的投资项目，并对一些会让他们伤心的洞见视而不见。工人推迟降低工资要求以适应实际的市场情况，他们希望尽可能避免降低生活水平、更换工作和住所。人们在经济上扬时越是乐观，现在就越灰心泄气。他们刹那间丧失了自信和进取精神，甚至未能把握一些好机会。但是，最糟糕的是，禀性难移，几年之后，他们会再度着手信用扩张，于是旧事重演。

未获利用的生产要素在经济暴涨初期所扮演的角色

在变动的经济中，永远有待售的存货（数量超出基于技术原因必须储存的那些）、失业的工人以及闲置的、不能转换用途的生产设备。经济体系正朝向既没有失业工人也没有多余存货的状态变化。[1]但是，由于不断出现新的情况，把这种趋势转向新的目标，所以均匀轮转的经济状态永远不会实现。

不能转换用途的投资产能遭到闲置是过去所犯错误的一个结果。投资者过去所做的假设从后来的事态发展看是不正确的。相较于这些工厂所能生产的财货，市场对其他财货的需求更为强烈。多余的存货被堆积起来以及工人的交换性失业都是投机性的。存货所有者拒绝按市场价格出售，因为他希望这些存货在未来的某一天可以卖得较高的价格。失业工人拒绝更换工作、

---

[1] 在均匀轮转的经济里，可能也会有不能转换用途的产能遭到闲置。这种闲置的产能就像在边际产出偏弱的土地休耕，对均衡状态不构成妨碍。

住所以及接受较低酬劳，因为他希望未来某一天可以在最喜欢的行业里找到报酬较高、离家较近的职位。这两者都不愿意降低自己的要求以适应目前的市场情况，因为他们在等待市场情况改变，希望未来的改变有利于他们。他们的这种不愿意是经济体系还没自我调整到适应新的市场情况的一个原因。

信用扩张的提倡者坚决主张提供更多信用媒介。然后，工厂将全能运转，存货将按货主认为满意的价格卖出，而失业的工人也将按令他们满意的工资找到工作。这个大受欢迎的学说隐含了新增的信用媒介所引起的价格上涨，并将在同一时间按同一程度影响所有商品与服务，而且那些多余存货的所有者和失业工人将满足于他们现在所要求的——当然也是得不到的名义价格和名义工资。因为如果这个学说所预言的情况真的发生，那么这些多余存货的所有者和失业工人所获得的实际价格和实际工资就必须按其他商品与服务价格上涨的比例向下调整，直到它们想要找到买主和雇主就必须下降的那个水平。

经济暴涨前夕存在的闲置产能、待售存货和失业工人等因素对经济暴涨过程不会有实际的影响。让我们假设，目前存在闲置的铜矿开采设施、待售的成堆黄铜和失业的铜矿工人。目前来说，按照黄铜当下的价格，开采某些铜矿将入不敷出；这些铜矿的工人被解雇；有些投机者在等待时机，暂不出售他们的存货。要让这些铜矿的开采再度变得有利可图，就要让那些失业的铜矿工人恢复就业以及不要让那些储存的黄铜销售价格降至生产成本以下，这就需要资本财的供应有一个增量 p。p 的数量必须大到足够使一般投资、生产与消费数量增加到市场对黄铜的需求相应增加。然而，如果增量 p 没有出现，但企业家在信用扩张的迷惑下，就好像 p 已经确实被加入那样行动，那么黄铜市场的情况在经济暴涨持续期间就好像 p 已经真的加入实际的资本财供给那样。但是，前面就信用扩张不可避免的后果的论证也适合这种情况。唯一的差别就是，就黄铜而言，这种不当的生产扩张，无须将资本与劳动撤离原本能用来更好地满足消费者的其他需求。就黄铜而言，新一轮的经济暴涨遇上了在此前经济暴涨中已经引发的一项错误的资本投资与劳动雇佣，但重新的调整过程尚未完成。

至此，我们已经很清楚：以存在闲置的产能、尚未卖出的存货（根据人们不正确的说法，是"卖不出去的"存货）以及失业的工人作为理由为新一轮的信用扩张做辩护，是多么没用。新一轮的信用扩张在一开始便遇上了先前的错误投资与错误劳动雇佣中尚未被重新调整过程完全消除的残余，新的扩张看似挽救了这些错误，然而，事实上，这只是重新调整过程的一个中断，它推迟了回归合理状态的时间。[1] 存在闲置的产能和失业的工人并不是一个有效驳斥循环信用理论正确性的理由。信用扩张和通货膨胀的提倡者认为，放弃进一步的信用扩张和通货膨胀将使经济永远处于衰退状态。这个看法是完全错误的！他们建议的那些解救办法不会使经济暴涨结束，只会打乱经济复苏的过程。

非货币商业周期理论之谬误

在讨论用各种以非货币理论解释商业周期波动的徒劳无功

---

[1] 哈耶克（Hayek，《价格与生产》第 2 版，伦敦，1935 年，第 96 页）通过一个稍微不同的推理过程，得到相同的结论。

的尝试时，首先必须强调一个在此前一直被忽略的重点。

有些学派认为，利息只是为了取得某一数量的货币或货币替代物的处置权所支付的价格。根据这个理论，他们似乎得出了符合逻辑的推论：抹除货币和货币替代物的稀缺性将完全抹除利息，这将导致免费的信用借贷。然而，如果有人不赞同这个观点，并且知道本源利息存在的性质，那么就会出现一个他无法规避、必须处理的问题。货币或信用媒介数量增加所引起的信用供给增加肯定会压低市场的毛利率。但是，如果利息不仅仅是一个货币现象，那么不管货币与信用媒介供给增加了多少，都不可能长期压低或抹除利息。这也表明，如何重新确立与非货币方面的市场基本情况相匹配的利率水平是经济学的一个无可规避的责任。也就是说，经济学必须解释：实际的市场利率以及符合人们心目中现有财货相对于未来财货的价值比率之间的任何因现金差距将被什么样的市场过程抹除。如果经济学不知道怎样完成这个理论任务，那经济学就等于潜在地承认，利息是一个货币现象，并且在货币关系变动的过程中，利息甚至可以完全消失。

在非货币商业周期理论看来，反复发生的经济衰退是一个基本事实。捍卫这种理论的论述者，在经济事件发展序列中起先看不出什么能对这些谜一样的经济混乱进行满意解释的线索。他们最终迫不得已找来某种临时凑合的说辞，并将之拼凑到他们的一般教义之中，进而将其当作商业周期理论。

货币或循环信用理论和前述情形不同。现代的货币理论终于清除掉所有和所谓中性货币有关的概念。它不可辩驳地证明，在市场经济里有一些因素在运作，而对于这些因素的运作，一个不知道货币本身具有驱动力的理论不值一提。认识货币的非中性和驱动力的交换理论体系强调了货币关系变动首先在短期而后在长期是怎样影响利率的。如果不能回答此类问题，这个理论体系将是有缺陷的；如果它所提出的答案没有同时解释商业周期波动，那么它将是自相矛盾的。即使没有诸如信用媒介和循环信用这类东西，现代交换理论也将不得不提到货币关系变动和利率之间有些什么关系。

前面已经说过，每种非货币的商业周期理论都势必承认一个事实：货币或信用媒介数量的增加是经济暴涨的一个必要条件。很明显，价格普遍上涨的趋势如果不是各种商品的生产和供给普遍下降造成的，那么，该趋势便不可能出现，除非（广义的）货币供给增加。现在我们知道，为什么那些攻击货币理论的人为了另一个理由不得不采取这个他们所诋毁的理论了：因为只有这个理论才能回答流入市场体系的新增货币和信用媒介怎样影响借贷市场和市场利率的问题。只有那些认为利率不过是制度性货币稀缺的一个结果的人才用不着默许循环信用的商业周期理论的正确性。这解释了为什么迄今为止，没有任何反对这个理论的批评者能提出一个站得住脚的反对理由。

所有非货币理论的拥护者都狂热地拒绝承认他们自己的错误，而这种狂热当然是政治偏见的一种体现。计划经济者和干预主义者急于证明，市场经济不可能避免经济的不断衰退。他们更加希望反驳货币理论，因为操纵货币与信用是致力于建立政府万能神话的反资本主义政府在今天所使用的主要工具。[1]

一些企图把经济衰退和来自宇宙的影响联系起来的尝试——其中包括了最著名的杰文斯的太阳黑子理论——已经彻底失败。

---

[1] 关于这些货币和信用操纵手法，参见第三十一章。

市场经济以相当令人满意的方式成功地调整了生产和销售活动，使其适应影响人类生活的所有自然条件和环境。只有相当武断的人才会认为仅有一种自然事实——有规律的农业变化——市场不知道如何应对。为什么企业家未能辨识收益波动的事实，从而以某种方式安排企业活动，以减轻这种波动对他们营运计划造成的不利影响呢？

当今非货币的商业周期理论在"无政府生产"这一口号的引导下，以所谓资本主义固有的趋势解释商业周期波动。简而言之，这派理论认为，在资本主义经济中，各产业部门的投资发展倾向于比例失调。然而，每个商人都渴望避免这种错误，以免自身蒙受严重的财务损失。对于这个事实，即使是比例失调理论也不会有异议。企业家和资本家活动的精髓就在于不会从事那些他们自己认为无利可图的投资项目。如果有人认为，在这方面，商人的努力普遍归于失败，那么便等于说，所有商人的眼光都是短浅的，他们太愚蠢了，以致避免不了某些陷阱，从而在事业经营上一错再错。于是，社会全体不得不为这些愚蠢的投机者、首倡者和企业家的过错买单。

很明显，人是容易犯错的，而商人肯定也有这种人性的弱点。但是，我们不该忘记，市场中有一种"挑选过程"在不断地发挥作用：市场会淘汰那些没有效率的企业家，即淘汰那些尽管很努力却未能准确预料消费者需求的企业家。如果某些企业家生产了不符合消费者需求的商品，他们就不能按有利可图的价格出售该商品，以致蒙受损失，那么另一些生产出民众争先恐后抢购的商品的企业家便会赚到更多利润。有些人的生意处境艰辛，而其他一些人的生意则欣欣向荣，在这种情况下，所有行业普遍衰退的情况是不可能出现的。

但是，我们必须予以驳斥的那些理论的提倡者却有不同的想法。他们认为，不只整个企业家阶层，其实所有人都是盲目的。由于企业家阶层不是一个外人不得进入的封闭的社会阶层，由于每个有进取心的人实际上都能够挑战那些已经属于这个阶层的人，由于资本主义历史上有无数的例子记载了无数一文不名的新手根据他们自己的判断从事适合满足消费者最迫切需求的某些商品的生产而取得辉煌的成就，所以，那些认为所有企业家都经常犯错的观点，等于认为所有实际做事的人都缺乏智慧。这样的观点所隐含的是：现在所有的商人以及那些看到别的商人的决策有所疏漏而考虑从商的人都不够精明，以至于无法了解实际的市场情况。但事实上，一些理论家从来没有企业经营方面的经验，只是从旁观者的角度对商人的行为进行抽象的理论化探索，却又认为他们自己足够聪明，且能发现究竟是哪些错误把商人引入歧途的。这些"无所不知"的教授从来不会被这些错误所欺骗，尽管这些错误蒙蔽了其他人的判断。这些教授准确地知道私人企业错在什么地方，所以，他们有充分的理由要求人民赋予他们独裁的权力，以全盘掌控工商企业的经营。

关于这些理论，最叫人吃惊的是它们进一步指出：商人心智卑鄙、冥顽不灵，固执地依循种种错误的程序。尽管学者早已揭露该程序的问题，尽管每一本教科书都对这种程序加以驳斥，商人却仍忍不住要重复它们。显然，没有其他方法能防止经济衰退的反复发生，除非按照柏拉图的乌托邦理念把至高无上的权力托付给专门搞理论的哲学家。

让我们简单地研究一下与事实不相符的学说中最流行的两种。

第一个是耐久财理论。耐久财的功能可以保持一段时间。

在功能持续期间，已经取得一件耐久财的买者不会再买一件新的来取代它。因此，一旦所有人已经买了一件这种商品后，其对新品的需求便会萎缩，工商业的行情就会变差。生意的复苏必须经过一段时间，即等旧的耐久财，比如旧房子、旧车子、旧冰箱损坏后，其使用者才会购买新的耐久财。

然而，商人通常比这个理论所假设的更加深谋远虑。商人致力于调整生产规模，以适应消费者需求的变化。面包师会考虑一个家庭主妇每天只需要一个新面包的事实，而棺材的制造者会考虑每年棺材总销售量不可能多于同一时间去世的人数。机械产业对其产品的平均使用寿命的考量并不亚于裁缝师、制鞋匠以及汽车厂、收音机厂、冰箱厂和建筑公司等。没错，永远会有一些首倡者和企业家被虚幻的乐观情绪蒙蔽，轻率地过度扩张他们的企业。在实施这些计划时，他们从同一产业部门的其他厂商以及从其他产业部门调取了某些生产要素。因此，他们的过度扩张会导致其他一些领域产品的相对减产。某个产业部门会持续扩张，而其他一些部门则相对萎缩，直到前者亏损而后者获利才会开始重新调整产业的存局。在这种情况下，不管是先前的暴涨，还是随后的暴跌，都只牵涉一部分产业。

这种比例失调理论流派的第二个变种理论一般被称为加速原理。某一商品需求的暂时增加导致该商品的生产增加。这时，如果后来需求下降，那么为前一次扩张所做的投资就变成了错误的投资。在耐久生产财的生产中，这种需求波动是有害的。如果对消费财 a 的需求增加 10%，那么生产 a 所需的设备 p 也要增加 10%。一件设备 p 的功能持续期间越长，先前 p 的损坏替补需求越小，那么消费财 a 的需求增加所导致的对 p 需求的增加与先前对 p 的替补需求的比例便更加显著。如果一件 p 的使用寿命是 10 年，则每年由 p 的损坏所引起的替补需求便是整个产业所使用的 p 存量的 10%。所以，对 a 的需求增加 10%，会使对 p 的需求倍增，导致生产 p 所需的设备 r 的生产扩张 100%。接着，如果对 a 的需求不再增加，则有 50% 的 r 生产设备将会被闲置。如果对 a 的需求从每年增加 10% 降为每年增加 5%，则 25% 的生产设备 r 将会被闲置。

这个理论的根本错误在于，它认为企业家的活动是对瞬间需求状态的一种盲目的自动反应。该理论认为，每当需求增加使某个产业部门更有利可图时，该产业部门的生产设施就会立即按需求增加的比例扩张。这种见解是站不住脚的。企业家时常犯错，而且常为自己的错误付出沉重的代价。但是，凡是按照加速原理所描述的那种方式有所行动的人其实并不是一个企业家，而是一个没有灵魂的机器。真正的企业家是一个投机者（speculator）[1]，一个渴望把自己对未来市场结构的了解运用在有获利前景的商业项目上的人。这种特别的、对于不确定的未来情况的预先了解是没有任何规则可循的，也是不能予以系统化的。因此，这种特别的了解既不可能被传授，也不可能被学习。如果不是这样，那么每个人就都有相同的机会成功地从事企业家工作。把成功的企业家与首倡者和其他人区别开来的恰恰是这个事实：他不会任由过去和现在的情况所引导，而是根据自己对未来的看法安排行动。他和别人一样能看到过去和现在的情况，但是却以一种不同的方式来判断未来。某个关于未来的看法会引导他的行为，该看法不同于一般群众的见解。驱使他行动的力量来自他以不同于他人的

---

[1] 值得注意的是，在英语中，speculation 被用来表示企业家和首倡者的预先沉思与随后的行为，以及理论家纯学术的不直接导致任何行为的论证。——译者注

方式估量某些生产要素的价格，以及该生产要素所对应的产品的未来价格。即使目前的价格结构使销售某些商品的生意在当下获利丰厚，也只有当企业家认为这样有利的市场形势将持续一段足够长的时间而使新的投资有利可图时，他才会扩大生产此类商品。如果企业家对未来的展望不是这样的，那么即使目前已经投入营运的企业利润很高，他也不会受到引诱进行扩张。恰恰是资本家和企业家这种不愿意投资于一些他们认为无利可图的事业的选择遭到了一些不理解市场经济运作的人的激烈批评。囿于技术本位思想的工程师抱怨，由于利润动机的至高无上，以致消费者得不到技术知识所能提供的极为丰富的物质供应；而社会煽动者则大声抨击贪婪的资本家打定主意要保持商品稀缺的状态。

要想圆满地解释商业周期，就不可诉诸某些个别厂商或厂商集体误判未来市场状态，从而做了错误投资这样的事实。商业周期理论的对象是各行各业的活动普遍上扬，所有产业部门都倾向于扩张生产以及随后普遍的衰退。这些现象不可能是由某些产业部门的利润增加导致其扩张以及那些导致该扩张所需生产设备的产业的超比例投资这样的事实所引起的。

一个众所周知的事实是，商业上的经济暴涨越明显，要买到机器和其他生产设备便越困难。相关制造厂商的订单源源不断，以致顾客必须等待好长一段时间才能等到订购的机器交货。这清楚地表明，一般生产财产业不会像加速原理所假设的那样迅速扩张自己的生产设施。

为了论证该问题，我们姑且承认资本家和企业家会像比例失调理论所描述的那样行动，但是如果没有信用扩张，还是无法解释他们为什么会持续地那样行动。这种不顾一切地投资会抬高各种互补生产要素的价格和借贷市场利率。如果没有信用扩张，上述行为所产生的后果将很快遏制住产业的扩张趋势。

　　这些比例失调理论的捍卫者说，农业方面的一些情况证实了他们对于私人企业天生欠缺远见智慧的断言。然而，绝不能以中小型农场的经营情况论证在市场经济中实际运作的自由竞争企业的特征。在许多国家，政策制度将中小型农场排除在市场和消费者至高无上的权力之外。政府干预无微不至地保护这些农夫免受市场变动的影响，这些农夫并非在自由市场里操作，他们享有各种政府照顾的特权。可以说，他们的生产活动范围是一个保护区。在那里，技术落后、偏执顽固和无效率经营被人为地保存下来，而这些都以牺牲非农阶级的利益为代价。如果他们在农事经营上犯错，政府便强迫消费者、纳税者和抵押权者为他们买单。

　　没错，确实有"玉米—猪周期"（corn-hog cycle）这回事，而其他农产品生产方面也有类似的情况。但是，这种循环的反复发生是因为市场对无效率的和笨拙的企业家所施加的那种惩罚影响不了大部分农夫。这些农夫不用为他们自己的行为负责，因为他们是政府和政客的宠儿。如果不是这样，他们早就破产了，而他们曾经拥有的农场也会被更聪明的人接手经营。

第二十一章　工作与工资

第一节　内向型劳动与外向型劳动

一个人可能基于不同的理由克服劳动的负效用（即放弃闲暇时光）。

第一，他之所以要工作，可能是因为他要使自己的身心变得强壮、有活力、更灵敏。这时劳动的负效用不是为了达到这些目标所付出的代价。克服劳动负效用和通过劳动所获得的满足是不可分割的。最显著的例子之一是纯粹的运动：运动者不在意任何报酬和社会评价。第二个例子是对真理和知识本身的追求，而不是利用它们提高自己的能力和技巧，以便更好地完成其他种类的劳动而达成其他目的。[1]

---

[1] 认知行为仅以获取知识为目标。让思想家感到满足的是思想本身，而不是获得完美的知识，后者是普通人绝不可能达到的一个目标。

第二，他可能为了服侍上帝而甘心忍受劳动的负效用。他以牺牲闲暇时光来取悦上帝，以便未来在天国获得永恒至福的奖赏，乃至在今生感受到确实遵守所有信仰所赋予的义务而获得的无上喜悦（然而，如果他服侍上帝是为了达到某些世俗的目的，如每天的面包和社会上的成功，那他的这种服侍行为实际上便和其他通过劳动付出而希望得到世俗利益的努力没什么不同。引导他这样行动的理论是否正确，他的期待是否能实现，以及交换学怎样定义他的这个行为模式，是没有任何影响的[1]）。

第三，他可能为了避免更大的伤害而辛苦工作。他忍受劳动的负效用，以便忘记和逃离令人沮丧的情绪。对他来说，工作宛如一个完美升华的游戏。这个游戏绝不可和孩童只为了带来乐趣而进行的单纯游戏混为一谈。（然而，也有其他性质的孩童游戏。有时候孩童也足够成熟，沉溺于复杂游戏）。

第四，他之所以工作可能是因为他偏好工作的收入甚于劳动负效用与闲暇时光。

前三类劳动付出是因为劳动负效用本身让人满足，而非劳动成果。某人历尽千辛万苦地跋涉，不是为了在行进过程的终点达到某个目的，而是为了这个过程本身。爬山者所希望的并非只是到达山顶，重要的是要以攀爬的方式到达山顶。他鄙视齿轨登山火车，虽然火车可以让他更快且更轻松地抵达山顶，而且票价也比他自己爬山的费用（比如，聘用向导的费用）便宜。爬山的辛劳不会直接让他满足——它涉及劳动负效用，但是，恰恰是克服这种劳动负效用的过程让他感到满足。一个相

---

[1] 无须赘言，这里把渴求知识与笃行虔诚的生活拿来和运动与游戏相比较，并不隐含对任何一个比较对象的轻视之意。

对不费力的登山行程将不会使他更满足，反而会适得其反。

我们可以称前三类劳动为内向型劳动，以便把它们和外向型的第四类劳动区别开来。在某些场合，内向型劳动可能带来某种副产品，即有些人愿意通过忍受劳动负效用而获得的成果。虔诚的信徒可能为了天国的某个奖赏而照顾病人。专注于探索知识的真理追求者也可能发现某个有实际用途的设备。就此而言，内向型劳动可能影响市场上的供给，但是，交换学通常只关心外向型劳动。

对交换学而言，内向型劳动所引起的心理学问题是无关紧要的。从经济学观点看来，内向型劳动应该归为消费。通常完成内向型劳动不仅需要相关个人的亲身努力，也需要支用一些物质类生产要素和他人的外向型劳动不能直接满足人的需求人而必须支付工资才能买到的劳动产出。宗教仪式需要适当的场所和相关设施，运动需要各式各样的运动器械、训练师和教练。所有这些东西都属于消费范畴。

第二节　劳动的趣味和乏味

只有外向型的、不能直接满足人的需求的劳动才是交换学讨论的课题。这种类型的劳动的特征在于，劳动是为了除它本身及其负效用之外的某个目的。人们之所以工作，是因为想获得劳动的产出。劳动本身则导致负效用。即使个人的工作能力无限，能够无限工作，有时候也可能出现某些特殊的情绪，比如，一些有趣的或乏味的感觉伴随着某些种类的工作。

劳动的趣味和乏味属于另一个和劳动的负效用不同的范畴。所以，劳动的趣味不能缓解（更不用说消除）劳动的负效用。而且，劳动的趣味绝不可和在某些种类的工作中立即就能获得的满足混为一谈。劳动的趣味是一个附带现象，若不是源自劳动的间接满足（劳动的产出或报酬），就是源自某些附带的工作情况。

人们忍受劳动的负效用，不是因为有什么趣味伴随劳动，而是因为获得了劳动的间接满足。事实上，劳动的趣味大多以劳动的负效用为其先决条件。

劳动的趣味产生的原因有以下几种。

第一，对劳动的间接满足的期望和对享受劳动成果的预期。辛苦工作的人把自己的工作视为达成某个目的的一个手段，工作的进展让他感到高兴，因为他越来越接近他的目的了。他的劳动趣味在于预先感到劳动将带来的间接满足。在社会合作架构中，劳动的趣味体现在，劳动者对于自己能够在社会组织中站稳脚跟，以及通过提供有用的服务使得同胞购买产品或雇主在给予劳动报酬的同时所表达的感激之情感到满意。工人的心情之所以愉快，是因为他得到了尊重，因为他意识到是他养活了自己和家人，并没有依赖别人的施舍。

第二，在工作中，工人享受自己的技术和产品带给他的美感。这不只是某个人欣赏别人完成的某样东西时可能带有的那种喜悦之情。它是一个人的自豪感，这个人会说：我知道怎么做这种东西，这是我的作品。

第三，在完成了一项任务后，工人可以享受成功克服所有辛苦与麻烦后的快感。他很高兴，因为他终于摆脱了一桩困难的、令人讨厌的和痛苦的事情，以及在一段时间内可以免除劳动的负效用。此时他的感觉是:"我做完了,可以松口气了。"

第四,某些种类的工作能满足一些特别的欲望。例如,有些职业满足有意识的或潜意识的色欲。它们可能是正常的,也可能是变态的。此外,恋物癖者、同性恋者、施虐狂者和其他心理变态者有时候能在工作中找到机会满足他们的特殊嗜好。有一些职业对这些人特别有吸引力,暴力和嗜血欲在各种各样的职业掩饰下蔚然成风。

不同种类的工作为不同的劳动趣味提供了不同的条件。第一类和第三类工作条件更为接近,与第二类工作条件更为不同。很明显,第四类工作基本没有这种条件。

劳动趣味也可能根本不存在,因为一些心理因素可能完全导致它的消失;与此同时,人们也可以人为地增加一些劳动趣味。

敏锐的人类灵魂鉴识家总是热衷于提高劳动趣味。雇佣军组织者和领导者的成就大都属于这个范畴。与战争有关的职业所提供的第四类趣味的条件更容易满足。然而,这种满足与士兵的忠诚度无关。一个抛弃旧主,转而为新主服务并对抗旧主的士兵,也一样能享受第四类趣味的满足。因此,雇佣兵的主人的一个特别任务就是提升某种团队精神和忠诚度,以使雇来的士兵扛得住诱惑而不会背叛自己。当然,也有一些军队管理者不担心这种难以捉摸的事情。18世纪的那些陆军和海军部队确保士兵服从和防止叛逃的唯一方式就是使用野蛮的惩罚手段。

现代工业制度对于刻意提高劳动趣味则并不热衷,它更依赖物质改善,包括提高雇员作为赚取工资者以及作为消费者和产品购买者的能力。鉴于求职者蜂拥而至,而且人们也都在抢购工业制品的事实,他们似乎不需要采取什么特殊方法去提高劳动趣味。民众从资本主义体系中获得的好处如此明显,以致没有哪个企业家认为有必要对工人洗脑和打气，宣传资本主义的好处。现代资本主义基本上是一个为大众需要而大量生产的体系。那些购买产品的人大致上与作为赚取工资者而合作制造产品的人是同一群人。产品销售数量的不断增加为雇主提供了大众生活水平改善这一可靠信息。雇主不关心雇员作为工人身份的感觉，而只专注于服务作为消费者身份的工人。即使是现在，在面对最坚持不懈和最狂热的反资本主义宣传时，一般雇主也几乎没有任何反制的宣传。

这个反资本主义的宣传是一个有组织的阴谋，旨在以劳动乏味取代劳动趣味。第一类和第二类劳动趣味在一定程度内依赖意识形态因素。工人以他的社会地位为荣，以能有效参与社会的合作生产为乐。如果有人贬低这种意识形态，而以另一种意识形态取而代之，即把赚取工资者描绘成冷酷的剥削阶级脚下贫苦的牺牲者，则劳动趣味就变成了劳动乏味。

不管怎样强调和倡导，任何意识形态都不可能影响劳动的负效用。劝说也罢，催眠暗示也罢，都不可能消除或减轻劳动的负效用。同样，言语和教条也不可能增加劳动的负效用。劳动的负效用是一个绝对给定的现象。一个人本身的能量和生命功能在毫无目的且无拘无束的状态下自然地释放比在有目的的努力之中的严厉的自我克制更适合他。即使是一个全心全意，甚至忘我工作的人，劳动的负效用也会使他痛苦。他也会在不伤害预期的间接满足的前提下渴望减少劳动量。他所享受的属于第三类劳动趣味。

然而，第一类和第二类劳动趣味，有时候甚至第三类劳动趣味都有可能在意识形态的影响下完全消失，甚至被劳动乏味所取代。如果劳动者转而相信，使他忍受劳动的负效用的因素不是他自己对于所约定的报酬估值较高，而只是他处在不公平的社会制度下不得不忍受劳动的负效用，那他就会憎恨自己的工作。他受到一些宣传口号的蒙蔽，未能意识到劳动的负效用其实是一个无法改变的事实，一个最终的给定因素，是不可能用什么社会组织手段或方法消除的。他误以为在计划经济体制国家里，工作不但不会引起痛苦，反而会是快乐的。[1]

人们以劳动乏味取代劳动趣味这件事既不会影响人们对劳动负效用的估值，也不会影响人们对劳动产出的估值，无论是劳动的需求还是供给，都维持不变。因为人们不是为了劳动趣味而工作，而是为了劳动的间接满足而工作的。改变的只是工人的情绪态度：他的工作、他在社会分工网络中的地位、他和其他社会成员及社会全体的关系，在他的眼里将呈现出一个新面貌。他自怨自艾，认为自己是一个荒谬的和不公正制度中的任人欺凌的牺牲者。他变得脾气不好、满腹牢骚、性格失衡，成为很容易就被各种谎言妄语蒙骗和煽动的人。一个人若能兴趣盎然地完成个人的任务和克服劳动负效用，他会变得心情愉快，并且能增强自己的能量和活力；反之，他在工作时会感觉乏味，变得闷闷不乐，神经兮兮。一个到处弥漫劳动乏味的国度将是一群充满敌意、争吵和愤怒的不满分子的大集合。

然而，就克服劳动的负效用的意志源泉而言，劳动的趣味与乏味所扮演的角色只是偶然的、附带的。人们绝不可能只为了劳动趣味而工作，劳动趣味绝不可能取代劳动的间接满足。驱使一个人工作得更多、更好的唯一手段是给他一份更高的报

---

[1] 恩格斯，《杜林的科学革命》(*Eugen Dührings Umwälzung der Wissenschaft*)（斯图加特，1910年，第7版），第317页。

酬，以劳动趣味来诱惑他是没用的。当苏联、纳粹德国和法西斯意大利的独裁者尝试在生产体系中给劳动趣味指派一定的功能时，他们只能眼睁睁看着期望落空。

劳动的趣味和乏味都不可能影响市场上的劳动供应量。显然，只要这些感觉以同等强度存在于所有种类的工作，情况便会如此。即使劳动的趣味或乏味取决于相关工作的一些特色或工人的特性，劳动供给也一样不受它们影响。就拿第四类劳动趣味来说吧，如果有些人渴望获得能够满足特殊需求的工作，那么就会倾向于降低此类工作的工资率。但恰恰也是这个效果，使得其他对这些趣味没什么共鸣的人宁愿选择其他工作，以便赚取比较高的工资。于是，一个相反的倾向出现了，并抵消了前一个倾向。

劳动的趣味和乏味是心理现象，它们既不会影响个人对劳动的负效用和间接满足的估值，也不会影响市场中的劳动价格。

第三节　工　资

劳动是一种稀缺的生产要素，在市场上，行为人将它当作一种生产要素进行买卖。如果工作的人是劳动产品或服务的售卖者，则支付的劳动的价格就包含在产品或服务的价格里。如果劳动本身是买卖的标的，不管劳动的买方是从事生产销售的企业家，还是某个想使用他人服务供自己消费的消费者，劳动的价格就被称为工资。

对行为人来说，他自己的劳动不仅是一种生产要素，也是负效用的来源。他不仅会根据预期的间接满足，也会根据劳动所引起的负效用来评估它的价值。但是，对他而言，或者说，对每个人而言，市场上别人供应的劳动不过是一种生产要素罢了。一个人处理别人的劳动的方式和处理所有稀缺的物质类生产要素一样，即按照用来评估所有其他财货价值的那些原则去评估劳动价值。工资率的高低是由市场决定的，就像所有商品的价格也是由市场决定的一样。在这个意义上，我们可以说劳动是一种商品。在某些理论的影响下，"商品"一词所关联的那些情感方面是无关紧要的。顺便说一下，雇主处理劳动就像处理所有商品那样就够了，因为消费者的行为迫使雇主不得不这样做。

如果只是泛泛地讲述一般劳动和工资，而不提到一些限制条件，那是不行的。这个世界不存在同一形态的劳动或一般的工资率，劳动的性质千差万别。每一种劳动都会提供特别的服务，也被当作用来制造某些消费财（消费服务）的一种互补生产要素而被给予价值评估。对一个外科医生的工作表现所做出的价值评估和对一个码头装卸工人的工作表现所做出的价值评估没有直接的联系。但是，每一个劳动市场部门都间接地和其他部门联系在一起。对外科医生的服务需求增加——不管多大，绝不可能直接吸引装卸工人进入这个行业。然而，劳动市场各部门之间没有明显的界线。劳动市场永远有一种趋势，即倾向于把工人从现在的部门移转到其他类似的岗位，因为那里似乎能提供更好的机会。因此，某个部门的供需变动最后会间接影响其他部门。所有种类的工人间接地相互竞争。如果更多人进入医生行业，劳动力便会从一些类似的岗位离开，而这些岗位为了补充人力，会吸引别的部门的人流入，以此类推。就此意义而言，不管各种岗位的资格要求有多大的差异，所有类别的工人之间都存在一定的联系。这里我们又遇到了这样的事实：满足消费者的需求所需要的工作在性质上的差异大于人们与生俱来的在工作能力上的差异。[1]

不仅在不同类别的劳动之间以及它们被付给的价格之间存在着连通关系，而且在劳动和物质类生产要素之间也一样存在着连通关系。在一定程度内，劳动能替代物质类生产要素，反之亦然。这样的替代办法被采用到什么程度，取决于工资率的高低和物质生产要素的价格。

与物质类生产要素的价格一样，工资率只可能在市场上形成。没有非市场的工资率这回事，就像没有非市场的价格那样。只要有工资这种事，人们便会像对待物质类生产要素那样对待劳动，即劳动也在市场上进行买卖。人们通常把雇佣劳动的那部分生产要素市场称为劳动市场。就像其他所有市场部门那样，驱动劳动市场的也是热衷于赚取利润的企业家。每个企业家都渴望以最低廉的价格购买实现企业计划所需的特定种类的劳动。但是，企业家开出的工资必须足够高，才能从其他竞争者的手中拉走所需要的工人。他的出价上限取决于他雇用工人所增加的产品在未来的售价；他的出价下限取决于其他竞争企业的出价，而后者也受到上述类似情况的影响。当经济学家说，每一种劳动工资率的高低取决于该劳动的边际生产力时，他们心里想的就是这种情形。另一个表达同一原理的说法是：工资率一方面取决于劳动和物质类生产要素的供给，另一方面取决于现

---

[1] 参见第七章第三节。

在预期的未来消费财的价格。

交换学对于工资率如何决定的解释向来是不乏激情但完全错误的攻击者所针对的目标。有些人断言，在劳动需求方面，存在买方独占的情况。这种理论的支持者大多认为，只需要引述亚当·斯密附带提到的雇主彼此对于压低工资有"一种心照不宣、但坚定一致的联合"这样的话语，便已足够证明他们的论点了。[1]其他支持者含糊其词，各行各业的商人通常有各种同业公会组织。显而易见，这种空话毫无意义。然而，鉴于这些混乱的想法是工会主义者和所有当代政府劳动政策的主要意识形态基础，所以在这里有必要以最慎重的态度对其加以分析。

企业家对劳动的卖方的立场和他对物质类生产要素的卖方的立场是一样的。企业家必须以最便宜的价格取得所有的生产要素。但是，如果在进行这项努力时，个别企业家、某些企业家团体或所有企业家开出的劳动价格或工资太低，不符合未受干扰的市场状态下的工资，那么只有当进入企业家行列的途径遭到某些制度的阻碍时，他们才可能取得所需的生产要素。如果新企业家的加入或旧企业家的扩大运营没被阻止，那么任何不符合市场结构的生产要素价格下降必定会给某些人带来获利的新机会。有一些人将会渴望利用现行工资率和劳动边际生产力之间的差距牟利。这些新竞争者对劳动的需求将使工资率回升到符合劳动边际生产力的水平。亚当·斯密提到的那种雇主

---

[1]参见亚当·斯密，《对国富的性质和原因的调查》（巴塞尔，1791年），第100页。亚当·斯密本人似乎已经下意识地放弃了这个想法。参见赫特（W.H.Hutt），《集体谈判理论》（伦敦，1930年），第24—25页。

彼此之间的默契联合即使存在，也不可能把工资压低至竞争性市场的工资率以下，除非加入企业家行列不仅需要头脑和资本（对于有最高报酬展望的企业来说，要取得资本，永远不是什么问题），还需要某种只保留给特权阶级的制度性头衔、专利或特许执照。

有人断言，不管劳动的价格有多低，求职者都必须按该价格出售他的劳动，因为他完全依赖自己的工作能力，没有别的收入来源。他不能等待，因此不得不忍气吞声地接受雇主"好心"开出的任何酬劳条件。求职者这种固有的弱点让雇主很容易采取一致行动来压低工资率。如果有必要，雇主能等得更久，因为他们对劳动的需求不像工人对生存物资的需求那样迫切。这种论点是有缺陷的。它理所当然地以为，雇主把相当于边际生产力的竞争性工资率和较低的独占性工资率之间的差额当成一笔额外的独占利益纳入自己的口袋，而没以降价的方式把该差额转让给消费者。然而，如果他们按照生产成本下降的程度降低产品价格，那么他们以企业家和产品销售者的身份将得不到压低工资所获得的任何利益。后者将全部归于消费者，因此也将归于作为产品购买者身份的工人。企业家自己将仅以消费者的身份获得利益。如果雇主想留下这笔通过"剥削"工人的弱势谈判能力而获得的额外利润，他们就必须以产品销售者的身份彼此联合起来一致行动。这就需要他们对所有种类的生产活动确立普遍的独占地位，而这只可能由限制后来者进入企业家行列的制度性障碍创造出来。

问题的症结在于，如果真有亚当·斯密和大部分舆论提到的那种所谓"雇主的独占性联合"，那么这将是一种需求独占。但是，我们已经指出，这种所谓需求独占，事实上是一种性质特殊的供给独占。[1]只有当所有雇主共同独占了某种对所有生产活动而言都是不可或缺的物质类生产要素,并且以某种独占方式限制该要素的使用时,雇主彼此之间才能够联合一致地压低工资率。由于没有哪一种物质类生产要素是所有生产活动不可或缺的,因此理论上他们必须独占所有物质类生产要素,而这个条件只存在于计划经济体制共和国,在那里既没有市场,也没有价格和工资率。

再者,物质类生产要素的所有者——资本家和地主——也不可能联合起来形成一个全体性的卡特尔以对抗工人。在过去和可预见的未来,生产活动的特征都是劳动稀缺的程度大于大部分原始的、自然赐予的物质类生产要素稀缺的程度。劳动相对较大的稀缺程度决定了相对较丰富的自然要素可以利用到什么程度。这个世界还有没开垦的土地、没开采的矿藏等等,这是因为没有足够多的劳动可以用来开垦或开采它们。如果目前已耕作土地的地主联合起来形成一个卡特尔以便攫取独占利益,他们的计划将因边际以下的次等土地地主的竞争而落空。而生产出来的生产要素所有者(资本家)如果没有原始生产要素所有者的配合,也不可能联合起来形成一个全体性的卡特尔。

针对劳动受到某一心照不宣或公开约定的雇主联合集团独占剥削的理论,过去有许多人提出各式各样的反对意见。有人曾证明,在一个没有受到干扰的市场经济里,无论何时与何地,都不可能发现这种卡特尔的存在。还有些人不认同以下观点:求职者不能等待,不管工资率多么低,都不得不接受雇主开出

---

[1] 见第十六章第八节。——译者注

的工资，每个没被雇用的工人都得挨饿。其实，工人们一样有存粮，一样能等待：在现实中，他们也真的等待了，这就是有存粮的证明。而对企业家和资本家来说，等待在财务上也可能是无法负担的。如果他们不能使用所拥有的资本，便会蒙受损失。因此，所有关于工资谈判中所谓"雇主的优势"相对于"工人的劣势"的说法都是没有事实根据的。

但是，这些都是次要的附属理由。核心事实是：在一个没有受到干扰的市场经济里，需求独占不可能存在，而且确实也不存在。它只可能是制度性限制进入企业家行列的结果。

还有一点必须强调。认为工资率受到雇主的独占地位操控的这个理论还把劳动当成是性质相同的一种东西来讲。它处理的是"一般劳动需求"和"一般劳动供给"这样的概念。但是，正如前面已经指出的，这样的概念在现实中没有任何对应的实物。在劳动市场上，人们买卖的不是"一般劳动"，而是能提供一定服务的特殊劳动。每个企业家都在为执行生产计划所需完成的那些特殊任务寻找适合的工人。企业家必须把这些专家从他们现在凑巧所在的工作岗位上拉过来，而达成这个目的的唯一手段就是开出较高的酬劳。企业家计划的每项创新——生产某种新产品、应用某一新工艺、选择在新地点设置某一特殊部门或只是扩大生产自家或别家企业已经在生产的产品——都需要雇用一些迄今为止在别的地方工作过的工人。企业家面对的不仅仅是"一般劳动"的稀缺，而且是自家工厂所需要的那些特殊种类劳动的稀缺。在聘请适当的工人方面，企业家彼此出价竞争，其激烈程度不亚于他们为所需原料、工具和机器的出价竞争，以及他们彼此在资本和借贷市场的出价竞争。个别厂商以及整个社会的生产活动扩张不仅受限于资本财的供应量和"一般劳动"的供给量,而且在每个部门的生产规模还受限于各种专业人力的供给量。当然,这只是一个暂时的障碍。长期而言,当更多人受到人手相对不足的部门专业人员较高薪水的吸引,从而自我训练并能够完成特殊任务时,这个障碍就会消失。但是,在一个变动的经济中,这种专业人力稀缺的情况每天都会重复出现,这也决定了雇主寻求工人的方向和做法。

每个雇主必定都想以最便宜的价格购买其所需要的生产要素,包括劳动。一个雇主支付的工资如果比他的雇员提供服务的市场价格还高,那他将很快被剥夺企业家的资格。而一个雇主如果尝试把工资率压低到劳动边际生产力以下,那他将招募不到能最有效率地利用工厂设备所需要的那种工人。市场上必然有一种普遍的趋势,即把各种劳动工资率推向等于劳动边际产出的价格。如果工资率降至这个水平以下,那么雇用每一个额外工人所获得的利益将促使雇主增加劳动需求,从而使工资率再度上升。如果工资率超过这个水平,那么雇用每一个工人所导致的损失将迫使雇主解雇工人。而失业者彼此竞争寻求工作机会,将产生一个使工资率下降的趋势。

第四节 交换性失业

一个求职者如果得不到他想要的职位,就必须寻找另一个工作。如果他未能找到一个愿意支付他想要的酬劳数目的雇主,他就必须降低要求。如果他拒绝这么做,他将得不到任何工作,而保持失业状态。

造成失业的原因就在于，和前面提到的工人不能等待的理论相反，渴望赚取工资者能够而且的确等待了。在一个未受到干扰的市场经济里，求职者如果不想等，便总是可以得到一份工作，因为那里永远存在尚未利用的自然资源产能，而且往往也存在一些尚未利用的过去生产出来的生产要素产能。他只需降低所要求的酬劳或者改变职业以及工作地点。

过去有，现在也仍然有一些人只工作一段时间，然后在另一段时间靠他们在工作期间积累下来的储蓄过活。在有些国家，一般民众的文化水平很低，企业家往往招募不到愿意待在工作岗位上的工人。在那里，除了获得一些休闲时间，一般人甚至麻木、迟钝到不知道怎样使用其工作所得。工资收入之外，他只是想保持一段时间的失业状态。

文明国家的情形就不同了。这里的工人认为失业是一种罪恶。他想避免失业，只要所需的牺牲不是太痛苦就行。他在就业和失业之间做选择，就好像在所有其他行为场合中做选择一样：他权衡它们的利弊得失。如果他选择失业，这种失业便是一个市场现象，它的性质和变动经济中出现的其他市场现象并没有什么不同。我们可以称这种失业为市场产生的失业或交换性失业。

导致一个人决定失业的理由可以分类如下：

第一，这个人相信他不久后将在住所附近找到一份类似原来的且报酬不错的工作。他比较喜欢这样的工作，并且已经接受过这方面的训练。他希望避免变换职业和搬家所涉及的支出与其他不便。可能有一些特殊情况会增加这些成本。一个工人如果拥有自己的住宅，会比租房子的人更牢固地和居住地连接在一起。一个已婚妇女不像未婚女孩那么容易流动。还有，某些职业会损害工人恢复先前的工作能力。例如，一个钟表工人如果做了一段时间的伐木工人，就可能失去先前工作所需的灵巧。基于所有的理由，这个人选择暂时失业，因为他相信，长期而言，这个选择对他来说比较划算。

第二，有些职业面对的市场需求有大幅度的季节性变化。在每年的某些月份，对这种职业的市场需求会特别强烈，而其他月份则会萎缩或完全消失。工资率的结构会把这些季节性波动考虑进去。市场需求存在这种起伏变化的产业部门若要在劳动市场上竞争，那么生产旺季给付的工资就必须高到足以补偿赚取工资者因季节变化所蒙受的损失。于是，这些工人大多会在旺季储蓄丰厚收入的一部分，而在淡季维持失业状态。

第三，基于一些流行的非经济的，甚至非理性的理由，有些人选择暂时失业。他不接受与他的宗教、道德和政治信仰不兼容的工作。他回避某些职业，因为从事这些职业有损于他的社会声誉。他接受传统行为准则的引导，区分什么是适合或不适合绅士的职业，他不希望失去面子或自身的社会地位。

在未受到干扰的市场里，失业永远是自愿的。在失业者眼中，失业是两害相权取其轻的选择。市场结构有时候可能造成工资率下降。但是，对每一种劳动而言，在未受到干扰的市场上永远存在某个可以让所有渴望工作的人都能得到一份工作的工资率。最后的工资率是那个使所有求职者都能找得到工作、所有雇主想招募多少人便招募多少人的工资率，它的水平取决于各种工作的边际生产力。

工资率的波动是消费者在劳动市场彰显其主权所采取的方法，也就是说，工资率的波动是消费者为各生产部门配置劳动的手段。对人员配置相对过多的产业部门，消费者借由降低工资率来惩罚这些产业部门对其主权的不顺从。对人员配置相对过少的产业部门，消费者则借由提高工资率来回报这些产业部门对其主权的顺从。如此，个体便会承受很大的社会压力，很明显，它间接限制了个体选择职业的自由。但是，这种压力不是死的，它留给个体一些选择的空间，使人们在一定范围内决定什么比较适合自己或不适合自己。在该范围内，他可以按照自己的意愿选择如何行动。这个程度的自由是个体在社会分工架构下能享有的最大自由，而这个程度的压力则是保持社会合作秩序不可或缺的最小压力。在工资制度所施加的市场压力之外只有一个替代方案：由某个权威当局不容置辩的强制命令给每个人指派职业和工作。这就等于取消了所有的自由。

没错，在工资制度下，个体没有选择永远失业的自由。但是，没有哪个社会制度能让个体享有无限闲暇的权利。只要是人都不免要忍受劳动的负效用，这个事实不是任何社会制度造成的，这是人类生活与行为不可避免的自然条件。

有些人借用一个力学的比喻，把交换性失业称为"摩擦性"失业，这是不妥当的。在假想的均匀轮转经济里之所以没有失业，是因为我们假设如此。失业是变动经济的一个现象。因为生产计划发生改变而被解雇的工人没有立即抓住机会取得另一份工作，而是等待某个更有利的时机。这个事实不是适应情况改变的调整过程本身具有延迟性的结果，而是拖慢这个调整过程的一个因素。这种交换性失业不是对已发生的市场变化的一个自动的、无关求职者意志与选择的反应，而是求职者有意识的行动的结果。它是投机性的，不是摩擦性的。

交换性失业绝不可以和制度性失业混为一谈。后者不是求职者的个别决定所产生的结果，而是市场现象受到干预的结果。

干预者决心以强制和胁迫手段把工资率定在高于未受干扰的市场水平之上。对制度性失业的处理属于干预主义问题的分析范畴。

第五节　毛工资率和净工资率

雇主在劳动市场购买的，即他支付工资换得的，永远是某一明确的劳动成果，他会按照市场价格评估劳动成果的价值。各劳动市场部门流行的习惯与旧俗不会影响对任一定量的特殊劳动成果支付的价格。毛工资率永远趋向于等于雇用边际工人所增加的产出在市场上卖得的价格，适当减去所需材料的价格和所需资本的本源利息。

在权衡雇用工人的利弊得失时，雇主不会关心工人实际拿了多少工资。对他来说，唯一需要关注的问题是：为了获得相关工人的服务，必须支出的总价格是多少？在讲到工资率的确定时，交换学指的永远是雇主为了某一特定种类和特定数量的工作必须支付的总价格，即毛工资率。如果法律或业界惯例迫使雇主在向雇员支付工资之外，还必须支付某些其他费用，则工人的实际工资就会相应地减少。这些附属支出不影响毛工资率，它们的负担完全落在了赚取工资者身上，它们的总金额减至实际工资——净工资率的水平。

前述状况会引起下列后果。

第一，工资究竟是按时计酬还是按件计酬是无关宏旨的。即使按时计酬，雇主也只考虑一件事情，即他能从每个雇工那里预期得到的工作成果。他必定会考虑按时计酬可能使开小差者和作弊者有机可乘。他会解雇那些没完成最低预期工作量的工人。而一个工人如果渴望赚取更多的工资，就必须转成按件计酬的工作，或另外寻找一个最低预期工作成果比较高而报酬也比较高的工作。

此外，在一个未受干扰的劳动市场上，按时计酬的工资每天、每周、每月或每年给付，也是无关宏旨的。解雇前的通知时间长短，雇用合约是否按一定的期限签订或终身雇用，雇员是否拥有申请退休金的权利，雇员本人、遗孀和孤儿是否拥有获得年金的权利，雇员是否拥有带薪或无薪休假的权利，是否享有疾病或伤残补助或其他任何福利与优惠的权利等，也都是无关宏旨的。雇主面对的永远是相同的问题：对我而言，签订这样一个雇用契约划不划算？就我获得的那个成果回报而言，我不会支付太多了吧？

第二，所有所谓的社会负担和利得最终都会落在工人的净工资上。雇主是否有权利从支付给雇员的现金工资中扣除所有这些所谓的社会安全补助，是无关宏旨的。无论如何，这些补助的负担都会落在雇员身上，而不是雇主身上。

第三，针对工资征税同样也是如此。在这方面，雇主是否有权利从实际工资中扣除工资税也一样是无关紧要的。

第四，缩短工时也不是免费送给工人的一份礼物。如果工人没相应地增加产出以弥补缩短的工时，按时计酬的工资率将相应地下降。如果法律既命令缩短工时又禁止工资率这样下降，则政府命令工资率上升的所有后果将会出现。在其他所谓的社会利得方面，诸如带薪休假等，同样也是如此。

第五，如果政府拨款补贴雇主雇用某些类型的工人，那他们的实际工资将会增加，其数目等于补贴的金额。

第六，如果政府鉴于受雇工人的工资收入低于某一最低标准，决定发给每个工人一笔津贴，从而把后者的收入提高到这个标准，那么市场工资率的高低将不会直接受到影响。但是，只要这个津贴制度引诱那些先前未曾工作的人前来寻求工作机会，从而使得劳动供给增加，则这个制度就可能间接导致工资率下降。[1]

第六节　工资与最低生活费

原始人的生活是为了争取大自然赐予的少量生存手段而不断努力的过程。这种"拼命"争取基本生存机会的过程导致许多人和整个家庭、部落和种族灭亡。原始人始终活在饿死的阴影中，文明使我们免于这种危险。人的生命日夜受到无数危险的威胁，它在任何时刻都可能遭到人力无法掌控的或至少不是我们目前的认知所能掌控的自然力量的摧毁。但是，对饥饿的恐惧再也威胁不到生活在资本主义社会里的人了——只要能工作的人都能挣得远高于维持基本生存所需的收入。

---

[1] 在18世纪的最后几年，英国因为长久和法国交战，并通过通货膨胀的方法筹措战争经费而陷入艰难的局面，因而临时采用了这个应急的办法——斯宾汉姆兰体系（英国历史上称其为 Speenhamland System）。该办法的真正目的是防止农业工人离开工作岗位进入工厂赚取更高工资。因此，这个办法其实是伪装的补贴，即发放给拥有土地的士绅阶级一笔钱，帮他们省下较高的工资费用。

当然，还有一些因为身体残疾而没有工作能力的人，以及只能完成少量工作的身心羸弱者。他们的残疾让他们无法和正常工人赚得一样多，有时候赚到的工资甚至低到不足以养活他们自己。这些人要想活着只能靠别人的帮助，包括来自近亲、朋友、慈善基金会以及公共救济等的照顾。接受救济者并未参与社会合作的生产过程，就供应满足需求的手段而言，他们并未采取什么行动。他们之所以活着是因为别人在照顾他们。这些救济问题是消费如何安排的问题，而不是生产活动如何安排的问题。因此，它们不在人的行为理论框架之内，因为这个理论仅涉及消费所需的各种手段的供应，而不涉及这些手段如何被消费。交换学不处理社会采取什么方法对贫困者进行慈善救助的问题，除非这些方法可能影响劳动供给。经验显示，社会所采取的救济政策反而使一些体格健全的成年人变得更不愿意工作，也更加懒惰。

在资本主义社会里，人均资本投入量倾向于稳定增加，因为资本积累的速度倾向于高出人口的增长速度。因此，劳动边际生产力、实际工资率和赚取工资者的生活水平倾向于不断提高。但是，这个物质幸福改善的趋势并非某一必然的人类演化法则运作的结果，而是某些力量相互作用所产生的一个趋势。但这些力量只有在资本主义制度下才能自由地发挥作用。如果一方面发生资本消费，而另一方面人口增加或小幅下降，这种趋势便可能逆转。如果再考虑到当今一些政策的取向，这种逆转趋势便不仅仅是一个理论上的可能性，而是并非不可能发生的事。到那时，人们很可能再度感受到饥饿的含义。因为那时资本财相对于人口的供给数量很可能变得极其不利，以致一部分工人赚得的收入还不足以维持其基本生活。仅仅接近这种情况，就会在社会内部引起不可调和的纷争，从而演变成暴力冲突，甚至使所有社会联结崩坏。毕竟，只要参与合作的社会成员有一部分注定赚不到维持其基本生活所需的收入，社会的分工秩序便不可能维持下去。

这个所谓的"工资铁律"所依据的是生理上的最低生存标准——也是社会煽动家一再提及的概念——对于从交换学观点解释工资率是如何决定的毫无用处。社会合作产生的根源是：按照分工原理进行劳动远比个人单打独斗的努力更有生产力，体格健全的人于是可以免于饥饿的恐惧。而饥饿在过去曾每天威胁着人类的祖先。在一个资本主义的国度里，最低生存标准没有任何交换学意义。

再者，"生理上的最低生存标准"的概念也欠缺精确性和科学的严谨性。原始人由于适应了一个比较像动物而不像人的生存环境，因此在某些情况下能让自己活下来；而这些情况对于资本主义下娇生惯养、讲究高雅的人类子孙来说，简直无法忍受。由此可见，没有什么可由生理学和生物学定理所决定的对动物学智人的每个样本都有效的所谓"最低生存标准"。同样站不住脚的还有，只有一定量的卡路里才能维持一个人的身体健康和繁殖能力，只有一定量的卡路里才能补充工作用掉的活力等的想法。诉诸这些畜牧养殖和实验动物活体解剖的概念对于经济学家努力理解有目的的人的行为问题毫无帮助。"工资铁律"在本质上和"劳动力价值"由"劳动力产生，因此也是由劳动力的再产生所需的工作时间"决定的——这些都是交换学领域中最站不住脚的理论。

然而，要给工资铁律所隐含的一些想法填充某些意义却不是不可能的。如果你将赚取工资者看成一种动产（比如，奴隶），并且认为他在社会中没有其他作用，或者如果你认为他除了进食和繁殖，没有其他的需求，而且除了获取那些动物性满足，他也不知道其他使用收入的方式，那么你便可以认为工资铁律是关于工资率如何决定的一个理论。事实上，古典经济学家囿于失败的古典价值理论，一直想不出解决相关问题的方法。他们认为，劳动的自然价格就是使赚取工资者得以生存并且使这种人既不增加也不减少而且永远延续下去的那个价格。对于托伦斯（Robert Torrens）和李嘉图来说，这个定理是他们那个站不住脚的古典价值理论在逻辑上无可避免的推论。但是，当古典经济学的追随者后来不再满足于这个明显荒谬可笑的工资铁律时，对它采取的那个修补方式却无异于完全放弃尝试以经济理论解释工资率是如何决定的。他们以某个社会的最低标准取代生理的最低标准，以此企图保存他们所珍爱的"最低生存标准"这个概念。他们不再讲维持劳动者的必要生存和保持劳动供给所需的最低标准，而是讲保持某个历史传统和古风遗俗认可的生活水平。尽管日常经验深刻地告诉人们，在资本主义体系中，实际工资率和赚取工资者的生活水平稳步上升，并且还有一个日益明显的趋势，即分隔社会各阶层的传统壁垒已不再存在，因为产业工人的社会地位的相对改善摧毁了既有的社会等级和高尚观念。这些教条主义者却依然宣称，古风遗俗和社会成规决定了工资率的高低。在这样的时代，当工业发展一再推出前所未有的可供大众消费的各种新商品，当普通工人也可获得过去连国王也梦想不到的满足时，只有被先入为主的偏见和党派倾向蒙蔽了心智的人才可能采用这样一个解释工资率的理论。

普鲁士历史学派主张政治科学的经济方面的学说，它们把工资率视为和商品价格以及利率一样的"历史的元素"，而且在处理工资率时求助于"和个人在社会阶级排序中的等级相匹配的收入"这样的概念。这个学派的理论精髓在于否定经济学的存在,并企图以历史学取代经济学。

然而,即使有学者相信,现实世界里实际观察到的那些工资率的高低是外力强迫市场接受,从而被当作一个既定条件来遵守的结果,他们也免不了要发展某个理论解释,即工资率是消费者估值与选择的结果。倘若欠缺这样一个交换学观点的工资率理论,那么任何对于市场的经济分析绝不能说是完整的和符合逻辑的。把交换学的论述局限于商品价格和利率问题,而把工资率视为历史决定的条件,简直荒谬至极。一个实事求是的经济理论对于各种工资率必须能够说出一番比它们取决于某个"历史的和道德的元素"还多的道理。经济学的特征就在于把市场交易所显现的那些交换率解释为市场现象,后者取决于各种事件接连发生的次序及其规律,即取决于市场法则。正是这个特征把经济学的概念化理解和历史的了解区分开来,把理论和历史区分开来。

我们完全可以想象某个历史场景,其中工资率的高低是由外力胁迫与强制所决定的。像这样通过制度规定工资率是我们这个干预主义政策时代的一个主要特色。但是,对于这样的场景,经济学的任务是研究以下两种工资率的差距究竟会引起什么后果:一种是未受干扰的市场通过劳动供需关系将会呈现的工资率,另一种是外力强迫市场交易双方遵守的工资率。

没错,赚取工资者深信,工资至少必须高到足以让工人维持与其社会阶层相匹配的生活水平。每一个工人根据他的"身份""等级""传统""习俗"所主张的收入都不同,就像他对自己的能力和成就也有他自己的看法那样。但是,这种权利主张和自以为是的臆断与工资率的决定因素毫不相干。它们既不会让工资率上升,也不会让它下跌。赚取工资者有时候不得不做出选择,从而接受远低于他本人认为按照其身份、等级和能力该获得的报酬。但如果他得到的报酬比他预期的还多,他就会把多出的报酬收入口袋,一点也不觉得惭愧。在工资铁律和"工资率历史决定论"被宣称有效适用的那个自由放任的年代,实际工资率呈现的是逐渐上升的趋势——尽管有时候会出现短暂的中断。在此期间,赚取工资者的生活水平上升到了历史上从未有过的高度——一个在以前的年代从来没人想到的高度。

工会主张名义工资至少应按照货币单位购买力的变动幅度不断提高,以确保赚取工资者持续享受先前的生活水平。针对战时的情况和筹措战争费用的措施,工会也提出了同样的主张。在他们看来,即使在战时,通货膨胀也罢,收入税预扣也罢,都不该影响工人到手的实际工资。这种主张暗中隐含了一个论点:"工人阶级无祖国"而且"除了锁链,没什么好失去的";所以,在资产阶级剥削者所进行的战争中,工人是中立的,工人不在乎本国征服了谁或被谁征服了。仔细审视这些言论不是经济学的任务,经济学只需确立这个事实:不管基于什么理由来主张实际工资率应该高于劳动市场在未受干扰情况下所决定的工资率,都是无关紧要的。如果基于这种主张,实际工资率真的被强制提高到相关劳动边际生产力之上,那么不利的后果必定会出现,无论这种主张依据的是什么哲理。

前述论断对下面这个糊涂的理论也同样有效。某些工会高级职员说:赚取工资者有权利为自己要求享有源自所谓"一般劳动生产力"的所有利益。在未受到干扰的劳动市场上,工资率永远倾向于等于边际劳动生产力。"一般劳动生产力"的概念和其他类似的概念，例如，铁或金的一般价值概念是一样空洞的。讲到劳动生产力，如果指的不是"边际劳动生产力"，那是没有意义的。那些工会高级职员心里想的其实是一个为他们的政策辩护的道德理由，然而，这个道德理由改变不了政策的经济后果。

工资率最终取决于消费者认为赚取工资者的服务和成就有多大的价值。劳动之所以被当作一种商品来论价，不是因为企业家和资本家的铁石心肠和冷酷无情，而是因为他们绝对受制于至高无上的消费者权力。消费者不会受任何人自以为是的论断的影响，他们只希望得到最价廉物美的服务。

工资率历史决定论和（货币购买力）回归定理的比较

普鲁士历史学派的学说认为，工资率其实是一个历史给定的事实，而不是一个市场交换现象。拿这个历史决定论和货币购买力的回归定理[1]做个比较，也许对读者会有些许启发。

回归定理则确立了一个事实：一种物品不会被选作交换媒介，除非它在开始作为交换媒介时有基于其他用途的交换价值。这个事实在本质上不会影响货币购买力的决定因素。这个决定因素实际上仍是由货币供给和人们对持有现金的货币需求的互动产生的。回归定理并未主张，货币和各种商品与服务之间的实际交换比率是一个历史给定的事实，与当下的市场情况无关；回归定理只解释了人们在什么情况下才会开始使用和继续

---

[1] 参见第十七章第四节。

使用一种新的交换媒介。在这个意义上，货币购买力是含有历史因素的。

至于普鲁士学派的定理，那就不同了。在这派理论看来，实际出现在市场上的工资率的高低是一个历史给定的事实。对于工资率的高低，目前消费者（劳动的间接买方）的估值和赚取工资者（劳动的卖方）的估值是没有作用的。工资率的高低由过去的历史事件所决定，它不可能高出也不可能低于这个水平。今天瑞士的工资率高于印度的工资率，这个事实只能由历史来解释，就像只有历史才能解释为什么拿破仑一世是一个法国人而不是意大利人，成为一个皇帝而不是一个科西嘉的律师。在解释牧羊人或砌砖匠的工资率在这两个国家的差异时，人们不能采用那些必然会在每个市场中运作的因素，而只能由这两个国家的历史提供答案。

第七节　劳动负效用影响下的劳动供给

影响劳动供给的基本事实如下。

第一，每个人只能提供数量有限的劳动。

第二，一定量的劳动不是在任何时候都能提供的。在劳动过程中，休息和消遣的时间是必要的。

第三，不是每个人都能提供任何种类的劳动。在执行某些种类工作的能力方面，个体之间有先天固有的以及后天习得的差异。某些种类工作所需的先天固有的能力不可能经由后天的训练和教育方法习得。

第四，如果不想让这种工作能力受损或完全消失，它就必须被适当对待。在个体的生命力所容许的范围内（生命力不可避免地消退），个体的工作能力，包括先天固有的和后天习得的，需要得到特别的照顾才能维持。

第五，当个体在某段时间所能完成的工作总量接近被耗尽的那一个点时，必须穿插一段消遣时间。此时，疲劳会影响工作进展，即影响工作成果的数量和质量。[1]

第六，人们偏好不劳动（即闲暇）甚于劳动，或者按经济学家所说的，人们认为劳动产生负效用。

自给自足的人在经济孤立的状态下只为满足他自己的需要而工作，当他开始觉得闲暇时光更重要，即消除劳动的负效用比从更多工作中获得的满足价值更高时，他便会停止工作。既然已经满足了最迫切的一些需要，他觉得满足那些尚待满足的需要不如满足他对闲暇时光的渴求。

对一个孤立的、自给自足的工人来说是这样，对赚取工资者来说也是如此，二者都不会一直工作到工作能力全部耗尽。在他们觉得预期的间接满足不比更多的工作所带来的负效用更重要时，他们就会马上停止工作。

囿于传统教条，主流观点迟迟未能认清这个事实。有人过去坚持，现在还在坚持这样的思维习惯：把赚取工资者视为奴隶，把资本主义时代的工资视为相当于过去畜奴者和畜牧者必须提供给奴隶和牲畜维持基本生存的那种东西。在这个理论看

---

[1] 每单位时间内工作数量和质量的其他变化——譬如恢复被休息中断的工作时会经过一段工作效率较差的时间——对市场上的劳动供给几乎没有什么影响。

来，赚取工资者是一个迫于贫穷而必须忍受奴役的人。该理论告诉我们，资产阶级律师虚伪的形式主义把这种隶属关系称为自愿的，把雇主和雇员之间的关系解释为平等的契约关系。然而，这个工人其实是不自由的，他在贫穷的挟持下行动，他必须佩戴奴役的枷锁，因为作为一个被剥夺了继承权的社会弃子，他没有别的选择。他表面上虽然有权利选择他的主人，但实际上这是骗人的。雇主公开或默契地联合起来制定了雇用条件，从而使这项选择雇主的权利成为泡影。

如果工资只是补偿工人维持自身和再生产劳动力方面所产生的费用，或者工资的高低取决于历史传统，那么把缩减劳动契约要求工人承担的义务视为工人单方面的一项获利便是完全合乎逻辑的。如果工资率的高低和工作完成的数量、质量无关；如果雇主付给工人的不是他的工作成就所获得的市场评估价格；如果雇主购买的不是一定数量和质量的工人，而是一个奴隶；如果各种工资率很低，以致基于自然的或"历史的"理由它们不可能更低了；那么强制缩减每天的工时对工人的命运而言便无疑是一个善举。这样便可以把现在限制工时的法律，视为等同于17世纪、18世纪和19世纪早期欧洲各国政府颁布的那些命令，它们旨在逐步减少，以至于最后完全废除奴隶每年必须奉献给封建领主的义务劳动时间或等同于那些减轻犯罪受刑人工作负担的法令。那么，资本主义工业制度演进所导致的每天工作时间的缩减便可以被视为受剥削的"工资奴隶"的一项胜利，即他们终于成功地反抗了那些极度自私的老板。所有强制要求雇主负起责任来支付某些费用以使雇员受惠的法律都可以说是"社会利得"，即雇员无须付出任何代价便可得到的馈赠。

人们普遍认为，这个理论的正确性已经被如下事实充分地证明了：对于劳动契约条款的制定，赚取工资者只有微乎其微的影响力；关于每天的工作时长，周日和假日是否上班，用餐时间定在何时以及其他事项都是由雇主单方面决定的，他们并没询问过雇员的意见；赚取工资者没有别的选择，要么服从这些命令，要么就挨饿。

这个理论所涉及的基本谬误在前面几节已经指出。雇主需要的不是一般劳动，而是适合特定工作的劳动。正如一个企业家必须为他的工厂选择最适合的地点、设备和各种原料，他也必须雇用最有效率的工人。他必须以某一方式安排工作条件，从而吸引他想雇用的那些类型的工人。没错，个别工人对于这些安排没什么发言权。这些安排，比如工资率的高低、各种商品的价格以及各种制造出来供大众消费的商品样式是无数参与市场过程的社会成员互动的结果。它们本身是群体现象，不太可能因为一个人而改变。然而，如果断言个别投票者的选票没有多大影响力——因为最后的结果需要好几千张选票，甚至好几百万张选票才可能决定——而且那些没有任何政党依附的民众的选票实际上无关紧要，那就是对事实的扭曲。即使我们为了论证方便暂时承认这个论点，逻辑上也不能据此推论，以极权主义原则取代民主程序将使官僚的决定比竞选活动更能代表真实的民意。这些政治极权主义神话声称，在市场经济中，消费者个体无力对抗供给者，而受雇者个体也无力对抗雇主。当然，不是与众不同的个体品位，而是多数人想要的和喜欢的样式决定了那些供大众消费的商品的特点。不是个别的求职者的要求，而是许许多多求职者的要求决定了某些地方或产业部门通行的劳动契约条件。如果人们都习惯在十二点左右吃午餐，那么一个喜欢在下午两三点吃午餐的人可选择的餐厅就会很少，甚至没有。在此例中，这个特立独行的个体所承受的社会压力不是来自雇主，而是来自其他雇员。

为了寻找合适的工人，有时候雇主会改善工作条件，被迫迁就一些工人的需求。在许多国家——一些被反资本主义者污蔑为社会发展落后的国家——雇主必须对工人基于宗教、种姓和身份所提出的各种要求做出让步。雇主必须按照工人的意见安排工作时间、假期和许多技术性方案，不管这样的调整多么烦琐。每当雇主提出一些令雇员讨厌的特殊工作要求时，他就必须为工人所忍受的额外负效用支付额外的工资。

劳动契约涉及所有工作条件而不仅仅是工资率。工厂里的团队合作情况以及企业之间的彼此制约使得偏离相关国家或产业部门内部惯例的工作条件变得不可能，也导致了企业管理制度的统一化和标准化。但是，这个事实既没削弱也没消除雇员对制定这些制度的影响。当然，对个别工人来说，它们是一个不能改变的基本条件，就像铁路时刻表相对于个别旅客那样，但是，没有人会认为铁路公司在制定时刻表时没有将潜在顾客的愿望纳入考虑范围，时刻表的目的恰恰是尽可能地为更多的潜在顾客提供服务。

各国政府以及所谓同情劳工的作家和历史学家对资本主义的偏见已经把现代工业制度诠释得面目全非了。他们断言，实际工资率的上升、工作时间的缩短、童工的废止以及对妇女的劳动保护是政府和工会的干预以及人道主义作家唤起的舆论压力所取得的成果。倘若没有这种干预和压力，企业家和资本家肯定会把因增加资本投入继而发生的由生产技术的改善所产生的利益全部据为己有。因此，赚取工资者的生活水平的上升得益于对资本家、企业家和地主"不劳而获"的收入的限制。继续推动这些政策是极为正当和可取的：它可以让许多人受惠，而仅仅牺牲少数几个自私自利的剥削者的利益，还能削减私产者的不公正收入。

很明显，这种诠释并不正确。所有限制劳动供给的措施，只要增加了劳动的边际生产力，减少了物质类生产要素的边际生产力，都将直接或间接地对资本家不利。只限制了劳动供给却没减少资本供给，将增加生产活动总净产出中分给赚取工资者的那一部分。但是，总净产出也将下降，所以，一张小饼中相对较大的一块是否绝对大于一张大饼中相对较小的一块，需要具体问题具体分析。利率和利润不会直接受到劳动总供给缩减的影响。如果物质类生产要素的价格下跌，那么个别工人每单位工作成果的工资率就会上升（被雇用的工人的平均工资不必然也会上升）。产品的价格也会相应上升。正如前面说过的，在每个具体事例中，所有这些变动究竟导致赚取工资者的平均收入增加还是减少，是一个历史事实。

但是，如果认为这类措施不会影响物质类生产要素的供给就说不通了。缩短工作时间，限制夜间工时和限制雇用某种类型的工人会降低一部分现有设备的利用率，因而也等同于资本供给的减少。由此导致的资本财稀缺程度的加剧可能完全消除劳动边际生产力相对于资本边际生产力的潜在上升趋势。

在工作时间被强制性缩短的同时，如果有关当局或工会禁止工资率按照市场的要求下降，或者如果一些传统制度禁止其下降，那么任何试图把工资率维持在高于潜在的市场工资率之上的尝试都会导致制度性失业。

在过去两百余年的西方文明发展史中，实际运行的资本主义所留下的历史就是赚取工资者的生活水平稳步上升的历史。资本主义固有的特征在于它是一个用大量生产供应大众消费的体系，它由最有活力和最有远见的一些人领导，它让人们不屈不挠地迈向越来越好的生活。它的驱动力就是追求利润的愿望，而其作用在于迫使商人不断地为消费者提供更多、更好、更便宜的生活便利品。只有在进步的经济中，也只有在大众的生活水平得到改善时，企业家的利润总和才可能大于亏损总和。[1]因此，资本主义体系促使一些心灵手巧的人竭尽所能，增进行动迟缓的多数人的福祉。

在历史经验的范畴中，任何观点都不可能诉诸测量。由于货币不是价值和需求满足的标准，因此它不能被用来比较人们在不同时期的生活水平。然而，只要历史学家的判断没有被先入为主的浪漫观念弄糊涂，他们都会同意下面的观点：资本主义的发展已经大大增加了资本积累，而且资本积累的增加幅度远大于同时发生的人口的增加幅度。不仅是总的人均资本，而且有工作能力者的人均资本也远大于五十年、一百年或两百年前。同时，赚取工资者从生产出来的各种商品总量中所获得的份额也大大增加了，而这个总量本身也比过去增加了许多倍。大众生活水平的提高与以前相比简直就是一个奇迹。从前那些所谓快乐的时代，即使是最富有者的生活方式，和现在的普通美国人或澳洲人相比，也只能说是穷困潦倒。有些人一再复述中世纪作家所说的，资本主义有一个不可避免的趋势：使工人越来越贫穷。事实上，资本主义让大量赚取工资者过上了富裕

---

[1] 参见第十五章第九节。

的生活，而这些赚取工资者还时不时地竭尽所能地破坏和阻挠那些能使他们的生活更惬意的创新措施。试想，一个美国工人如果像中世纪领主那样生活，将会多么不自在：没有他习以为常的生活装置，如现代住宅的自来水系统。

工人的物质条件的改善也改变了他对休闲的估值。由于生活便利品供应充裕，他比以前更觉得任何劳动负效用的进一步增加都将是一种损失，即预期的间接满足的进一步增加不再比劳动负效用的进一步增加更为重要。他现在渴望缩短工作时间，渴望更多地陪伴他的配偶、子女，而不是在外辛苦地工作赚钱。不是劳动法规和工会压力缩短了工作时间，并且让已婚妇女和童工离开工厂，而是资本主义使赚取工资者变得如此富裕，以致他们能够为自己和家人换取更多的闲暇时光。19世纪的劳工立法只不过为之前市场因素的相互作用所带来的变化提供了法律认可。就有时候法律规定比产业发展的步伐更快而言，财富的快速增加很快便把这种顺序颠倒的情况扭转过来了。但是，所谓同情劳工的法律所命令的一些措施如果不仅仅是事后追认已经完成的改变，或提前适应预期即将到来的改变，那么它们便会伤害工人的物质利益。

"社会利得"一词完全是误导性的。如果法律强迫某些宁愿每周工作48小时的工人不得工作超过40小时，或者强迫雇主支付雇员某些费用，这可不是在削减雇主的利益来照顾工人。不管社会安全法有什么规定，其影响最终会落在雇员的身上，而不是雇主的身上，它们影响的是雇员的实际工资。如果强制性规定雇主把每单位劳动成果所需支付的价格提高到潜在的市场价格之上，就会造成制度性失业。社会保障立法并没有让雇主花费更多的钱去购买劳动，只不过是在赚取工资者身上强加了一个限制，从而约束他们的消费。因此，它剥夺了工人按照自己的决定安排日常生活的自由。

这样的社会保障制度究竟是好是坏？这实际上是一个政治问题。你可以尝试为它辩护，说赚取工资者欠缺知识技能、没有远见、没有道德、缺乏毅力，不能主动地为他们自己的未来做准备。但是，这么一来，你就很难反驳别人提出的以下疑问：如果这样的话，那么把国家福祉托付给法律本身认为没有能力自我管理的一些选民是不是很矛盾？让那些显然需要监护人约束的人在管理国家事务上掌握至高无上的决策权是不是很荒唐？要知道，德国不仅是社会保障制度的创始国，同时也是现代反民主思想的摇篮，那可不是历史的偶然性。

对工业革命的流行性诠释

人们普遍主张，现代工业制度史，尤其是英国的"工业革命"史，为"现实主义"学说或"制度主义"学说提供了一个实证检验，并完全推翻了经济学家"抽象的"教条。[1]

经济学家断然否认了工会和政府的劳动立法能够持久地使所有赚取工资者受惠，并能够提高工人的生活水平。但是，那

---

[1] 将"工业革命"一词和英国汉诺威王室最后两任乔治国王统治期间（1760—1830）联结在一起是历史学家刻意尝试将经济史改写成通俗剧。从欧洲中世纪的生产方法转变成自由企业制度的生产方法，是一个漫长的过程，早在1760年以前的好几个世纪这个过程便已开始，而且即使在英国，也不是到了1830年便结束了。但是，英国的工业发展的确在18世纪下半叶显著加速。所以，在检视费边主义、历史学派和制度学派在"工业革命"身上所寄托的情感含义时，"工业革命"这个词的使用是被允许的。

些反对经济学家的人说，事实已经驳倒了这些谬论。他们认为，那些为工厂制定法律的政治家和立法者比经济学家更能洞悉现实。毫无恻隐之心的自由放任哲学宣称，终日辛勤的劳动阶层不可避免地要受苦，而外行人的常识判断却成功地抑止了企业为追求利润所采取的一些过分行为。他们认为劳工阶级生活条件的改善完全是政府和工会的伟大成就。

上述思想已经渗透至现代工业制度演进史的大部分研究中。这些历史学家首先描绘了"工业革命"前夕田园诗般的景象。他们说，当时的情况在大体上是令人满意的，农夫在当时是快乐的。在家庭式的生产方式下，工人当时也是快乐的。他们在自己的小屋子里工作，享有一定程度的经济自由，因为他们有一小块园圃和耕作所需的工具。但是，"工业革命像战争或瘟疫一般降临"在这些人身上。[1]工厂制把自由工人变成了实际上的奴隶，把他的生活水平降低到只能糊口的程度，还把许多妇女和孩童塞进工厂，因而摧毁了许多人的家庭生活，危及社会道德和公共健康的根基。一小群冷酷无情的剥削者狡猾地把他们所准备的枷锁套在绝大多数人身上。

事实上，在工业革命前夕，人们对当时的经济状况非常不满意。传统的社会制度没有足够的弹性，不能满足人口迅速增长所带来的基本需求。不管是传统农业，还是手工业行会，都吸收不了新增的劳动力。商界则沉浸在争夺特权和排外的独占思想中。它的制度性保障是许可执照和独占授权，它的哲学理

---

[1] 参见 J. L. 哈蒙德（J. L. Hammond）和芭芭拉·哈蒙德（Barbara Hammond），《技术工人 1760—1832》（*The Skilled Labourer*，第 2 版，伦敦，1920 年），第 4 页。

念是限制或禁止来自国内或国外的竞争。在这种僵化的家长主义作风占上风和需要政府监护的商业体制中,无法安身立命的人的数量急剧增加。他们实际上是社会的弃儿,而这些麻木不仁的人大都依赖既得利益阶级餐桌上掉下来的食物残渣过活。到了农作物收获的季节,他们只能在农场打零工赚一点小钱,其余时间就依靠私人施舍和公共救济生存。这一阶层中的成千上万精力充沛的青年人被迫加入皇家海军和陆军,不少人在战斗中丧命或致残。更多人默默无闻地死于野蛮的艰苦训练过程,感染热带疾病或梅毒而亡。[1]又有成千上万大胆而狠辣的青年人成为骚扰社会的流氓、乞丐、游民、强盗和娼妓。政府除了用贫民院和救济所收容他们,想不出其他办法。人们普遍抱怨新发明的引进和节省劳动力的设备,而政府也纵容了民众的不满情绪,这使得社会状况毫无改善的希望。

工厂制是在经过不断奋斗和对抗无数障碍之后发展起来的。它必须对抗流行的偏见、根深蒂固的旧习、具有法律约束效力的规则制度、有关当局的敌意、特权团体的既得利益以及手工业行会的妒忌。起初,个别厂商的资金设备并不充足,信用供应困难且代价昂贵,他们在生产技术和商务运营方面的经验也很缺乏。工厂业主在大多数情况下都是失败的,成功的相当少。利润有时候相当可观,但有时候亏损也一样巨大。工厂业主通常把大部分赚到的利润用于再投资,就这样经过了数十年才为较大规模的经营积累了足够的资本。

---

[1] 在七年战争中,有1512名英国海员在战斗中丧生,133708人死于疾病或失踪。参见 W. L. 多恩(W.L.Dorn),《1740—1163年争夺帝国》(*Competition for Empire*)(纽约,1940年),第114页。

有两个原因让工厂即使面对所有阻碍，也能够发展壮大。其中一个原因是经济学家所阐述的新社会哲学的学说。这些经济学家摧毁了重商主义、家长主义和限制主义的威信。他们驳倒了"节省劳动的方法和过程会导致失业和置所有人于贫穷和衰败"的迷信。提倡自由放任的经济学家是过去两百余年未曾有过的生产技术成就的先锋。

另一个因素削弱了社会各阶层对创新的抵抗情绪：工厂的发展使有关当局和贵族地主统治阶级免于面对前述那个已经庞大到难以处理的问题。它们为大量贫民提供生计，清空了贫民院、劳动救济所和监狱。它们把挨饿的乞丐变成能养家糊口的自立的人。

工厂主并没有权力逼迫任何人到工厂工作，他们只能雇用那些愿意为他们所开出的工资条件而工作的人。当时的工资率虽然低，但这些贫民的收入仍然远高于他们在其他领域能赚到的酬劳。若说这些工厂从育婴室和厨房带走了家庭主妇，从游戏场带走了孩童，那是在扭曲事实。因为这些妇女此前实际上既没有东西烹饪，也没有东西喂养小孩。而这些孩童此前也极度缺乏营养，每天都在忍饥挨饿。他们唯一的庇护所就是工厂，就某种意义而言，工厂使他们免于饿死。

这种情况的存在令人感到遗憾，但是，如果有人想找出该为此负责任的人，那也不能找到工厂主的头上。这些工厂主——当然是被他们自己的私心而不是被"利他主义"所驱动——已经尽他们所能在扑灭这些罪恶了。造成这些罪恶的是前资本主义时代的经济秩序，是某些人所谓"美好旧时光"的社会秩序。

同当时社会的上层阶级和大规模工业化之后的工人相比，

在工业革命开头的几十年间，工厂里的工人的生活水平还是非常悲惨的：不但工作时间很长，车间的卫生条件也很糟糕。若个体的健康状况不佳，那么其工作精力也将很快耗尽。但事实上，对于当时已经因圈地运动而置身极度悲惨状态的剩余人口来说，对于在当时通行的生产体系架构内找不到容身之处的人来说，能在工厂里工作已算是救赎了。这些人之所以一窝蜂地涌入工厂，除了渴望改善生活水平，别无他求。

自由放任的意识形态及其衍生物——工业革命，摧毁了社会改善与迈向繁荣的意识形态和制度障碍；它们摧毁了旧的社会秩序，否则生活悲惨的人数只会不断增加。以往时代的那些制造业几乎完全是为了满足富贵人家的需要而存在的，这些产业的扩张受限于最富有阶层购买奢侈品的预算。对于那些不是从事必需品生产的工匠来说，只有当富有阶层的人愿意利用他们的技巧和服务时，才可能赚钱谋生。但是现在，一个不同的原则开始运作了，工厂制不仅开启了一个新的营销模式，也开启了一个新的生产模式。它的特征在于产品不是为少数有钱人的消费而设计的，而是为了此前在消费中扮演微不足道角色的那些人而设计的。为许多人制造便宜的东西是工厂制的目标。在工业革命早期，典型的工厂是棉纺织厂，它制造出来的那些棉纺织品，不是富有者需要的东西。当时，有钱人执着于丝、亚麻和细棉布制品的消费。工厂使用机器和规模化生产方法侵入某个新生产部门的初衷都是为广大群众生产便宜的东西。一直到后来某个阶段，这些工厂才会转向生产比较精致也比较昂贵的东西。因为那个时候，大众的生活水平已经获得了空前改善，因此，使用规模化生产方法制造这些比较精致的东西才会变得有利可图。例如，有好多年，工厂制造的鞋子都只被"无产阶级"购买，而比较有钱的消费者则继续光顾量身定做的鞋匠店。被大谈特谈的血汗工厂不是为有钱人，而是为中下阶层的人们生产衣服。时髦的淑女和绅士过去偏爱，现在也仍然偏爱量身定做的套装。

工业革命最突出的事实是，它开启了一个为满足大众的需要而进行规模化生产的时代。赚取工资者不再是一群只为别人的幸福而终日辛劳的人，他们本身就是工厂所生产的产品的主要消费者。大企业依赖大量消费，在当今的美国，没有哪个大企业的部门不是为了满足大众需要而存在的。资本主义企业家精神的根本原则正是满足普通人的需要。以消费者的身份，普通人成为至高无上的决策者，他的买或不买决定了企业家的命运。在市场经济里，除了以最好和最便宜的方式不断供应大众想要的东西，没有别的方法能够取得和保有财富。

许多历史学家和撰述者受到偏见的蒙蔽，完全未能认清以上这个根本事实。在他们看来，赚取工资者是为别人的利益而终日辛劳的。他们从来没进一步追问这些"别人"是谁。

哈蒙德夫妇告诉我们，工人在1760年比在1830年更快乐。[1]这是一个武断的价值判断。并没有比较和测量不同的人或相同的人在不同时期的快乐程度的办法。但为了论证，我们暂且同意，一个在1740年出生的人在1760年比他在1830年更快乐。但是，我们切不可忘记，英国在1770年（根据阿瑟·杨的估计）有850万居民，而在1831年（根据人口普查）则有

---

[1] 参见 J. L. 哈蒙德和芭芭拉·哈蒙德，《技术工人1760—1832》（第2版，伦敦，1920年），第4页。

1600万人口。[1]而显著的人口增加主要是以工业革命为条件的。对那两位著名历史学者的论断,这些新增的英国人是不可能同意的,除非他们赞同索福克勒斯的这段忧郁的诗篇:"毫无疑问,不被生出来是最好的事情。但是,当一个人一旦见过曙光,那么第二好的事情就是他应尽快回到他来的地方。"

早期的工业资本家大多是一些和工人来自同一社会阶层的人。他们的生活相当朴素,赚得的收入只花一小部分在家庭生活中,其余的会投进他们的生意中。但是,随着这些企业变得越来越富有,成功的商人的后代开始跻身统治阶级。出身名门的绅士妒忌这些新贵的财富,并且憎恨他们对改革运动的支持,于是着手调查工厂里工人的物质条件和道德状况,并且通过制定规范工厂的法律以展开回击。

在英国,以及所有其他资本主义国家,资本主义的历史是一部劳动者阶层的生活水平不断改善的历史。这样的演变,一方面和劳动立法的发展以及工会主义的扩散相伴,另一方面也和劳动边际生产力的提高同时发生。经济学家主张,工人物质生活的改善是人均资本投入量增加以及新增资本有效运用所引起的生产技术进步的结果。由于资本积累比人口增长的速度快,因此即使没有外来干预,工人也会获益。而只要劳动立法和工会的压力没有超过这一范围,这些干预便是多余的。但如果超过前述范围,便有害于劳动者阶层的利益。它们会延迟资本积累,从而减缓劳动边际生产力和工资率的上升趋势;它们以牺牲其他工人团体的利益为代价授予某些工人团体特权。它们造

---

[1] F.C.迪茨(F.C.Dietz),《英格兰经济史》(*An Economic History of England*)(1942年,纽约),第279页和392页。

成大量失业，并且减少作为消费者的工人所享有的产品供应量。

为政府干预企业和工会主义辩护的撰述者则把工人生活情况的一切改善归功于政府和工会的行动。他们声称，倘若没有这些行动，工人现在的生活水平将不会高于工厂制发展初期的生活水平。

很明显，这个争论不可能以诉诸历史经验的方式来解决。对于明确的事实，争论双方没有不同的意见。他们的对立指向对事实的解释，而解释又必然受双方所选择的理论的引导。决定一个理论是否正确的那些认识论和逻辑推理在逻辑上和时序上都先于对相关历史问题的阐释。所有历史事实本身既不能证明也不能证伪任何理论，所有历史事实都必须通过理论的洞察力予以解释。

那些撰写资本主义社会劳工生活史的作家大多不懂经济学，而且以炫耀这种不懂为荣。然而，他们蔑视健全的经济理论并不意味着他们在着手研究课题时完全没有理论偏见。他们接受政府万能和工会主义带来所谓恩泽等流行谬论的引导。毫无疑问，韦伯夫妇、路约·布伦塔诺（Lujo Bretano），以及许多不怎么知名的作家在他们一开始开展研究时，便对市场经济充满了憎恶，并对计划经济和干预主义学说疯狂赞美。他们对于自己的信念无疑是坦诚和真挚的，并且也努力恪守本分。他们的坦率和正直免除了他们作为一个人的罪过，但免除不了他们作为历史学者的罪过。一个历史学者的意图不管多么纯洁，都不是其采用错误理论的借口。一个历史学者的首要职责是最细致地检视所有被他用来研究的理论。如果他忽略了这项工作，天真地拥抱大众流行的一些糊涂想法，那他就不是一个历史学者，而只是一个辩护者和宣传家。

这两种相反观点的对立冲突不只是历史问题，也涉及当今一些最迫切的问题，当今美国的所谓工业关系问题的争论就在于此。

我们强调的只是争论的一个方面。广大地区——东亚、东印度群岛、南欧、东南欧和拉丁美洲——仅在表面上受到现代资本主义的影响。大体而言，这些国家现在的情况和英国工业革命前的情况没什么两样。数千万人在传统的经济环境中找不到安身立命之处，他们的命运只能通过工业化来改善，他们最需要的是企业家和资本家。但是，他们自己的愚蠢政策使其无法继续享受从前外国资本输入所带来的那种协助，他们现在必须着手进行本国的资本积累。他们必须经历西方国家在工业制度演进过程中所经历的所有阶段，必须从相当低的工资率和相当长的工作时间开始。但是，受到当今西欧和美国盛行的那些理论的蛊惑，他们的政治家以为可以采取不同的方式实现工业化改革。他们鼓励工会主义运动，也推进那些所谓有利于劳工的立法。他们的极端干预主义把本国的一切工业化消灭于萌芽状态。这些人不知道：工业化不能从采用国际劳工组织（ILO）的那些箴言和美国产业工会联合会（CIO）的那些原则开始。他们的顽固教条主义给印度和中国的劳动力、墨西哥的雇农和其他数以百万计在饥饿边缘拼命挣扎的人带来了悲惨的命运。

第八节　市场起伏变迁影响下的工资率

劳动是一种生产要素。劳动的卖方在市场上能获得的价格取决于市场的基本情况。

一个人能够提供的劳动数量与质量取决于他先天的禀赋和后天培养的能力。先天固有的禀赋不是主观行为能改变的，它们是祖先在他出生那一天赋予他的遗产。他可以对这些天赋加以细心照顾和培养，防止它们过早枯竭，但是，他很难超越能力的界限。他能展现一点技巧，努力找寻市场情况容许他取得的最高价格以出售他的工作能力，但他不可能改变自己的天性，以便更好地适应市场的基本情况。如果市场的基本情况让他所能开展的某种劳动获得丰厚的酬劳，那是他的运气好。如果他先天固有的才能获得同伴的高度赞赏，那是机遇，而不是他个人的功劳。葛丽泰·嘉宝小姐如果活在一百年前，那她的收入要比目前这个电影时代少很多。就她先天固有的才能而言，她的情况和一个农夫因为邻近城市扩张而把他的农场变成都市用地——能按更高的价格卖出——基本上是一样的。

在一个人的先天能力界限内，他的工作能力可以经由训练而变得更为完善，以更适于达成某些特定工作。这个人自己或他的父母承担训练的费用，而训练的成果是获得从事某种类型工作的能力。这种教育和训练会增强一个人在某一方面的能力，使他变成该方面的专家。每一种特殊训练都强化了一个人的工作能力的特殊性。为了获得这些特殊能力，他必须忍受辛劳、麻烦和努力学习的负效用，以及训练期间潜在的收入损失、训练所需的花费……他期待着未来收入可以补偿所有牺牲。这些牺牲是一项投资，因此是投机性的。它们是否划算，取决于未来的市场状态。一个工人在训练自己的时候，就变成了一个投机者、企业家。未来的市场状态将决定他的投资究竟是产生利润还是亏损。

因此，在两种意义上，赚取工资者有其既得利益。第一种意义在于他作为一个具有某些先天资质的人，第二种意义在于他作为已经习得某些特殊技巧的人。

在市场上，赚取工资者按照市场当下容许的价格出售他的劳动。在假想的均匀轮转经济架构中，企业家为了取得所有互补生产要素而必须支付的一切价格总和，在适当考虑时间偏好后必然等于产品价格。在变动的经济中，市场结构的变动可能导致这两个数值出现差距，但产生的利润或亏损对赚取工资者没有影响，它们的影响只落在雇主身上。未来的不确定性对雇员的影响，只限于下列三项：

（1）训练所导致的时间、负效用和金钱花费。

（2）迁移到某一特定工作地点所导致的费用。

（3）就固定期限的劳动契约而言，特殊类型劳动价格在契约期间的变动以及雇主偿付能力的变动。

第九节　劳动市场

工资是付给生产要素——人的劳动——的价格。就像所有其他互补生产要素的价格那样，工资的高低最终取决于买卖劳动那一刻所预期的产品价格。提供劳动的人——劳动者，把他的服务卖给某个雇主，至于这个雇主是把他的服务和物质类生产要素以及别人提供的服务结合起来，还是由劳动者自己安排这种结合是无关紧要的。无论如何，相同质量的劳动的最后价格在整个市场体系内都是相同的。工资率永远等于劳动产出的全部价格。"获得劳动的全部产出是工人的权利"这句流行口号以一个荒谬的表述方式主张，消费品应该仅在工人中分配，什么都不该留给企业家和物质类生产要素的所有者。无论从什么观点看，各种产品都不能只视为劳动的产品，它们是劳动和物质类生产要素有意识结合的产物。

在变动的经济中，市场工资率倾向于自动调整至恰好等于最后的工资率。这种调整是一个费时的过程，其所需时间的长短取决于进行新的工作训练和工人迁移至新的住所需要的时间，也取决于某些主观因素，诸如工人是否熟悉劳动市场的情况和预期。就进行新的工作训练和改变住所涉及的成本而言，工作调整是一项投机性的冒险。只有当工人相信未来的劳动市场状态会证明这些成本值得付出时，他才会进行调整。

就所有这些事情而言，劳动、工资和劳动市场并没有什么特殊之处。劳动市场有别于其他市场部门的特点仅在于工人不仅是生产要素（劳动）的贩卖者，而且他本身也是一个活生生的人，因而要切割这个人和他的劳动表现是不可能的。人们总是在这个事实上大做文章，批评经济学关于工资率的学说。然而，这些荒谬的言论不能阻止经济学适当注意这个根本事实。

对工人来说，在各种类型的劳动中选择提供哪种劳动，在什么地点提供，以及在什么特别条件和环境下提供，需要加以重点考虑。一个中立的旁观者可能认为，促使某个工人偏好某些工作、某些工作地点和某些劳动条件的想法和感觉是无意义的，甚至是荒唐可笑的。然而，这种学究式的判断是无效的。从经济学的观点来处理这种问题时，一定要知道这个再明显不过的事实：工人在看待他的辛劳与麻烦时，不仅会考虑劳动的负效用和他的间接满足，也会考虑具体的劳动条件与环境是否干扰他享受生活以及干扰的程度如何。一个工人宁可放弃某个增加他金钱收入的机会而选择留在家乡或不出国，因为那个工作机会要求他移居到某个他认为比较不理想的地方——一个隐退的富绅偏爱在相对昂贵的首都生活而不会落脚在某个比较偏僻的小城镇也是基于相同的道理。工人和消费者是同一个人，经济学只是出于推理需要才把这两种社会功能进行整合，之后又将这个统一体分裂成两个概念。但实际上，每个人都不可能把他如何利用工作能力和如何享用收入分割开来处理。

出身、语言、教育、宗教、心态、亲情和社会环境等让工人顾虑颇多，使他在选择工作地点和工作部门时不能只考虑工资率的高低。

如果工人不介意工作地点，即只要工资率相同，他不在乎在哪里工作，那么我们便可以把一定类型的劳动市场可能存在的工资率称为标准工资率（S）。然而，基于前面提到的那些考虑因素，如果赚取工资者对不同地点的相同工作有不同的评价，那么，市场工资率（M）便会偏离S。我们可以把M和S之间的所有差额中最大的但尚未导致工人从市场工资率较低的地方移往市场工资率较高的地方的差额称为"依恋因素"（A）。某个地方的A可能是正数，也可能是负数。

此外，我们还必须考虑，不同区域在各种消费品供应方面可能受相关运输成本的（最广义的）影响而有所不同。这些成本在某些区域比较低，而在其他区域则比较高。因此，要达到同一水平的满足程度所需的物质投入可能因区域不同而有所不同。在某些区域，一个人必须消费更多才能达到一定程度的需求满足；而在不考虑依恋因素的情况下，他可能在其他区域能够以更低的成本达到相同程度的满足。同样，一个人在某些区域能减少某些花费，而不致损害需求的满足，但如果是在别的区域减少花费，他的满足程度将下降。我们可以把一个工人在某些区域为了达到前述意义的相同程度满足而必须承担的，但在别的区域则能省下也不致降低满足程度的费用称为成本因素（C）。一定区域的 C 可能为正数，也可能为负数。

如果我们假设没有制度性障碍阻止各种资本财、工人和商品从某个地方移动到另一个地方，再假设工人不在乎住在什么地方和在什么地方工作，那么人口在地表上的分布，便倾向于按照自然生产要素的实际生产力以及前人把不能转换用途的生产要素固定在什么地方而定。如果我们进一步不理会成本因素，则同一种工作的工资率在全世界任何地方便会趋于相等。

人们可以把 M+C 低于 S 的区域称为人口相对过多的区域，而把 M+C 高于 S 的区域称为人口相对过少的区域。但是，这样定义人口相对过多或过少却不是很妥当。这样的定义对我们解释形成工资率的真实情况和工人的行为没有什么帮助。选择另外的定义会比较妥当。我们可以把 M<（S+A+C）的区域称为人口相对过多的区域。相应地，一个 M>（S+A+C）的区域就该称为人口相对过少区域。如果没有制度性的移民障碍，工人会从人口相对过多的区域移往人口相对过少的区域，直到在每个区域 M=（S+A+C）。

同样的推论也大致适用于其他一些人的移动，这些人以自负盈亏的方式工作，即他们在出售他们的劳动产品或在提供个人服务时，一并出售他们的劳动。

依恋因素和成本因素的概念也一样适用于不同行业或岗位之间的移动。

毋庸赘言，前述定理所叙述的移动趋势只有在没有制度性障碍限制资本、劳动和商品的移动时才会发生。在目前国际分工秩序趋向崩塌以及每个主权国家都朝自给自足迈进的时代，前述定理所描述的趋势只在每个国家的边界内起作用。

动物和奴隶的工作

对人类来说，动物是一种物质类生产要素。也许有一天，道德情感的改变将诱导人们用比较温柔的方式对待动物，然而，只要人们没有放任它们自由繁衍，人们将永远只是把它们当作行为的对象来处理。社会合作只存在于人类之间，因为只有人类才能洞悉分工与和平合作的意义和好处。

人制伏动物，并且把它当作一种物质类生产要素纳入他的计划。人在驯化、饲养和训练一些动物的时候，时常对动物的一些心理特点表露出一种欣赏，似乎他们和动物能达到某种灵魂共鸣。但是，即便如此，把人和动物分开的那道鸿沟仍然是不可跨越的。一只动物除了能满足自身的食欲和性欲以及免于环境因素所造成的伤害，永远不可能得到任何别的满足。动物之所以表现出兽性而非人性，正是因为它们就像工资铁律所设想的工人那样活着。正如"如果人们只知道进食和交配，人类文明将永远不可能出现"一般，动物既不可能在社会关系中合作，也不可能参与人类社会。

人们曾尝试像看待动物那样看待他们的同胞，并且像对待动物那样对待他们的同胞。他们曾使用鞭子逼迫帆船上的奴隶和驳船边的纤夫，让他们像拉动绞盘的马匹那样工作。然而，历史经验显示，这些肆无忌惮对待同胞的残忍方法，其结果令人非常不满意。即使是最鲁莽和最迟钝的人，如果他们能自愿工作，而不是因为恐惧鞭子，也会取得更多的工作成果。

原始人无差别地对待作为财产的妇孺和奴隶，以及作为财产的牲畜和无生命之物。然而，一旦他开始期待从奴隶那里获得一些有别于牲畜也能提供的服务时，他就不得不松开奴隶身上的锁链了。他必须努力以自利的诱因取代单纯恐惧的诱因，他必须努力以人类的情感促使奴隶与他合作。如果奴隶不再只因被锁住、被监视而不敢逃跑，不再只因恐惧被鞭打而工作，则奴隶主和奴隶之间的关系便转变成一种社会关系。奴隶可能悲叹自身的不幸，并且祈求解放，尤其是当他对从前自由快乐的日子仍然记忆犹新时。但是，他不得不忍受那看起来是不可避免的奴隶状态，并且尽可能使自己服从命运的安排，使自己能够忍受这种生存状态。于是，奴隶下定决心要通过勤勉和完成受托任务来满足主人，而奴隶主则下定决心要通过合理对待奴隶来唤起他们的热情与忠贞。主人和奴隶之间于是发展出一些在某种程度上可以被称为友谊的亲密关系。

有些称颂奴隶制度的作家不完全是错的。这些作家曾断言，许多奴隶满足于其奴隶身份，并不希望改变。也许有些个体、有些团体，甚至整个民族和种族，很享受被奴役状态所提供的安全保障。他们不觉得屈辱和羞耻，乐意付出适量的劳动以换取特权，以便在某个富有家庭里分享生活便利品。在他们看来，顺从某位主人突如其来的怪异念头和暴躁脾气只是小事一桩，根本不算什么。

当然，那些在大型农庄、种植园、矿场、工作坊以及在帆船上工作的奴隶，其辛劳状况异于主人家里的贴身男仆、清洁房间的女仆、厨子和保姆那种为某些作家所描述的浪漫生活，也非常不同于小型农场里那些非自由劳工、挤奶的女工、牧工和羊倌的情况。没有哪个称颂奴隶制度的作家胆敢美化古罗马时代农奴的命运——这些农奴被套上锁链,被塞进囚奴的私人监狱——或者胆敢美化美国棉花种植园和甘蔗种植园里的黑奴的命运。[1]

奴隶制度和农奴制度的废除其实既不该归因于神学家和道德家的教诲,也不该归因于奴隶主的软弱和慷慨。在宗教领域和教授伦理的老师中,奴隶制度的捍卫者和反对者的人数差不多。[2] 奴性劳动之所以消失,是因为它无法对抗自由劳工的竞争,因为它无法盈利,所以在市场经济里难逃消亡的厄运。

购买一个奴隶所支付的价格取决于购买者预期通过雇佣该奴隶(包括作为工人和作为可以生出其他奴隶的祖先)获得的净收益,这就像购买一头奶牛所支付的价格取决于购买者预期从它的使用中所获得的净收益一样。奴隶主没有私吞什么特别的收入,对他来说,并不存在什么来自"剥削"的利得:奴隶完成的工作无须支付酬劳,他们所提供的服务的潜在市场价格可能大于饲养、收容和看管奴隶的成本,仅此而已。只要这些经济利益是可预期的,一个购买奴隶的人必定在他支付的奴隶价格里偿付了所有利益。在适度减去时间偏好的价格差额后,他为此支付了全部的价格。不管奴隶主是在自己家里还是在自己的企业里使用奴隶,或是把他出租给他人提供服务,奴隶主

---

[1] 玛格丽特·米切尔(Margaret Mitchell)虽然在她的畅销小说《飘》里歌颂美国南方的奴隶制度,但也很谨慎地避开了种植园里那些黑奴的一切细节,反倒特别喜欢书写主人家里那些奴仆的情况。在她的描述中,这些奴仆显然是整个奴仆阶级中的贵族。

[2] 关于赞成美国奴隶制度的理论,见查尔斯(Charles)和玛丽·比尔德(Mary Beard)的《美国文明的崛起》(The Rise of American Civilization),第703—710页;以及C.E.梅里亚姆(C. E. Merriam),《美国政治理论史》(A History of American Political Theories)(纽约,1924年),第227—251页。

从奴隶制度的存在中都没有得到任何特别的好处。奴隶制度存在的特别好处完全归于猎捕奴隶的贩子，即那些剥夺人的自由而把他们变成奴隶的人。但是，猎捕和贩卖奴隶这种行业的获利性当然取决于买方愿意支付多高的价格取得奴隶。如果这个价格低于猎捕和贩卖奴隶的成本，那么继续从事这样的生意就不划算，该行业就会消失。

然而，不管在何时何地，使用奴隶的企业绝不可能在市场上和使用自由劳工的企业相竞争。奴隶永远只在无须面对自由劳工的竞争时，才可能被采用。

如果你把人当作牲畜处理，你便不可能从人身上压榨出比牲畜更多的价值。但是，这里有一个事实会变得具有重要意义，即人的体力弱于牛马，而喂养和看管一个奴隶相对于可望获得的工作成果而言又比喂养和看管牲畜更加昂贵。当人被视为一项动产时，每单位日常维护与看管成本的收益便会低于家畜。如果你想从一个非自由劳工身上获得自由工人的工作成果，你就必须给该劳工提供特殊的人性诱因。如果雇主希望得到比鞭子所榨取出来的产出更好和更多的产出，雇主就必须让辛勤的工作者在他所贡献的收益中也分得一份。雇主必须奖励勤勉、技巧和热忱，而不是只惩罚怠惰和懒散。但是，雇主无论在这方面怎么努力，从一个非自由工人身上（一个没获得所贡献产出全部市场价格的工人）取得的工作成果将永远不会等于一个自由工人（一个在未受到干扰的劳动市场上招募到的工人）取得的工作成果。奴隶和农奴劳动所获得的那些产品与服务的质量和数量再怎么努力提升也会远低于自由劳动的标准。在高端商品的生产方面，一个企业如果使用看起来很便宜的非自由工人的劳动，那它绝对抵挡不住那些使用自由劳动的企业的竞争。

正是这一事实迫使历史上所有强制劳动的制度的消失。

有些社会制度曾使某些区域或某些生产部门成为保留区，仅允许非自由劳动存在，以隔绝任何雇用自由工人的企业的竞争。于是，奴隶和农奴制度便成为固化阶级体系的基本特征，不可能借由个别行动予以废除或加以修改。至于在没有这些社会制度的地方，个别奴隶主会主动采取一些措施，从而使整个非自由劳动制度逐步被废除。不是奴隶主人道主义的情感和仁慈，而是希望自己的财产获得最大的利益这种强烈的动机才诱导古罗马那些冷酷无情的奴隶主为奴隶松开脚镣。他们放弃集中且大规模管理自己庞大地产的制度——大庄园制（the latifundia），而把奴隶转变成真正的佃农。后者自负盈亏，耕种租来的土地，而只需付给地主一定的租金或一定比例的收成。在加工制造业和商业领域，奴隶变成了企业家，而奴隶的财产，即他们的私产（the peculium）变成了合法的准财产。奴隶之所以被大批解放，是因为被解放的奴隶给予前奴隶主，即他们的庇护者（the patronus）的服务比此前从一个奴隶身上所获得的服务更有价值。因为这种解放并不是一项恩典、一个奴隶主赐予的免费礼物，而是一桩信用交易、一桩分期付款购买自由的交易。被解放的奴隶必须在许多年内，甚至终身给予前奴隶主一定数目的款项和服务。此外，被解放的奴隶过世后，庇护者对他们的房地产还拥有特别继承权。[1]

随着使用非自由劳工的工厂和农场的消失，奴隶制不再是

---

[1] 参见斯科塞斯（Ciccoti），《古代奴隶制的衰落》（*Le Déclin de l'esclavage antique*）（巴黎，1910年），第292页；萨尔维奥利（Salvioli），《古代世界的资本主义》（*Le Capitalisme dans le monde antique*）（巴黎，1906年），第141页；凯恩斯，《奴隶的力量》（*The Slave Power*）（伦敦，1862年），第234页。

一种生产制度，而是贵族阶级的一项政治特权。封建大领主有权要求属下进贡一定的实物或金钱并提供一定的服务。此外，领主拥有的农奴的子女必须担任领主的家仆或军队随员以服侍领主一段时间。但是，不具有政治特权的农夫和工匠则自负盈亏地管理他们的农场和作坊。只有在他们的生产过程完成后，领主才会介入并索取一部分收益。

从16世纪开始，人们又开始在农业，有时候甚至在大规模生产的工业中使用非自由劳工。在美洲的殖民地，黑奴制度成为种植园的标准经营模式。在东欧——包括德国东北部、波希米亚和其所兼并的摩拉维亚与西里西亚、波兰、波罗的海诸国、俄罗斯以及在匈牙利及其兼并的地区，大规模农业建立在农奴的无偿劳动上。这两种非自由劳动制度都获得了政治制度的庇护，从而隔绝了使用自由劳工的企业的竞争。而在美洲的种植园殖民地，由于移民的高昂成本，以及个体缺乏足够的法律保护以对抗官吏和种植园主贵族阶级的专横霸道，以致自由劳动的供给和独立农民阶级的发展受阻。在东欧，社会等级制度使外人不可能进入农业生产领域。大规模农业属于贵族阶级，而小规模耕种土地则留给非自由农奴。即便如此，对于使用非自由劳动的企业抵挡不住使用自由劳动企业的竞争这个事实，任何人都没有异议。对于这个事实，整个18世纪和19世纪早期论述农业管理的学者意见一致的程度不亚于古罗马时代讨论农场问题的学者。但是，当时市场体系的自由运作不可能触及奴隶制度和农奴制度的废除，因为政治制度把东欧贵族阶级的地产和美洲种植园从市场中抽离出来。废除奴隶制度和农奴制度的正是如今被批判的"自由放任"意识形态所主导的政治行为。

今天，人们又看到某些人试图以强制劳动制度取代自由人在市场上把工作能力当作商品出售的自由劳动制度。当然，有些人认为，计划经济国家的人所承担的任务和奴隶或农奴所承担的任务之间有根本性的差异。他们认为，奴隶和农奴是为某个剥削者而劳动的，但是，在计划经济制度下，劳动的产出归于社会，而劳动者是社会的一分子，因此可以说，工人是在为他自己而工作。这种推论忽略了所谓个别人以及所有人全体等于收取所有劳动产出的说法只不过是一种幻想。计划经济体制下的官员所追求的目标和个人的愿望是否相符还只是一个次要问题，主要的问题是，个人对集体财富的贡献无法依照市场所决定的工资获得回报。计划经济国家缺乏经济计算的方法，因此无法决定生产出来的全部财货要如何分配给互补生产要素的份额。由于不能确定社会中每个人有多少贡献量，这种体制也不可能按照各自的工作价值来奖励不同的工人。

要辨别自由劳动和强制劳动，并不需要知道自由和强制在形而上学层面有些什么深奥、细微的本质差异。我们可以把一个人所进行的某种外向型劳动称为自由劳动。这个人进行这种劳动，是为了直接满足他自己的一些欲望，或期待通过这种劳动在市场上卖得的价钱来间接满足那些欲望。而强制劳动则是在其他诱因下所进行的劳动。如果有人不喜欢这些术语，他也可以选择别的术语，因为使用"自由"和"强制"这样的字眼可能引起一些联想，不利于平心静气地讨论相关问题。比如，我们可以用F取代自由劳动，用C取代强制劳动。然而，这里的关键性问题是不可能受到所选择的术语影响的。唯一重要的是：如果一个人自己的需求满足和他在数量和质量上的工作表现既没有直接关系，也没有间接关系，那么还能有哪种诱因可以激励他忍受劳动的负效用呢？

为了方便论证，让我们假设：许多工人会自觉地费尽心力、尽善尽美地完成他们的上司所指派的任务（我们可以暂时忽略，在决定怎样给每个人分别指派不同任务时，计划经济国家将遇到的许多无解的问题）。但是，对于那些在执行所指定的任务时怠惰懒散和漫不经心的人该怎样处理呢？除了惩罚他们，再也没有别的办法了。因此，必须赋予他们的上司一定的权威，让其能确立下属的罪行，特别是能以主观理由判决某人是否犯了什么罪并加以惩罚。于是，支配型联结便取代了契约型联结。工人受制于上司的自由裁量权，整个人必须完全服从首领的惩戒大权。

在市场经济中，工人出售自己的各种服务就好像别人出售各种商品一样。雇主不是雇员的主人，他只是各种服务的购买者，且必须按照市场价格购买它们。当然，就像其他购买者那样，雇主也可以任性而为。但是，如果他任意雇用或解雇工人，则必定要付出任性的代价。一个雇主或一个受托管理某一企业部门的职员可以在雇用工人时随意歧视、解雇工人，或者削减工人的工资至市场工资率以下。这些随心所欲的行为会损害他的企业或部门的盈利性，从而使他自己的收入和在经济体系里的地位受损。在市场经济中，这些任性的行为会自动带来相应的惩罚。在市场经济中，对赚取工资者来说，唯一真实有效的保障来自对价格形成有影响的那些因素的自由运作。市场使工人免受雇主及其助手的任性行为的影响。工人和他们的雇主一样，只受制于消费者的至高权力。消费者通过买或不买的选择，决定各种产品的价格和各种生产要素的使用，从而也确定了每一种劳动的市场价格。

使工人成为自由人的正是这个事实：在市场的价格结构压力下，雇主认为劳动是一种商品和一种牟利工具。在雇主眼里，雇员只是一个出于金钱利益的考虑而帮他赚钱的人。雇主付钱换取劳动服务，而雇员则为了赚取工资而劳动。在雇主和雇员的这种关系当中，没有什么恩宠或不恩宠的问题。雇员不欠雇主感情，他欠雇主一定数量、一定种类以及一定质量的工作成果。

这个事实也说明了，在市场经济中，雇主为什么不需要拥有体罚雇员的权力。所有非市场生产体系都必须授权给生产过程的控制者，从而让他督促比较迟缓的工人更加勤勉。由于监禁会使工人离开工作岗位或显著减少他们所贡献的价值，所以体罚一直是督促奴隶和农奴待在岗位上继续工作的经典方法。随着非自由劳动的废除，人们不再需要使用鞭子作为激励手段，鞭打是奴隶劳动的标志。市场社会的成员认为体罚是不人道的和羞辱性的，以致在学校、刑法和军纪里，体罚也已经被废除了。

如果有人相信，计划经济国家不需要采用强制和胁迫的手段对付懒散怠惰的工人，因为每个人都会自动自发地尽责工作，那么他就陷入无政府主义所带来的那些幻觉之中了。

第二十二章　非人力原始生产要素

第一节　地租理论综述

在李嘉图经济学的架构中，地租的概念其实是为了以边际效用分析法处理现代经济学的一些问题而设想出来的。[1]以当今的理论来看，李嘉图的地租理论显然不能让人满意。毫无疑问，主观价值论的方法要优越得多。然而，地租理论的盛名还是当之无愧的。在该理论的萌发与完善过程中，一些人所倾注的心力结出了美好的果实。经济思想史没有理由以李嘉图的地租理论为耻。[2]

---

[1] 费特说，这是"一个混乱的边缘性理论"。见《社会科学百科全书》，第291页。

[2] 参见阿蒙（Amonn），《李嘉图作为国民经济学理论的奠基人》（*Ricardo als Begründer der theoretischen Nationalökonomie*）（耶拿，1924年），第54页。

质量和肥力不同的土地，即每单位投入产出不同的土地有不同的价值。对现代经济学来说，这个事实不是什么特别的问题。李嘉图的地租理论中所涉及的不同地块的估价有等级差异的分析已经完全包含在现代生产要素的价格理论之中了。该反对的不是地租理论的内涵，而是地租理论在复杂的经济体系里被赋予的特殊位置。差额地租其实是一种普遍的现象，并非只出现在土地价格的决定过程中。在"地租"和"准地租"之间玩弄诡辩的词语是站不住脚的。土地和它的效能就像其他生产要素和它们的效能那样，应该被同等对待。由于合适的工具供给不足，所以必须使用一些比较不合适的工具，而后者的回报较低，与其相比，控制比较合适的工具便会产生一笔"租金"。同样，和没技巧、不勤劳的竞争者所赚得的工资相比，有能力和充满热情的工人所赚得的工资中也会包含一笔"租金"。

这个地租概念的问题大多是使用了不恰当的名词所造成的。日常语言和世俗思想中使用的那些一般化的概念不是针对行为学和经济学的研究需要而形成的，早期的经济学家毫无顾忌地误用它们。只因他们不假思索地使用诸如土地或劳动这样的一般化名词，人们才会对"土地和劳动有不同的估值与评价"感到困惑。只要人们不被文字的表面意思愚弄，而是专注于生产要素对人的需求满足有什么重要性，人们就会意识到，不同的服务有不同的估值与评价是理所当然的事。

现代价值和价格理论不以土地、资本和劳动这三种生产要素的分类为基础，它的根本区别是高顺位和低顺位的财货，即生产财和消费财。在生产要素中区分原始（大自然赐予的）要素和生产出来的要素（中间产品），并且进一步在原始生产要素中区分非人力（外在的）要素和人力要素（劳动）时，并未打破生产要素价格决定理论的统一性。决定生产要素价格的法则同时适用于所有种类的生产要素及其具体情况。人们对这些要素的不同效能会有不同估值、不同评价和不同处理方式，这个事实只会让一些没注意到不同要素效能差异的人感到惊奇。对于收藏家购买一幅委拉斯凯兹的画作所出的价钱高于一幅普通画家的创作，一个看不出画作有什么优点的人可能觉得很奇怪，然而，对画作鉴赏行家来说，那是理所当然的。同理，为了取得一块肥沃土地的控制权，购买者支付比较高的价格，而承租者也支付比较高的租金，农夫对此一点也不会感到讶异。以前的经济学家对这个事实感到困惑的唯一理由是，他们的思维停留在"土地"这个忽略了其生产力差异的一般化名词上。

李嘉图地租理论的最大优点在于认识到边际土地不产生地租收益这个事实。这个认识距离发现价值主观主义只有一步之遥了。然而，受到"真实成本"概念的蒙蔽，不管是古典经济学家，还是他们的追随者，都没踏出这关键的一步。

虽然差额地租这个想法在大体上可以被主观价值理论所采纳，但是，从李嘉图经济学所衍生出来的第二个地租概念，即剩余地租概念就必须被彻底抛弃。这个剩余价值求索权的想法以"真实成本"或"有形成本"的概念为基础。然而，在现代生产要素价格理论的架构中，这种成本概念没有任何意义。勃艮第葡萄酒的价格之所以高于基安蒂葡萄酒的价格，原因不在于勃艮第的葡萄园（土地）相对于托斯卡纳的葡萄园价格较高。此处的因果关系恰好是颠倒过来的。因为人们愿意支付比基安蒂葡萄酒更高的价格去购买勃艮第葡萄酒，所以种植葡萄并酿酒的酒农愿意支付比购买基安蒂的葡萄园更高的价格，去购买勃艮第的葡萄园。

在会计看来，利润就是当所有生产成本已支付后剩下的那部分收入。在均匀轮转的经济中，绝不可能出现产品价格超过成本而产生剩余的情况。在变动的经济中，产品售价和企业家为购买各种互补生产要素所支付的价格总和加上投入的资本利息之间的差额可正可负，既可能出现利润，也可能出现亏损。这些差额是产品价格在生产期间发生的一些变化造成的。一个比别人更及时地预料到这些变化并且预先采取相应行动的人会获得利润，一个未能及时调整商业冒险行为以适应市场未来状态的人则会受到亏损的惩罚。

李嘉图经济学的主要缺陷在于，它是一个关于全国总产出怎样分配的理论。像其他古典经济学的拥护者那样，李嘉图本人未能彻底摆脱重商主义者的"国家经济"想象。在他的思想中，价格决定问题的重要性是次于财富分配问题的。人们通常把他的思想说成"当代英国制造业中产阶级的经济哲学"[1]，这种评价可谓文不对题。19世纪早期的英国商人对全国总产出和分配不感兴趣，引导他们行动的是赚取利润和规避损失的愿望。

古典经济学的错误在于，它给土地安排了一个特殊的理论位置。就经济意义而言，土地是一种生产要素，决定土地价格形成的那些法则和决定其他生产要素价格形成的法则是相同的。所有关于土地的经济学论述若有什么特殊之处，都仅涉及土地的某些具体情况。

---

[1] 参见哈尼（Haney），《经济思想史》(*History of Economic Thought*)（纽约，1927年修订版），第275页。

第二节 土地利用中的时间因素

经济学在土地方面论述的出发点是区分两种原始生产要素，即人力要素和非人力要素。在使用非人力要素这个概念时通常会涉及土地的权利问题，所以，我们就用"土地"一词来讲。[1]

在处理土地的经济问题时，必须清楚地区分行为学的观点和宇宙学的观点。从宇宙学的观点来说，在研究宇宙变化时，讲到质量和能量的守恒定律是有道理的。如果把人力对自然环境可能造成的影响与一些自然力量的作用相比，那么我们可以把自然的力量称为不可毁灭的、永恒的，或更确切地说，人力无法改变的。因为就宇宙学所说的漫长时间来说，人类活动所造成的那种地力侵蚀（就其最广泛的意义来说）一点也不重要。今天，没有谁能知道：宇宙的变化是否将在数百万年后把沙漠和贫瘠的土地变成肥沃的土地，或者把郁郁葱葱的热带雨林变成不毛之地。正因为没有谁能预料这种变化，也没有谁试图推动导致这种变化的发生，所以，在处理人的行为相关问题时思考这种变化就超出了我们的讨论范围。[2]

自然科学可能主张，可用于农、林、渔、牧与水利事业的土地会循环再生。没错，即使人类再努力地破坏地壳的生产能量，也只会取得有限的"成功"。但是，对人的行为来说，这些事实并不重要。土地的循环再生并非一个严格的标准，所以人

---

[1] 对交换学来说，那些把一块土地的地主在狩猎、捕鱼和采矿方面的权利和其他权利分离的法律规定没有特别意义。此外，在交换学中，"土地"一词的意思也包含水域。

[2] 因此，熵（entropy）也在行为学思考的范围之外。

类所面对的并不是一个确定的情况。人们使用土地的方式可能减缓和延后土地循环再生的过程，可能使土地的生产能力在一段时间内完全消失，也可能需要投入相当多的资本和劳动才能使其复原。在利用土地时，人们必须在各种不同的方法之间做选择，这些方法在地力的保存和再生方面的影响各不相同。与其他生产活动一样，时间因素也出现在狩猎、捕鱼、放牧、畜牧、种植、伐木和水利等方面的人的行为中。在从事这些行业时，人也必须在满足近期需求和远期需求之间做选择；而人的行为所必然涉及的本源利息现象也发挥着重要作用。

有些制度性条件会导致人们偏好近期的需求满足，而忽略远期的需求满足。如果一方面土地不归个人所拥有，而另一方面享有特权的人或任何人都可以为自己的利益而暂时使用土地，那么就不会有人关心土地的未来了。当土地的所有者预期土地所有权将在不远的未来被剥夺时，情形也是一样的。在这两种情况下，行为人只想尽可能地开发土地，利用肥力，以成全自己当下的利益。人们不关心使用土地的方法在遥远的未来会产生什么后果。对他们来说，明天并不重要，人类伐木、狩猎和捕鱼的历史能非常好地说明这一切。其他使用土地的生产部门也有许多类似的例子。

从自然科学的观点来看，维持资本财和保存地力是两个截然不同的概念。生产出来的生产要素迟早会在进一步的生产过程中完全消失，这些生产要素被一点一点地转变成各种消费财，并最终被人们消费掉。如果某人不希望他过去的储蓄和所积累的资本消失，他就必须在生产消费财之外也生产一定数量的资本财，以补充消耗掉的资本财。如果他忽略了这一点，那么他终将消费掉他的资本财。他将为了现在的享受而牺牲未来的消费，他今天过得很奢侈，将来则会很匮乏。

但是，往往有人说，地力的情况是不同的，地力不可能拿来消费。然而，这样的陈述只有从地质学角度来说才有意义。但是，从地质学角度同样可以说，工厂设备或铁路也绝不能拿来"吃掉"。由碎石和石块铺成的铁路路基，以及由钢铁制成的轨道、桥梁和火车，就宇宙学的意义而言是不会消失的。只有从行为学观点才能说，人们消费掉或吃掉一件工具、一条铁路或一座炼钢厂。就同样的经济意义，我们可以说，人们在消费地力。在林业、农业和水利生产方面，人们对待地力的方式和其对待其他生产要素没什么两样。对于如何使用地力，行为人也必须在各种不同的生产过程之间做选择：有些生产过程在近期会有较高的产出，但是会牺牲土地未来的生产力，还有些生产过程则不会有此损失。有一些生产方法在近期可以从土地提取较多的地力，但会导致后来土地的利用只能获得很少的收益（每单位资本与劳动投入量的收益）或实际上完全没有收益。

没错，人的破坏力会有一些来自自然的限制（这些限制在伐木、狩猎和捕鱼方面比在耕种土地方面更为明显）。但是，这个事实只是使资本消费和地力侵蚀之间存在数量上的差异，而没有使两者之间有本质的不同。

李嘉图称地力为"原始的和不可毁灭的"[1]。然而，现代经济学必须强调，人们在做出评价和估值时不会差别对待原始的生产要素和生产出来的生产要素，而且宇宙学意义上的所谓质量和能量的守恒（不管这是什么意思）并没有让使用土地的行业显现出截然不同于其他生产行业的性质。

---

[1] 李嘉图，《政治经济学与税收原理》(*Principles of Political Economy and Taxation*)，第34页。

第三节　边际以下的土地

一块土地在一定时间内能发挥的各种效能是有限的，如果土地具有无限的效能，人们将不会认为土地是一种生产要素和一种经济财。然而，可供使用的土地数量是如此庞大，大自然是如此慷慨，以致土地资源仍然是丰富的，所以，人们只会利用一些最具生产力的土地。其余的土地，就其实际生产力而言，或者就其位置而言，则被人们认为太低劣而不值得耕种。因此，边际土地，即最低劣的土地不会产生李嘉图意义上的地租。[1] 如果没有人期待未来某一天可以利用它而赋予它一个正的估值，那么边际以下的土地将变得毫无价值。[2]

市场经济未能供应更丰富的农产品是由资本与劳动的稀缺造成的，而非耕地的稀缺所致。如果其他情况不变，只是增加土地面积，那么谷物和肉类食品的供给也不会增加，除非新增土地的肥力超过先前已耕种的边际土地。而只要消费者认为新增资本与劳动没有更合适的其他用途可以满足他们更为迫切的需要，农产品供给就会因资本与劳动供给的增加而增加。[3]

土地中蕴藏的各种有用的矿物质的数量是有限的。没错，有些矿物质是持续进行中的一些自然演化过程的产物，而且这

---

[1] 有一些区域的每一块土地都被用于耕种或其他用途，但这是因为一些制度阻碍了那些区域的居民移居到一些有比较肥沃的土地的区域。

[2] 对一块土地的估值绝不可与对土地改良的估值混为一谈。土地改良是指资本和劳动投入土地所产生的那些不能移动和不能转换用途的成果。它们有利于土地的开发利用，以提高未来每单位投入的产出。

[3] 当然，这仅涉及那没有制度性障碍阻止资本与劳动转移的场合。

些过程也不断地使矿物质的存量增加。然而，这些过程相当缓慢、费时，以致对人的行为来说是无足轻重的。人类必须考虑，现有的矿物质储量是有限的，每一处矿藏或油源都有可能耗竭，有些也的确已经耗竭。我们可以期待一些新矿藏陆续被发现，也可以期待新技术的发明使我们得以利用一些今天完全不能用或成本太高而不值得用的矿藏。我们也可以假设，技术知识的进步将使未来的人能够利用一些今天还不能利用的物质。但是，这些事实对现今人们在采矿和勘探石油方面的行为是不会有影响的。各种矿物质的蕴藏和开发利用并没有什么特性可以给人的行为贴上特殊的标签。对交换学来说，用于农业的土地和用于矿业的土地之间的区别只是一个具体情况的区别。

虽然各种矿物质的现存储量有限，并且我们可以从学术观点出发研究各种矿藏有朝一日完全耗竭的可能性，但是行为人却认为这些矿藏不是严格意义上数量有限的。他们会考虑某几处矿藏和油井将要枯竭，但是，他们不关心某些矿物质的所有蕴藏可能在未来的某一天开采殆尽。因为对当下的行为来说，这些矿物质的供应看起来是如此丰富，以致没有人会冒险把所有矿藏开采到当下技术知识状态允许的最大限度。各处的矿藏都只开采到没有更迫切的用途等着使用采矿所需的那些资本和劳动的程度，所以有些边际以下的矿藏完全没被开采。每一处开采中的矿藏所开采的数量取决于矿物质产品的价格和所需投入的那些非特殊性生产要素的价格的关系。

第四节　作为立足空间的土地

行为人将土地作为住宅、工作室和设置交通设施的场所，因此便从其他用途中挪用了一些土地。

以前有一些理论认为，人们无须讨论都市地租特有的性质。人们支付比较高的价格购买他们认为价值比较高的土地作为住宅用地，这不是什么特别值得注意的事情。事实上，人们偏爱选择一些可以降低运输成本的地点建造工作室、仓库、火车站等，而根据预期的经济状况，他们也愿意支付比较高的价格来购买这些地方的土地。

人们也将土地用作游乐场、花园、公园以及可以享受大自然的宏伟和美丽景观的场所。随着爱好大自然这个"资产阶级"特色心态的发展，这方面的享受需求大大增加。高山峻岭、连绵山脉等贫瘠的土地曾被认为只有岩石和冰川，现在却被当作一些高级的快乐泉源而获得高度赞赏。

从远古时代开始，进入这些空间对每个人来说就一直是免费且自由的。即使相关土地是为某些私人所拥有的，这些土地的所有者通常也无权对游客和登山者封锁他们的土地，或索取入场费。凡是有机会游览这些地方的游客都有权利欣赏这些地方的壮观和美丽，也可以说，他们都有权利认为壮观和美丽属于自己。而名义上的土地所有者并未从自己的财产所给予游客的这种满足中得到任何利益。但这并没有改变该类土地有益于人类幸福从而让人欣赏的事实。该土地受制于法律所规定的地役权，因而每个人都有权利在其上游玩或露营。由于相关土地没有其他用途，这个地役权等于完全排除了土地所有者可能从该土地的所有权中获取的任何好处。这些岩石和冰川能给予的那些特殊服务实际上是取之不尽、用之不竭的,而且不需要投入任何资本和劳动来保存它们。因此,这样的法律不至于引起将地役权规定用于伐木、狩猎和捕鱼的场所时必然会出现的那些后果。

如果山峰附近可供修建林屋、旅馆和运输设施（比如铁路）的空间有限,那么拥有这些稀缺地块的所有者便能以比较有利的条件出售或出租相关土地,因而可以换取游客自由进入山峰游览的一部分好处。如果不是这样,游客便可免费享受在山峰游览的所有好处。

第五节　土地的价格

在假想的均匀轮转经济里,买卖土地和买卖其他生产要素没有任何差别。所有这些要素的估价都得根据它们在未来各个不同时期所能提供的服务或效能来完成,当然也要适当考虑时间偏好这个因素。边际土地以及边际以下的土地的价格当然为零。产生地租的土地（即与边际土地相比,每单位资本和劳动投入产出较高的土地）按照它的优越程度被估价。它的价格是所有未来地租的总和,其中每一笔地租都要按本源利率折现。[1]

---

[1] 这里需要再次强调一下,均匀轮转的经济假想不能逻辑自洽地推演到其最终的逻辑结果（见第十四章第五节）。在涉及土地问题时,这里必须强调两点:第一,在假想的经济架构中,由于各种事物全无变化,所以没有土地买卖的空间;第二,为了把采矿和开采石油的行为纳入这个假想的构建,我们必须赋予矿藏和油井取之不尽、用之不竭的性质,即必须忽略开采中的矿藏和油井可能枯竭的情况,甚至必须忽略它们的产出数量或所需的流动投入要素数量可能发生变化。

在变动的经济中，人们在买卖土地时，会适当考虑土地所提供的那些服务的市场价格的预期变化。当然，人们的预期可能是错误的，不过，那是另外一回事。人们尽他们所能地预料那些可能改变市场基本情况的事件，并采取相应的行动。如果他们认为一块土地每年的净收益将上升，则这块地的价格将会升高。例如，一些人口增长的都市的外围土地便是这种情形；一些国家的压力团体可能通过进口关税提高木材和谷物价格，那么这些国家的森林用地和耕地也会出现这种情形。另一方面，关于全部土地或一部分土地的净收益将会被没收的忧虑则会降低土地的价格。在通用的商业术语中，人们讲地租的"资本化"（capitalization），并且认为不同类型的土地，以及同一类型土地中的不同地块适用不同的资本化率，这是极其不妥当的，因为它歪曲了土地价格形成过程的性质。

人们在买卖土地时，对土地税的处理方式和处理一些将减少土地净收益的未来事件相同。对土地征税会降低土地的市场价格，其下降幅度等于未来税负的折现值。如果将来不可能废除新增的这种税，则会导致相关土地市场价格立即下跌。税收理论所谓的"税收摊销"（amortization）指的就是这种现象。

在许多国家，土地的所有人享有特殊的政治和法律特权或崇高的社会声望。这种社会制度对于土地价格的形成也有一定的影响。

土地的神话

一些浪漫主义者谴责经济学关于土地的那些理论，说它们反映的是功利主义者的狭隘心态。他们说，经济学家是从冷酷的投机者的角度看待土地的，这种投机者将一切永恒的价值贬低为可以用金钱和利润计算的东西。然而，他们说，土地不只是一种生产要素，它是人的能量和生命永不枯竭的源泉。农业也不只是众多生产部门当中的一个部门，而是人类唯一自然的且受人尊敬的活动，是真正有尊严的人的存在状态。仅从土地能取得多少净收益的角度来判断土地的价值是不公正的。土地不仅产出各种果实来滋养我们的身体，更重要的是，它还产生文明所赖以生存的一切道德与精神力量。城市、加工制造业和商业是人类腐朽堕落的现象，它们是一种寄生般的存在，它们一次又一次地摧毁了农夫创造出来的东西。

数千年前，当捕鱼和打猎的部落开始耕种土地的时候，还没有浪漫主义的幻想。不过，如果那些浪漫主义者生活在那个年代，他们肯定会颂扬渔猎生活的崇高道德价值，并且将耕种土地诋毁为一种腐朽堕落的现象。他们肯定会谴责农夫玷污了上天赐予人类作为猎场的土地，并把土地贬低为一种生产手段。

在浪漫主义出现之前，没有人认为土地是人类物质幸福的一个来源，是增进福利的一种手段。和土地相关的那些巫术仪式和庆典所祈求的仅仅是土地变得更加肥沃，以及即将收获的果实数量能够增加。当时的人们未曾希望要与潜藏在土地里的某种神秘能力有什么神秘的融合，他们只想有更多和更好的收成。他们之所以诉诸巫术仪式和祈求庆典，只是因为他们认为这是达到他们所求目的的最有效率的方法。而他们的一些能言善辩的后代子孙却错误地从某个"理想主义的观点"解释这些仪式。一个真正的农夫不会沉迷于与土地相关的歪理邪说以及神秘力量。对他来说，土地是一种生产要素，不是付诸情感的对象。他想要更多的土地，因为他渴望增加他的收入，改善他的生活水平。农夫买卖土地、将土地进行抵押，他们出售土地的出产物，而且如果各种产物价格没有他想要的那样高，他们会变得非常愤怒。

对乡下人来说，热爱大自然和欣赏乡村美丽的风景是一件与他们毫无关系的事情，而城市居民则把这种情感带到乡下。城市居民开始把土地当作大自然来欣赏，而乡下人只关心土地在狩猎、伐木、种植作物和畜养牲畜方面的生产力。自古以来，在山地居民的眼中，阿尔卑斯山上的岩石和冰川地带就只是荒地。直到城市居民冒险攀登高峰，并且把金钱带进山谷时，他们才改变了想法。一些登山和滑雪先驱曾遭到当地人的取笑，直到这些居民发现自己竟然能从这些人的奇怪癖好中获得好处。

田园诗歌的创作者不是牧羊人，而是世故的贵族和城市居民。达芙妮和克洛伊是远离耕牧俗事的田园传奇。同样远离土地的还有现代的土地政治神话——它不是从森林里的苔藓和田里的沃土绽放出来的，而是从城市里的道路和沙龙里的地毯绽放出来的。农夫之所以利用这种神话，是因为他们发现，那是获得政治特权以及提高农产品价格和农场价格的一个实用手段。

第二十三章　市场的外生给定条件

第一节　理论和外生给定条件

交换学或市场经济理论是一套定理体系，它并非只在一些理想的和不可能实现的情况下才有效，也不是经过必要的限定或调整之后就能应用于现实的。事实上，对所有市场经济现象而言，只要预设的特定条件存在，所有交换学定理都毫无例外地严格有效，而这些条件的存在则是一件很简单的事。例如，直接交换和间接交换问题，只要存在间接交换，间接交换理论所阐明的一般法则对交换行为和交换媒介就一定有效。正如前面已经指出的[1]，行为学的知识是关于真实情况的精确的知识。正如所有参考自然科学的认识论问题所得出的意见那样，所有

---

[1] 参见第二章第五节。

通过比较行为学和自然科学这两个截然不同的现实和认知领域而得出的结论都具有误导性。除了逻辑形式，依靠因果观的认知和依靠目的论的认知没有所谓一体适用的、同一套"方法论"规则。没有一套"方法论"规则既适用于因果范畴的认知，也适用于目的论的认知。

行为学以笼统的、一般性的方式处理人的行为。它既不处理行为中相关环境的特定条件，也不处理相关价值评价的具体内容。对行为学来说，外生的给定条件是：行为人在身体和心理方面的特性，行为人的欲望和价值判断，以及行为人为了达到自身目的以适应环境条件而发展出来的各种理论、教条和意识形态。这些外生的给定条件虽然在结构上是永恒的，而且受制于支配宇宙秩序的法则，但其实际上也在不断发生变化。[1]

唯有同时借助行为学的构想（conception）以及历史的理解（understanding），我们的心智才能把握完整的现实，而历史的理解需要掌握自然科学的教义。认知和预测需要用到全部的知识。每个学科能提供的只是片段和零碎的知识，还需要其他学科的知识加以补充。从行为人的观点来看，知识的专业化及其分类，只是一个劳动分工的方法。行为人做决定就像消费者使用不同生产部门的产品那样，也必须以各种思想和研究所提供的知识为依据。

在处理历史事实时也不能忽略其他学科的知识。历史学派和制度学派希望废除行为学和经济学研究，只专注于一些外生的给定条件，即所谓的制度。但是，任何关于这些外生给定条

---

[1] 参见斯特里格尔，《经济类别与经济组织》（耶拿，1923年），第18页。

件的论述如果不参照某一套经济定理就是没有意义的。当某个制度主义者将某一事件归咎于某一原因时,比如,将大规模失业归咎于所谓资本主义生产模式的缺陷时,他就使用了某个经济学定理。如果他反对人们对那些隐含在结论里的定理进行仔细检视,那无非是不希望自己论证中的一些谬误暴露于世人面前。在这个世界上没有只是纯粹记录事实而完全不涉及理论这回事。一旦某人将两个事件记录在一起或将它们纳入某一类事件,他便是在应用某个理论。两个事件之间是否存在某种关系,需要由某个理论来回答。而在人的行为这个范畴中,这个问题只能由行为学来回答。不从某个事先得出的理论性洞见出发,而直接去搜寻什么相关系数是没用的。即使相关统计系数的数值再高,也不表示这两个事件之间真有什么重要关系存在。[1]

第二节　权力的作用

历史学派和制度学派谴责经济学家,说他们忽略了权力在真实生活中的作用。这些批评者说,经济学中的"做选择和能行动的个体"是一个不切实际的概念。现实中的人是不能自由地进行选择和行动的,他受制于各种社会压力,被不可抵抗的权力所支配。决定市场现象的不是人们个别的价值判断,而是各种强权力量的交互作用。

---

[1] 参见科恩(Cohen)和奈格尔(Nagel)的《逻辑与科学方法导论》(*An Introduction to Logic and Scientific Method*,1939年,纽约),第316—322页。

这些错误的言论与对经济学的批评一样离谱。

一般而言，行为学，尤其是经济学和交换学并未主张（就"自由"一词的任何形而上学的意义而言）人是自由的。人，绝对受制于自然条件，就行为而言，人必须自我调整以适应自然界的规律。正是跟他的幸福有关的那些自然给定资源的稀缺让他必须有所行动。[1]

人在行动时会受到各种意识形态的引导，在各种意识形态的影响下选择目的和手段。一个意识形态的影响力可能是直接的，也可能是间接的。所谓直接影响是指行为人确信该意识形态的内涵是正确的，确信依照该意识形态的指示可以直接增进自己的利益。而间接影响是指如果行为人认为该意识形态的内涵是错误的，那么他就必须调整自己的行为以适应被普遍认可的意识形态。社会习俗是人们不得不考虑的一股力量。有些人即使看出来公众普遍接受的观点和习惯纯属虚假谬误，也必须在每一次行动时权衡采取比较有效率的行为模式可获得的好处与不理会那些流行的偏见、迷信和民俗可能给自己带来的害处。

对于暴力也是一样的道理——人在选择采取暴力时必须考虑其会受到某个强制力量的压制。

对于这些受社会压力或暴力影响的行为，交换学的所有定

---

[1] 大部分社会改革者，特别是傅立叶，都忽略了一个事实，即作为对消除人的不适有用的手段——大自然的赐予是稀缺的。在他们看来，有用的东西不够丰富全是资本主义生产模式的缺陷所造成的，而在社会发展的"较高阶段"，这个问题将消失不见。一个杰出的孟什维克党作家在提到限制人的物质幸福的那些自然给定条件时，便把大自然称为"最冷酷无情的剥削者"。参见马尼亚·戈登（Mania Gordon），《列宁前后的工人》（Workers Before and After Lenin）（纽约，1941年），第227、458页。

理也一样有效。一个意识形态的直接或间接影响力以及对身体的威胁只是市场的外生给定条件。例如，究竟出于哪些考虑，一个人在购买某种商品时没有开出更高价格，因此未能取得这件商品，这是一个无关宏旨的问题。对市场价格的决定性因素来说，人究竟是自发地选择把金钱花在别的用途上或者担心被同伴视为暴发户或败家子，还是害怕违反政府规定的最高限价或者害怕触怒某个准备诉诸暴力的竞争者，这些都是无关紧要的。无论如何，他放弃了开出更高的价格。不管这个放弃背后的原因是什么，这个决定对实际市场价格的影响都是一样的。[1]

现如今，人们习惯认为拥有财产者和企业家在市场上的地位是一种经济权力或市场权力，这种说法是有问题的。无论如何，如果这个术语是用来表明，在这种经济权力的影响下，决定市场现象的那些法则不是交换学所阐明的那些法则，那么这个术语就是不合适的。

第三节　战争与征服的历史作用

许多文章的撰述者颂扬战争与革命，流血与征服。列宁、斯大林、希特勒和墨索里尼所实践的那些理念，其先驱是卡莱尔（Thomas Carlyle，1795—1881）、罗斯金（John Ruskin，1819—1900）、尼采（Nietzsche，1844—1900）、索雷尔（Georges Sorel，

---

[1] 外来的强制和胁迫对市场的干扰所造成的一些经济后果将在本书的第六篇中加以讨论。

1847—1922）和斯宾格勒（Oswald Spengler, 1880—1936）。

这些人说，历史的进程不是由追求利益的贩夫走卒和商人的卑鄙行为决定的，而是由战士和征服者的英雄事迹决定的。经济学家错误地从短暂的自由主义时代的经验中抽象出了一个他们自以为具有普遍效力的理论。那个自由主义、个人主义和资本主义的时代，那个民主政治、宗教宽容和个人自由的时代，那个忽视所有"真正"和"永恒"价值的时代，以及那个下等人享有至高地位的时代正在消逝，而且永不复返。男子汉时代的萌芽要求一套崭新的关于人的行为的理论。

然而，从来没有哪个经济学家会贸然否认战争和征服在过去是至关重要的，也没有哪个经济学家否认匈奴人、鞑靼人、汪达尔人、维京人、诺曼人和征服拉丁美洲的西班牙人在历史上曾扮演非常重要的角色。决定人类现状的一个因素是人类数千年的武装冲突。然而，历史留下来的以及人类文明的精华却并非继承自战士。人类文明是资产阶级精神的一项成就，不是征服精神的成就。那些未能以工作取代掠夺的野蛮民族已从历史舞台上消失。如果他们还留下了什么痕迹，那也全是因为他们在所征服的民族的文明影响下所做出的一些成就。拉丁文明在意大利、法兰西和伊比利亚半岛存活了下来，将所有野蛮民族的入侵拒之门外。如果资本主义的企业家未曾接替克莱夫爵士和瓦伦·哈斯丁斯，则英国在印度的统治很可能有一天会变成一段无足轻重的历史回忆，就像土耳其统治匈牙利的那一段一百五十年的历史那样。

有些人力图实现维京人的理想，但详细讨论这种动机不是经济学的任务，经济学只需阐述为什么武装冲突会使经济学的论述完全无效。关于这个问题，有必要再次强调以下几点内容。

（1）交换学的论述不指涉任何特定的历史时期，它指的是所有以生产资料私有制和劳动分工这两个条件为基础的行为。不管何时何地，在一个私人拥有生产资料的社会里，人们不仅为直接满足自己的需要而生产，也会消费别人所生产的财货。在这样的社会，交换学的那些定理是严格有效的。

（2）如果除了市场，在市场之外还存在着强盗和掠夺，那么对于市场来说，这个事实便是一个外生的给定条件。行为人必须考虑自己可能受到杀人犯和强盗的威胁。如果杀戮和盗窃如此猖獗，以致任何生产行为都显得徒劳无功，那么最后所有生产工作就都得被迫陷于停顿状态，人类便会陷入彼此交战的状态。

（3）必须有某样可以掠夺的东西存在，才会有战利品的夺取。只有存在足够多的"资产阶级"可供掠夺，"英雄"才可能存活。生产者的存在是征服者得以存活的一个条件，但是，没有掠夺者，生产者也能存活。

（4）除了私人拥有生产资料的资本主义体系，还有其他社会分工体系。军国主义的拥护者是逻辑自洽的，他们主张，整个国家应该组成一个战士集团，其中的非战斗人员除了供应战斗所需要的一切事物，没有其他任务。

第四节　作为外生给定条件的真实的人

经济学处理真实人的真实行为。经济学的所有定理既不指涉理想的人，也不指涉完美的人；既不指涉所谓"经济人"

（homo economicus）这种传说中的幽灵，也不指涉所谓"平均人"（homo moyen）这种统计概念。人，以及人的所有弱点和局限性，即每个实际存在的和有所行动的人都是交换学的主题。人的每一个行为都是行为学的主题之一。

行为学的主题并非只是社会、社会关系和群众现象，而是人的所有行为。就这一点而言，"社会科学"一词以及所有关于它的含义，都有误导性。

在科学研究中，除了"行为人在采取某个行为时想要达到某个最终目的"这个标准，再也没有什么别的标准能用来判断人的行为了。最终目的本身是不能被批评的，谁也没有资格评论什么会使另一个人幸福快乐。一个中立的旁观者所能质疑的只是，行为人选来达成最终目的的那些手段是否适合其所追求的结果。只有在回答这个问题时，经济学才允许对个体行为或集体行为，对政党、压力团体以及政府的行为发表意见。

在抨击他人的价值判断时，有些人习惯掩饰自己的观点的主观性和武断性。他们通常装扮成针对资本主义体系或针对某些企业家行为的批判者。对于所有这些主观的和武断的批判，经济学的立场是中立的。

对于"在资本主义生产体系中，各种商品的生产平衡是有缺陷的"[1]这种主观的陈述，经济学家不会反驳说没有这种平衡缺陷。经济学家所主张的只是：在未受干扰的市场经济里，各

---

[1] 参见阿尔伯特·L.迈耶（Albert L. Meyers），《现代经济学》（*Modern Economics*）（纽约，1946年），第672页。

种商品的生产符合消费者在花费收入时实际显现的行为。[1]责怪别人，说他们的行为结果有问题，不是经济学家的任务。

与把众人的价值判断置于至高地位以引导生产过程的体系相对的是专制独裁下的生产体系。在这种体系中，尽管独裁者的价值判断的主观性和武断性不亚于他人的价值判断，但他的价值判断却可以决定一切。毫无疑问，人不是完美的生灵，人性的弱点玷污了所有世俗制度，也玷污了市场经济。

第五节　调整期间

外生的给定条件的每一个变化对市场都有一定的影响。在所有影响完全发挥作用之前，即在市场完成全部调整从而适应新的外生给定条件之前，需要经过一定的时间。

交换学必须处理每个行为人对这些外生条件的变化有意识的和有目的的反应，而不仅仅是处理这些反应最后在市场结构方面所导致的结果。有时候可能出现这样的情形：一个外生的给定条件的变化所带来的影响会被另一个大致同时发生且同一程度的变化所带来的影响抵消。这样一来，市场的价格结构最后就不会有显著的改变。统计学家完全专注于观察群众现象和市场价格所呈现的全部市场交易结果，却忽略了市场价格没有变化只是一个偶然事件，并非外生条件持续不变和不发生个别

---

[1] 这是民主的一般特征，不管是政治方面的还是经济方面的民主，民主选举都不能保证被选出的人完美无瑕，只能保证大多数选民偏好他甚于其他候选人。

调整行动的结果。他看不出任何变动,以及这些变动对社会的影响。然而,外生的给定条件的每一个变化都有其具体的影响过程,都使受影响的人产生了一定的反应行为,并会扰乱市场体系中不同成员间的关系。即使最后的结果显示,各种商品的价格没有显著变化,整个市场体系的资本总量也没有任何变化,这种影响也会发生。[1]

关于调整期的长短,经济史可以在事后提供一些模糊的信息。获得这种信息的方法当然不是测量,而是历史的了解。实际上,不同的调整过程不是彼此孤立的:同一时间会有多个调整过程各自发生,它们的路径会有交叉,彼此产生影响。对历史学家的了解来说,要梳理这个错综复杂的脉络,以及观察由外生条件的变化所引发的一连串行为反应是一项困难的任务,其大多数时候所能得到的结果不仅少得可怜,而且颇不可靠。

了解调整期的长短也是那些渴望了解未来的人,如企业家,必须承担的一项十分困难的工作。然而,如果企业家想要成功,就要进一步充分预测各个调整期的长短,而只预测市场针对一定事件将会做出什么类型的反应是没什么用处的。企业家在经营上所犯的那些错误以及导致"预测专家"对未来经济趋势判断的失误大多是对调整期长短的预测失误造成的。

在处理外生条件变动所引起的效果时,人们通常会区分近期的效果和远期的效果,即区分短期效果和长期效果。事实上,这样区分的历史远比现在用来表示这种区分的术语悠久得多。

外生给定条件的变动所引起的一些即时的短期效果,通常

---

[1] 关于决定货币购买力的那些因素的变化,请见第十七章第六节。关于资本的消费和积累,请见第十八章第七节。

不必深入研究即可发现。那些短期效果大多是显而易见的，即使不熟悉专业研究的普通观察者也会很容易就注意到它们。经济学研究的起点正是源于有些天才开始怀疑某一事件的长远后果可能不同于即使最纯朴的普通人也能看出的那些即时的后果。经济学的主要成就在于揭露一些之前未曾被中立的观察者注意到并且一直为政治家所忽略的长期效果。

古典经济学家从他们那些惊人的发现中得到了一个政治行为的准则。他们主张，政府、政治家和政党在计划和行动时，不仅应该考虑一些政策措施的短期效果，也应该考虑其长期效果。这个推论的正确性是不容置疑的。行为的目的是以一个令人满意的事态取代一个令人不满意的事态。无论某一行为的结果将被视为满意的还是不满意的，都是建立在对该行为所有后果（包括短期的和长期的）有正确预料的基础上的。

有些人批评经济学，说它忽略短期效果而只看重长期效果，这样的批评是荒谬的。除了从即刻的行为反应开始，经济学没有其他办法研究外生条件的变动后果，在此基础上，经济学再一步一步地从最初的反应分析到长远的反应，以及所有后来的反应，直到最终后果。关于长期效果的分析必然永远包括对短期效果的分析。

很容易理解为什么某些个人、政党和压力团体热衷于宣扬短期原则是政策指导的唯一原则。他们说，政治不该考虑一项措施的长期效果，不该因为长期效果有害而放弃采取某项产生短期利益的措施。只有短期效果才是重要的，"长期而言，我们都将作古"。对于这些热情洋溢的批评者，经济学只需要这样回答：每一个决定都应该仔细权衡所有后果，包括短期后果和长期后果。不管就个人行为还是就公共事务而言，无疑会有一些场合让一些行为人有很好的理由去避免他们认为结果更差的短期情况，即便这样做他必须忍受非常不好的长期效果。一个人把家里的家具拆了烧火取暖，有时候只是权宜之计。但是，如果他真的这么做了，他也得知道这将有哪些长远的后果。他不该骗自己，自以为发现了一个非常好的取暖的新方法。

以上是经济学在面对短期原则的拥趸狂热地宣传福音时所必须提出的异议。历史研究必定会确立短期原则所推荐的那些措施，即蓬巴杜夫人那句恶名昭著的格言"我死后，哪怕洪水滔天"的再次流行在西方文明最严重的危机中扮演了什么角色。历史研究必定会说明，对那些以消费前人留下来的精神与物质资本为目的而推行政策的政府和政党来说，该格言是多么受欢迎。

第六节　财产权的界限以及外部成本与外部经济问题

财产权受到法律的限制，受到法院和警察的保护，是长期演变的结果。这些年代的历史记录了以废除私有财产权为目的的社会斗争。许多专制君主和民粹运动一再试图限制或完全废除私有财产权。事实上，这些企图都失败了，但是，它们在关于财产权的法律形式和人们的思想观念方面产生了影响。财产权的法律概念未能充分考虑私有财产权的社会功能，其中存在着一些缺陷和冲突，并反映在某些市场现象上。

财产权如果能正确地贯彻到底，那么一方面所有者将有权获得财产利用的一切好处，另一方面，所有者也将承担财产利用所导致的一切坏处。于是,财产所有者将独自为利用财产的所有结果负全部责任。在处理财产时,他将考虑预期产生的一切后果,包括那些被认为有利的后果和不利的后果。但是,如果他的行为的某些后果不在他有权利主张的各种利益范围内,也不在要求他承担的各种弊端范围内,那么他在计划时将不会考虑行为的一切后果。他将忽略那些对他满足自身没有任何增益的好处以及那些不用他承担的成本。他的所作所为将会偏离有法律规定时那些比较适合私有财产权的经济目的的途径。他之所以会实行某些计划,是因为法律将免除他为相关计划所导致的某些后果所应承担的责任。他之所以会放弃其他计划,是因为法律阻止他取得相关计划所产生的一些利益。

过去关于侵权责任和赔偿的法律规定在某些方面是不足的,现在仍是这样。大体而言,有一个原则是人们普遍接受的,即每个人都应该为自己的行为对他人造成的损害承担责任。但是,过去有些法律漏洞因为立法机关立法速度缓慢而遗留了下来。就某些漏洞而言,立法速度缓慢是故意的,因为那些漏洞符合有关当局的一些计划。过去在许多国家,法律没有要求工厂和铁路经营者必须为由他们的企业运营所造成的排放烟雾、煤灰、噪音、水污染以及设备有瑕疵或操作不当发生意外而对邻居、顾客、雇员和其他人在财产和健康方面所造成的损害负责。人们当时的想法是,不该危害工业化的进程和运输设施的发展。有些学说在过去促使,而现在也依然促使许多政府通过补贴、免税优惠、关税保护和低利贷款等手段鼓励工厂和铁路投资。它们也同样影响着相关的法律规定,使其在法律上或事实上减轻或减免这些企业的损害赔偿责任。后来,在许多国家又开始流行另一种趋势:制造业和铁路公司的损害赔偿责任相对于其他公民和企业而言被提高了。出于政治考虑，立法者这时希望保护穷人、赚取工资者和农夫，以对抗富有的企业家和资本家。

无论是因为政府和立法者刻意实施的政策，还是因为传统的法律漏洞，财产所有者无须对其生产经营导致的损害承担责任这一事实，都是行为人必须考虑的一个外生给定条件。他们面临着所谓"外部成本"的问题。因此，有些人之所以选择某些需求满足模式，仅仅是因为其成本不是由他们自己承担而是由别人承担。

一个极端的例子是前面提到的无主财产的情况。[1] 如果土地不归任何人所有，尽管在法律上称其为公共财产，但土地的使用者却不考虑由此产生的不利影响。那些能够将该地块的收益，比如森林里的木材和猎物、水域里的渔获和埋在土里的矿藏据为己有的人不会关心他们的使用方式有哪些后果。对于他们来说，土壤被侵蚀、不可再生资源的枯竭及其对未来的损害都是外部成本，都不在他们的投入与产出计算范围内。他们砍伐树木，完全不顾及森林资源的再生问题。在打猎和捕鱼时，他们不会避免采用一些妨碍猎场和渔业资源再生的方法。在人类文明发展早期，没人耕种的土地数量还很丰富，而且质量不输给耕种中的土地，人们不会觉得掠夺式的土地使用方式有什么不妥。当这些使用方式导致土地净收益下降时，农夫便放弃原来的农场而移居他处。直到某个区域人口变得比较密集，不再有未被占用的优良土地时，人们才开始觉得这些掠夺式的土

---

[1] 参见本章第二节。

地利用方式太浪费资源了。于是，他们着手制定土地私有财产权的相关制度——从可耕地开始，然后逐步纳入牧场、林地和渔场。一些新开辟的海外殖民地，特别是美国大陆，当首批欧洲殖民者上岸时，其惊人的农业潜力几乎原封未动，但后来也同样历经了以上过程。直到 19 世纪末美国都还有一片尚待开发的区域——边疆——接纳新来者。然而，边疆的存在不是美国特有的现象。而美国的特点在于，当边疆消失时，一些意识形态和社会制度方面的因素会阻碍土地使用方法按照基本条件的改变而相应地做出调整。

在欧洲大陆的中西部区域，私有财产权制度已经持续存在了好几个世纪，其情形和美国很不一样。那里没有常见的土壤侵蚀问题，也没有森林毁坏的问题。事实上，当地的森林长久以来一直是当地建筑和矿坑支架木材的唯一来源，也是当地人取暖、铸造、熔炉、烧窑场和玻璃厂所用燃料的唯一来源。森林所有者迫于自己的私利不得不注意保护森林。直到数年前，在欧洲大陆中西部地区人口最密集和工业化程度最高的一些区域仍有 20%~30% 的地表覆盖着一级森林，而且这些森林都按照科学育林的方法加以管理。[1]

详述哪些复杂因素导致美国现代土地所有制的形成，不是

---

[1] 18 世纪晚期，欧洲各国政府开始制定一些以保护森林为目的的法律。然而，如果认为这些法律对于森林的保护产生了什么作用，那就是一个严重的错误。在 19 世纪中期以前，欧洲各国没有推行这些法律的行政机构。在奥地利和普鲁士，更不用说那些比较小的德意志邦联州，各地方政府在面对那些贵族大人时，实际上是无力推行这些法律的。在 1914 年以前，没有哪个公务员胆敢触怒某个波希米亚或西里西亚的权贵或某个德意志附属公国的国务大臣（Standesherr）。这些王公和伯爵是自发地致力于森林保护工作的，因为他们觉得其财产所有权是完全安全的，他们渴望保护自己的收入来源，以及确保地产的市价永远不会下降。

交换学的任务。不管是什么因素，它都已经导致了这样的一个现状，即让许许多多美国农场主和伐木企业有理由相信，忽视土壤和森林保护所引起的一些坏处构成了他们的外部成本。[1]

没错，如果行为个体或相关企业把实际成本视为外部成本，那么他们所确立的经济计算程序显然是有瑕疵的，而其计算结果无疑也是具有欺骗性的。但是，这不是生产资料私有制固有的一些缺陷所导致的。正好相反，这是此项制度的漏洞造成的结果，而这种结果是可以避免的，方法就是修改关于损害赔偿责任的法律以及废除阻止私有制全面运行的制度性障碍。

外部经济并非只是外部成本的对立面，外部经济有它自己的适用领域和特性。

如果某个人的行为结果不仅有利于他自身，也有利于他人，那么便有可能出现以下两种情况。

（1）正在考虑某一计划的行为人觉得他可望获得的那些好处对自己非常重要，因而他准备支付计划实施所需的全部成本。他的计划也对他人有利的事实不会阻止他完成对自己幸福有益的计划。当一家铁路公司竖起一些防护堤，以保护轨道免于雪崩或山洪冲击时，它也保护了轨道附近一些居民的房屋。但是，这些居民将免费得利的事实不会阻止铁路公司进行它认为合适的某项支出。

（2）某项计划的成本非常高昂，以至没有哪个可能获益的人愿意支付全部成本。只能在有足够多感兴趣的人愿意一起分担成本的情况下，这项计划才可能付诸实施。

---

[1] 当然也可以说，他们认为保护土壤和森林所产生的一些好处是他们的外部经济。

关于外部经济的现象，若不是目前的伪经济文献完全将其扭曲，这里原本无须赘言。

与计划 P 的实施所带来的满足相比，如果消费者更偏好其他计划所带来的满足，那么计划 P 将无利可图。P 的实施将会从消费者需求比较迫切的一些计划中带走资本和劳动。但是，外行人和伪经济学家未能看出这个事实，他们固执地拒绝承认生产要素稀缺的事实。在他们看来，P 的实施无须耗费任何成本，即无须以放弃其他满足为代价。而之所以这样，是因为逐利体制的荒唐无理阻止全民免费享受从 P 中得到的快乐。

于是，这些短视的批评者认为，逐利体制的荒谬程度尤其令人无法忍受，P 无利可图是因为企业家的计算忽略了 P 的外部经济的利益。然而，从社会整体观点来看，企业家所忽略的这些利益不是外部经济利益，它们至少有益于某些社会成员，因此也将增加"社会整体福祉"。所以，没能实现 P 对社会来讲是一项损失。由于追求利润的企业是完全自私自利的，它们会拒绝从事这些无利可图的计划，因此，填补这种缺口就是政府的责任。政府应该把这些计划当成国营企业来经营，或者给予它们补贴，使它们对私人企业家和投资者具有吸引力。补贴方式可以是直接使用公共资金或间接地通过关税保护措施将成本转嫁给相关产品的买方。

然而，政府亏本经营一座工厂或为了补贴某项无利可图的计划所采取的那些手段必须来自纳税人的消费、投资或者借贷市场。政府不会"无中生有"，若政府花得比较多，那么民众就相对花得比较少。公共建设不是通过魔法完成的，而是由公民来埋单的。如果政府未曾实施干预，公民就会把这些资金用在实现某些可望获利的投资项目上。然而现在，公民必须放弃这些投资项目，因为资金已经被政府使用了。只要政府实现了一项无利可图的计划，便会有一项对应的计划因此而未能实现。然而，这个未实现的计划原本是有利可图的，即原本人们会使用某些稀缺的生产要素来满足消费者最迫切的一些需要。从消费者的观点来看，使用这些生产要素去实现一项无利可图的计划是一种浪费，该项计划剥夺了他们想要获得的那些满足，并硬塞给他们一些他们不想要的满足。

容易上当受骗的群众看不到其肉眼所及之外的东西，他们因统治者的一些"非凡成就"而意乱神迷。他们未能看出，是他们自己在为这些"成就"埋单，他们没有认识到只要政府少在一些无利可图的项目上花钱，他们就不必放弃原本应得的享受。他们没有足够的认知能力，认识不到有许多计划因为政府从中作梗而不能实现。[1]

如果政府的干预使某些边际以下的生产者得以继续生产，使他们经受住有效率的工厂、商店或农场的竞争，这些政府万能论的狂热信徒还会更加目瞪口呆。他们会说，很明显，总产量提高了，社会财富增加了，若非政府出面，这一切是不可能发生的。事实上，情况恰好相反，总生产和总财富被削减了。一些高成本的生产单位被设立或保留下来，而一些低成本的生产单位则被迫减产或停止生产。消费者从中得到的商品没有变多，反而变少了。

例如，有一个很受欢迎的观点认为，政府帮助国内自然条件很差的一些地区发展农业是一件好事。因为这些地区的农业

---

[1] 关于公共支出的精彩分析，参见亨利·黑兹利特（Henry Hazlitt）的《一课经济学》(*Economics in One Lesson*，纽约，1946年)，第19—29页。

生产成本比别的地区高，所以这些地区的大部分土地被称为边际以下的土地。如果未能获得政府资金的援助，耕种这些土地的农夫便不可能与耕种肥沃土地的农场竞争。那里的农业将会萎缩或无法发展起来，整个区域将变成一个落后的地方。追求利润的企业界也会充分认识和了解这种情况，因此不会在此投资兴建铁路，也不会把这些落后的地方和消费中心连接起来。该地农夫的困境其实不是欠缺运输设施造成的——这里面的因果关系刚好颠倒了。企业是因为意识到这些农夫的发展前景不利，所以才不去投资很可能因为欠缺足够的货物运输能力而变得无利可图的铁路的。如果政府屈服于一些有利害关系的压力团体而去兴建铁路，并且亏损经营，则相关铁路无疑会使那些在落后地区拥有耕地的人受益。由于当地产品运输所需的一部分成本由财政承担，所以土地的所有者发现，现在他们可以和那些耕地比较肥沃却没得到类似援助的农夫竞争了。但是，这些特权农夫所享受的福利是由纳税人埋单的，纳税人必须为铁路经营的亏损提供资金。相关铁路既不影响农产品的市场价格，也不影响农产品的总供给量，只使某些之前在边际以下的农场经营变得有利可图，同时使某些之前经营起来有利可图的农场反而变成边际以下的农场了。它把农业生产从成本较低的一些地方转移到成本较高的地方。总供给和总财富不增反减，因为以高成本耕种土地取代低成本耕种土地所需的那些额外的资本与劳动投入是从其他生产中挪用的，挪用的这些资本与劳动原本可以生产出其他消费财。政府达到了目的，即让国内某些地方得到原本不会得到的设施，比如铁路，从而使这些地方受益。但是，这样也在别的地方产生了一些成本，而这些成本超过了那群特权人士所获得的利益。

知识创造的外部经济

外部经济的极端情况发生在由各种加工业和建筑业基础知识原理所构建的生产上。各种配方或秘诀——指导生产程序的那些技术方法——所能发挥的效能是无穷无尽的，因此这些技术方法的效能不是稀缺的，没有必要节约使用。建立经济财私有制的那些理由与它们无关，它们过去居于私有财产制的范围之外，不是因为它们是非物质的、无形的和摸不着的，而是因为它们的效能不会被用完。

人们直到后来才开始意识到，这种情况也有不利因素：它让各种技术方法的创造者，尤其是技术程序的发明者、作家和作曲家处在一个特殊的位置上。他们承担生产成本，而别人却能无偿享有他们所创造出来的那些产品的效能。对他们来说，他们所生产出来的东西完全属于或者几乎完全属于外部经济。

如果既没有版权，也没有专利权，那么发明家和作家便处于企业家那样的位置。他们享有一个相对于别人的暂时优势。不管是利用自己的发明或自己发表作品，还是把它们提供给别人（如制造业者或出版商），他们都起步较早，因此有机会在别人之前获利。一旦所有人都知道相关发明或书稿的内容，这些发明或书稿便会成为"自由财"，这时相关发明家或作家能享受的便只有作为人身权的荣耀了。

这里所涉及的问题完全和创造性天才的行为无关。一些事物的先驱和创造者在某种意义上也在为别人进行生产与工作。不管同时代的人对这些先驱和创造者的创造性行为有什么反应，他们都不会允许自己受到影响，也从未希望得到什么鼓励。[1]

至于那些为社会提供不可或缺的服务的一大群职业知识分子的情况就不同了。我们可以忽略二流诗人、小说家、剧作家和作曲家，也无须细究如果没有他们努力创作作品，对人类来说是不是一种严重的损失。但是，为了将知识传递给成长中的下一代以及让行动者掌握他们的计划所需的知识，显然也需要一些教科书、说明书、手册和其他非虚构作品。如果每个人都可以自由地复制这些作品，人们就不太可能费力去创作了。在技术发明领域，这种情况尤其明显。要取得这方面的成就，就需要高昂的实验投入。如果对发明者以及那些支付发明者实验费用的人来说，实验带来的结果只不过是外部经济，那么技术进步将很可能遭遇严重的阻碍。

专利和版权是最近几个世纪法律演变的结果，它们在传统财产权体系里的地位仍然有颇多的争议。人们对它们另眼相看，认为这两者是非常规的权利。这是它们演变初期留下来的一个问题，当时只是因为有关当局授予其特权，作家和发明家才会获得法律保障。这两者的正当性是有问题的，它们之所以有利可图，完全是因为它们使卖方能按独占性价格出售一些相关产品。[2]此外，有关专利权的法律的公正性也受到了挑战。人们认为，该专利权只有利于那些通过总结前人的成就和仅仅做最后一点润饰就产生了实际效果的人。真正的创造者前辈反而一无所获，其实他们对于最后结果的贡献远比取得专利权者的贡献更大。

---

[1] 参见第七章第三节。
[2] 参见第十六章第六节。

仔细检视关于版权和专利权制度的正反意见不是交换学的任务。交换学只需强调，这个问题只涉及如何界定财产权。而如果废除专利权和版权，那么作家和发明家就将变成外部经济的生产者。

特权和准特权

法律和制度对选择自由与行为自决所施加的那些约束并非始终都不可逾越，也不是无论在什么情况下都不能被打破。某些人可能拥有免除他人法律约束的特权，这项特权可能是法律明确授予的，或是由执行法律的机关以某一行政决策授予的。另外，有些人可能相当残忍，他们蔑视法律，从而获得了准特权。

没人遵守的法律是无效的。一项对所有人都无效或并非所有人都会遵守的法律，会赋予那些拥有特权的人——无论是凭借法律本身还是凭借自己的胆大妄为——获得差别租金或独占收益的机会。

对于市场现象的决定性因素而言，豁免权究竟是一项合法有效的特权，还是一项不合法的准特权，是无关紧要的。再者，豁免权约束的个人或企业为取得特权或准特权所花费的成本究竟是合法的（例如，获得授权者被征收的税）还是非法的（例如，付给腐败官员的贿赂）也无关紧要。如果某个进口禁令的效力被一定数量的进口商品减弱了，则影响市场价格的因素便是商品的进口数量以及取得和利用相关特权所导致的具体成本。至于进口的究竟是合法商品（例如，在贸易数量管制下，发给某些特权人士进口许可）还是走私品，对市场价格结构是没有影响的。

第二十四章　利益的和谐与冲突

第一节　市场上利润与亏损的最终来源

　　市场外生条件的不断变化阻止了实际经济体系变成均匀轮转的经济，同时也导致企业家的利润或亏损。这个事实显然对某些社会成员有利，而对其他成员不利。人们据此推断：一个人的获益意味着另一个人的损失；除非他人遭受亏损，否则没人会获得利润。古代的作家已经武断地提出过这种观点了。在现代作家当中，蒙田是第一个重申这种观点的人，因此我们完全可以把这种观点称作"蒙田教条"。它是重商主义学说的精髓，也是所有现代利益冲突学说的根本源头。这些学说宣称，在市场经济的框架里，国内社会各阶层之间的利益乃至国家之间的利益，都有不可调和的冲突。[1]

就现金引起的货币购买力变化对延期付款的影响而言，"蒙田教条"是对的，但是，就任何企业家的利润或亏损而言，不管它出现在停滞的经济中（其中的利润总和等于亏损总和），还是出现在进步的或退步的经济中（在这两种经济中，利润总和不等于亏损总和），"蒙田教条"一无是处。

在一个未受干扰的市场社会的运行过程中，某人之所以获得利润，其原因不在于其他人的窘迫，而在于他减轻或完全消除了某些使他人觉得不适的因素。使病患痛苦的不是治病的医生，而是瘟疫。医生获得利益不是瘟疫流行的结果，而是帮助染病者恢复健康的结果。利润的最终来源永远是对未来情况的洞见。那些比别人更成功地预测未来市场变化，并且成功调整行为以适应未来市场状态的人会获得利润，因为他们能满足民众的一些最迫切的需要。那些生产出买方争先抢购的商品的人所赚到的利润不是他人遭受亏损的根源。这些遭受亏损的人提供给市场的商品不是民众愿意支付全部的生产成本去购买的。造成这些人亏损的原因在于其缺乏远见，没能预测到未来的市场状况和消费者需求。

一些影响需求与供给的市场外部事件有时候会突然发生，以致人们会说，没有哪个有理性的人能事先预料到这些。这时，有嫉妒心理的人会认为，那些从这种变化中得到的利润是不正

---

[1] 参见蒙田（Montaigne）的《随笔集》（Essais）第一卷，第二十二章，第135—136页；A. 翁肯（A. Oncken）的《国民经济史》（Geschichte der Nationalökonomie）（莱比锡，1902年），第152—153页；E. F. 赫克舍的《重商主义》（Mercantilism）（伦敦，1935年），第二卷，第26—27页。

当的。然而，这种价值判断不会改变实际的利害关系。很明显，支付高额诊疗费请某个医生治好病比缺少医疗协助对病人更有利——如果不是这样，他将不会去找医生看病。

在市场经济里，买方和卖方之间没有真正的利益冲突，只有因为缺乏远见而造成的不利局面。如果所有市场社会成员都能正确、及时地预见未来并提前做好准备以适应那时的情况，那么这将对所有人都有利。如果情形果真如此，则历史将会是这样的：过去没有丝毫的资本和劳动被浪费在满足一些现在认为比某些尚未满足的需求较不迫切的需求上。然而，人并不是无所不知的。

带着憎恨和嫉妒看待这些问题是不对的，只注意个人一时的利害也同样不对，这些是社会问题。我们做判断时必须着眼于整个市场体系的运作。要使每个社会成员的各种需求尽可能地获得满足，最好的办法就是让那些比别人更能成功预料到未来情况的人赚得利润。如果减少他们的利润，并用其补贴因市场外部条件改变而受到伤害的人，那么供给朝需求方向调整的过程将不是改善，而是变差。就像医生偶尔赚取一些高额诊疗费的行为一旦被制止，那么选择投身医疗行业的人数将不会增加，反而会减少。

每笔交易总是对买卖双方都有利——即使亏本出售，也仍然比完全卖不出去或只能按更低的价格出售要好得多。他亏本是因为他缺乏远见。只要有机会出售，即使他卖的价格很低，也能减少他的损失。如果买卖双方各自认为，这笔交易不是当前市场情况下所能选择的对自己最有利的行为，那么交易便不会达成。

一个人获利意味着另一个人承受损失这种说法对强盗、战争和掠夺而言是正确的,盗贼的赃物是受害者损失的财物,但是,战争和通商是两回事。伏尔泰犯了一个错误,1764年,他在《哲学辞典》(*Dictionnaire philosophique*)中的"祖国"(Patrie)这个条目下写道:"一个人若是真正爱国,便应该希望他自己的国家以贸易致富,以武力变强。很明显,一个国家不可能得利,除非牺牲他国的利益;也不可能征服外邦,除非伤害那里的人民。"伏尔泰和许多在他之前和之后的作家一样,认为研究经济思想是多余的。如果他读过同时代的大卫·休谟的论文,他应当知道,将战争等同于国际贸易是一个多大的错误。伏尔泰,这个许多古老迷信和流行谬误的伟大揭露者也不小心陷入了严重的谬误当中。

当面包师傅提供面包给牙医,而牙医治疗面包师傅的牙疼时,面包师傅和牙医的利益都没有受到损害。把这样的服务交换和武装匪徒抢劫面包店等同起来是不对的。国外贸易和国内贸易的差别只在于,前者交换的财货跨越了分隔两个主权国的边界。极端荒谬的是,路易·拿破仑·波拿巴王子,即后来的法国皇帝拿破仑三世,居然在休谟、亚当·斯密和李嘉图之后几十年还写道:"一个国家输出的货物数量总是与需要维护该国的光荣与尊严时能对敌人发射多少炮弹成正比。"[1]经济学所有关于国际分工和国际贸易的学说迄今还没有摧毁如下这个享有声望的重商主义谬论,即"对外贸易的目的在于使外国人变

---

[1] 参见路易·拿破仑·波拿巴的《贫困的灭绝》(*Extinction du pauperisme*,大众版,巴黎,1848年),第6页。

穷"[1]。揭露这类错觉与谬误流行的根源是历史研究的一个任务。就经济学来说，其中的是非对错早就已经很明确了。

第二节　生育节制

大自然赐予的谋生手段的稀缺迫使每种生物在生存斗争中把其他生物视为敌人，这便产生了残酷的生物学意义上的竞争。但是，就人类来说，当个人、家庭、部落和国家的经济自给自足被劳动分工所取代时，这种不可调和的生物学意义上的利益冲突便会消失。在分工的社会体系里，只要人口尚未增至最适规模[2]便不存在利益冲突。只要利用新增人力能取得大于人力增加比例的报酬，利益的和谐便会取代利益冲突。人们将不再针对某一严格有限的供给进行斗争和抢夺，而变成合作者，并一起为某些共同目的而奋斗。人口增加不仅不会削减，反而会增加人们平均分得的供给。

如果人们只追求饱腹和性满足，人口便倾向于增加至超过最适规模，直到谋生手段供给量所能允许的界线。然而，人们不只是希望活着和交配，他们希望活得像个人样。没错，生活状况的改善通常会导致人口增加，但是，这种增加往往滞后于

---

[1] H.G. 威尔斯（H. G. Wells）在《威廉·克利索尔德的世界》(*The World of William Clissold*)第四章第十节中描述了英国贵族阶级的代表性人物的典型观点。

[2] 关于最适人口规模的定义，请参见本书第七章第二节报酬律的相关论述。

基本生存手段的增加。如果不是这样，人类就不可能成功地建立牢固的社会关系和发展文明。就各种鼠类和微生物而言，食物一增加，它们的数目就会增加到食物供给所能维持的极限，即不会剩下什么食物供它们追求其他目的。工资铁律所隐含的根本错误恰恰在于把人或至少把赚取工资者视为仅仅受到动物性冲动驱策的生物，其拥护者未能意识到，只要人还追求某些专属于人的目的，人和兽类就是不一样的。我们也许可以把这些目的称为比较高级或崇高的目的。

马尔萨斯的人口律是一项伟大的思想成就。人口律和分工原理构成了现代生物学和演化理论的基础。对人的行为科学来说，这两个基本定律的重要性仅次于发现各种市场现象的规律性，以及这些现象取决于市场外生条件的必然性。与反对报酬律的观点一样，那些反对马尔萨斯人口律的观点是没用且微不足道的。这两个定律是不容置疑的，但是，在人的行为科学理论体系里，这两个定律被赋予的角色和其被马尔萨斯赋予的角色不同。

非人类生物完全受制于马尔萨斯所描述的生物学定律。[1] 它们的数目会超越生存资源的极限，有一些个体会因缺乏食物而遭到淘汰。对非人类生物而言，这个说法是绝对成立的。对非人类生物而言，"最低生存"这个概念有一个确定的意义。但是，对人来说情形就不同了。人，把所有动物具有的那些纯粹动物性冲动的满足纳入某个价值排序中，但还有一些人类特有的其他

---

[1] 马尔萨斯的人口律当然是一个生物学的定律，而不是一个行为学的定律。然而，对行为学来说，为了对照和理解人的行为的根本特征，了解人口律是绝对有必要的。由于自然科学未能发现人口律，因此经济学家不得不填补这个缺口。此外，人口律的历史也推翻了一个流行的迷思：关于人的行为的各类科学是落后的，它们需要向一些自然科学取经。

目的。此外，行为人也会理性地看待其性欲的满足。性欲的满足成为人权衡利弊得失的结果。人不会像一头公牛那样，盲目地屈从于性刺激。人如果认为预期的成本或弊端太高，便会抑制交配的欲望。我们可以按这层意思——不带任何价值判断或伦理含义——应用马尔萨斯所使用的"道德约束"[1]一词。

性行为的理性化已经隐含了人类繁殖的理性化。后来，人们进一步采用一些和节制性行为无关的方法，比如，弃婴、杀婴和堕胎等令人感到厌恶的手段，以使子嗣的繁衍理性化。最后，他们学会了不会导致怀孕的性行为的办法。过去这一百多年间，各种避孕技术已臻完善，使用频率也显著提高，而且，这些方法早已为人们所知道并使用。

现代资本主义给资本主义国家的广大民众带来了财富，财富的增加使卫生条件得以改善，而预防与治疗疾病方法的进步显著降低了死亡率，尤其是婴儿的死亡率，从而延长了人类的平均寿命。这些国家只有比以往更加厉行生育节制，才可能成功地限制后代的出生。因此，向资本主义的转型，即移除一些干扰私人主动创新和开办企业的障碍已经深刻地影响了人们的性习惯。生育节制并不是一个新现象，只不过现在的人们比以往更普遍且频繁地采用生育节制的方法。而且，它不只在上层社会流行，而是普及全民，因为资本主义带来的一个最重大的社会影响在于将社会所有阶层去无产阶级化。如此一来，从事体力劳动的广大群众的生活水平也得以提高，以致他们也变成了"资产阶级"，他们也

---

[1] 马尔萨斯本人也不带任何价值判断或伦理含义地使用"道德约束"一词。参见博纳（Bonar）的《马尔萨斯及其著作》(*Malthus and His Work*)（伦敦，1885年），第53页。我们也可以用行为约束取代道德约束。

会像有钱人那样思考和行动。他们也渴望维持自己和子女的生活水平，因而会选择节育。随着资本主义的扩散和进步，节育变成一个普遍习惯。于是，向资本主义的转型会伴随着两个现象：生育率和死亡率双双降低，以及平均寿命延长。

在马尔萨斯的年代，人们不可能观察到资本主义的这些人口统计特征，但到了今天，它们已不容置疑。但是，许多人被浪漫主义的偏见蒙蔽，把它们说成是西方文明中衰老和退化的白种人独有的衰败现象。这些浪漫主义者对于亚洲人进行节育的程度与西欧人、北美人和澳洲人不同而大为震惊。现代防治疾病的方法也降低了这些东方民族的死亡率，所以他们的人口增长比西方国家更加迅速。将来，印度、马来西亚、中国和日本等国家（其在过去对西方的科学技术和医疗成就没有贡献，只是把它当作一个礼物予以接受）最后会不会凭借人数上的绝对优势，把欧洲血统的民族挤出世界舞台呢？

这种担忧是没有根据的。历史经验表明，与白种人生育率下降相对应的事实是，资本主义所导致的死亡率也下降了。当然，从这样的历史经验中不能推导出什么一般定律。但是，行为学的思考表明，在这两个现象之间有一种必然的关联性。外在的物质条件的改善使人口的相应增加成为可能。然而，新增的生存手段如果完全被养育新增的人口吸收掉，便不会有多余的手段供生活水平的进一步提升。于是，文明前进的步伐就会遭到遏止，人类便会处于某种停滞状态。

如果我们假设人们凭借运气凑巧发现了某个预防疾病的新办法，而且它的实际应用既不需要巨额的资本投入，也不需要太大的流动支出，那么这种情形会变得更为明显。当然，就现代医学而言，光是研究，更不用说实际应用，就需要耗费巨量的资本和劳动。因此，现代医学的发展和应用其实是资本主义的产物。在非资本主义的环境中，现代医疗的研发与应用是绝不可能存在的。但是，从前也曾出现一些性质不同的实例：接种天花疫苗的方法并非源自昂贵的实验室研究，而且就它初始的粗糙方式来说，应用成本也微不足道。那么，在一个不致力于节育的前资本主义国家，天花疫苗接种方法的普遍应用会产生什么后果呢？它将在不增加基本生存资料的情况下使人口增加，于是人们的平均生活水平就降低了。这不是一件好事，而是一个诅咒。

亚洲和非洲的情况大致相同。这些落后民族从西方得到现成的治疗和预防疾病的方法，甚至不用支付药物、医疗设备和医生的服务费——白种人支付了这些成本，有时候出于人道主义考虑，有时候基于自身利益。没错，这些落后国家在引入西方医疗知识的同时，还接收了外国资本的输入，并在一定程度上采用了外国的技术方法以进行本国资本的积累，从而使单位劳动的产出增加，改善其国内人民的平均生活水平。然而，这个改善的力道还不够，不足以抵消"生育率下降而死亡率没有下降"所导致的生活水平下降的趋势。显然，和西方的接触尚未使这些人民获益，因为他们的心灵还没受到影响，他们尚未摆脱古老的迷信、偏见和误解，改变的只是他们的技术和医疗知识。

东方民族的改革者希望，他们的同胞可以获得西方民族现在所享有的物质幸福，但是，他们受到民族主义、军国主义观念的影响，认为要达到这个目的只需引进欧洲和美国的科学技术。不管是斯拉夫的布尔什维克主义者和民族主义者，还是他们在印度、中国和日本的支持者都没意识到，他们的人民最需要的不是西方的科学技术，而是合理的社会秩序——正是后者孕育出了现代科技知识。他们欠缺的主要是经济自由、个人主动创新的精神、企业家和资本主义，但是，他们只希望得到工程师和各种机械。隔绝东方和西方的其实是社会与经济制度。东方对于创造出资本主义的那种西方精神颇感陌生，不接纳资本主义本身，而只接受资本主义的一些手段是没用的。资本主义文明的成就，没有哪一项是在非资本主义的环境里取得的，也没有哪一项能在没有市场经济的世界里保存下来。

亚洲人和非洲人如果要真正进入西方文明圈，就必须毫无保留地采取市场经济。那时，他们的广大群众将脱离没有资产的可怜现状，并且会像每一个资本主义国家那样实施节育。他们将不再有过度增长的人口阻碍人民生活水平的改善。反之，东方民族如果仅局限于机械地接受西方的一些有形成就，而拒绝西方的哲学和社会意识形态，那么他们将永远停留在这种低人一等的贫穷状态。他们的人口数量可能显著增加，但他们将脱离不了贫困状态。这些可怜的劳苦大众对于西方诸民族的独立地位肯定没有什么严重的威胁。只要有对武器的需求，市场社会的企业家将永远不会停止生产更有效率的武器，从而确保他们的同胞在武器装备上优于只会模仿的非资本主义东方人。两次世界大战的军事经验再次证明，资本主义国家在军备生产方面也居于领先地位。没有哪个外来的侵略者能摧毁资本主义文明，除非它自我毁灭。凡是在允许资本主义的企业家精神自由发挥的地方，战斗部队的装备将永远精良，以至落后民族的庞大军队根本不是它的对手。所谓"'秘密'武器的制造方法如果公之于世就会招致危险"也只是一个夸大的说法。如果再次发生战争，资本主义世界的探索精神将永远领先那些只会抄袭和笨拙模仿的民族。

那些发展并且坚持市场经济体制的民族在每个方面都优于其他民族。他们渴望保持和平，但是，这并不表示他们软弱，没有作战能力。他们爱好和平，因为他们知道武装冲突是有害的，会瓦解社会分工体系。但是，如果战争变得不可避免，他们也会显现出在军事方面的高效。他们会击退那些野蛮落后的侵略者，不管他们的人数有多少。

有目的地调整生育率，以适应幸福生活所依赖的物质供给潜力，是人类生存与行动不可或缺的一个条件，也是人类文明、财富与繁荣不可或缺的一个条件。唯一有益的节育方法是不是节制性行为呢？这是一个必须从身心健康的观点予以考虑的问题。拿过去情况不同的年代所发展出来的那些道德规范来混淆这个问题是荒谬的。然而，行为学对这个问题所涉及的一些神学层面的东西不感兴趣。行为学只需确立这一个事实，即凡是在生育没有节制的地方，绝不可能有文明的进步和生活水平的改善。

一个计划经济国家将不得不以威权控制生育率。它必须严格管制人民的性生活，正如必须严格管制他们其他方面的行动一样。在市场经济体制下，每个人都自发地决定如果无力抚养子女就不生育，除非他们自愿降低自己的生活水平。因此，人口增长在超过资本供给和科技知识状态所决定的最适规模之前便会遭到抑制。这符合所有人的利益。

那些反对节育者就等于希望废除一个维持和平的人类合作与社会分工不可或缺的手段。凡是在平均生活水平因人口过度增加而受损的地方，就会发生不可调和的利益冲突。每个人又会成为其他人在生存竞争中的对手，消灭竞争对手仍是增加自身物质幸福的唯一手段。那些声称节育违反上帝和大自然法则的哲学家和神学家拒绝就事论事地讨论问题。大自然赐予人类获得幸福和生存所需的物质手段是有限的。因此，人类只能在无情的战争和社会合作之间做选择。但是，如果人们放纵自然的繁衍冲动，社会合作将是不可能的。在节育一事上，人们选择自我调整以适应他们赖以生存的自然环境。控制性欲对文明发展与牢靠的社会关系来说是一个不可或缺的条件。如果放弃节育，长期而言存活下来的人将不增反减，并且每个人的生活将像我们数千年前的祖先那样贫穷、可怜。

第三节　正确了解利益和谐

自古以来人们便一直谈论他们的祖先在原始的"自然状态"下享有的那种极乐生活。这种原始状态的幸福景象从古老的神话、传说和诗篇进入了17世纪至18世纪的流行哲学。在这些哲学术语中，"自然的"这个形容词代表好的和有益的人间世事，而"文明"一词则有羞辱人的含义。这些哲学观念认为，人类的堕落在于背离从前的原始状态。当时，人类和其他动物之间几乎没什么差别。这些浪漫地歌咏过去的哲学家声称，那时候，人与人之间没有冲突——在伊甸园里，和平是未曾受到干扰的。

然而，大自然并没有缔造和平与善意，"自然状态"的特征是人与人之间不可调和的冲突。每一个人都是其他人的竞争对手。生存资源是稀缺的，并非所有人都可以自然存活，冲突绝不可能消失。如果一伙人以击败敌对团伙为目标而团结起来，那么即使成功歼灭了它的敌人，对战利品的分配也会让这些胜利者之间产生新的敌意。冲突的根源始终在于，每个人分得的部分缩减了其他人分得的部分。这是一个没有和平解决方案的困境。

使人与人之间的友善关系成为可能的是分工带来的较高生产力。分工消除了自然的利益冲突，凡是在有分工的地方，便不再有什么不能扩大的供给、分配所导致的冲突。由于劳动在分工状态下具有较高的生产力，所以各种财货的供给便会相应增加。共同利益，即社会合作的保持和进一步加强，变成最重要的利益，从而使所有冲突消失。于是，交换学意义的竞争取代了生物学意义的竞争，从而使所有社会成员的利益和谐一致。在生物学意义的竞争中，那个引起不可调和之利益冲突的条件，即每个人都在争取相同的东西，转变成一个导致利益和谐的因素。因为许多人，甚至所有人都希望得到面包、衣服、鞋子和汽车，所以大量生产这些东西便具有了可行性，于是生产成本大幅降低，以致人们以低价便可买到。于是，情况变成了"别人和我一样想获得鞋子不会使我更难，而是使我更容易得到鞋子"。导致鞋子价格较高的原因是大自然没有供应更丰富的皮革和制造鞋子所需的其他原料，以及人们为了把这些原料变成鞋子而必须忍受的劳动负效用。至于那些像我一样渴望获得鞋子的人，和我进行的是交换学意义上的竞争，最终将使鞋子变得更便宜，而不是更贵。

这就是市场社会所有成员"正确了解利益"和谐定理的意义。[1]当古典经济学家做此陈述时，他们是想强调以下两点：第一，保持使劳动生产力得以增加的社会分工体系关系到每个人的利益；第二，在市场社会里，消费者的需求最终会指导所

---

[1] 我们也可以用"长期利益"取代"正确了解的利益"。

有生产活动。人所有的欲望并非都能得到满足，但是，导致这个事实的原因不是一些不适当的社会制度或市场经济体系的缺陷，而是自然条件，即大自然赐予人类的资源。"贫穷是人类没组织好社会的结果"这一想法是完全错误的。社会改革者和空想家所描绘的那个宛如天堂的"自然状态"其实是一个极端贫穷困苦的状态。边沁说："贫穷不是法律的结果，而是人类的原初条件。"[1]甚至那些在社会金字塔底层的人的处境也比他们在没有社会合作的情况下要好很多。他们也受益于市场经济的运行，也能享有文明社会的各种好处。

19世纪的社会改革者没有放弃"原始状态是人间天堂"这个他们所珍爱的寓言。然而，他们不再把黄金年代的神话作为社会和经济重建的典范。他们拿资本主义的腐化堕落与人们在未来的极乐世界享有的理想幸福相对照。他们认为，未来的生产模式将废除资本主义用来遏止生产力发展的各种干扰，并且把劳动生产力和财富增加到一个无法估量的地步。自由企业和生产资料私有制的保存仅能使少数寄生的剥削者获利，并伤害了占社会绝大多数的工人。因此，在市场社会的架构中，"资本"和"劳动"之间存在着不可调和的利益冲突。只有当某个公平的社会组织体系——计划经济或干预主义，取代了显然不公平的资本主义生产模式时，阶级斗争才可能消失。

这就是我们这个时代所普遍接受的社会哲学，它是罗马天主教以及英国国教正式的社会哲学；它获得了新教各派以及东正教许多杰出的卫道者的支持。它是意大利法西斯主义、德国纳粹主

---

[1] 参见边沁的《民法典原则》(*Principles of the Civil Code*)。

义和各种干预主义学说教条的一个基本因素。它是德国霍亨索伦皇室的社会政策（Sozialpolitik）旨在恢复波旁·奥尔良王朝的法国保皇党、美国罗斯福总统的新政，以及亚洲和拉丁美洲各国民族主义者所秉持的意识形态。这些团体和党派彼此间在一些非本质的附属议题上存在分歧，例如，信仰教条、宪政制度、外交政策，甚至也涉及那个用来取代资本主义的社会体制的基本特征。但是，他们全都同意，资本主义制度伤害了占社会绝大多数的工人、工匠和小农的切身利益，并且他们全都以社会正义为名，要求废除资本主义。[1]

所有计划经济和干预主义的撰述者、政客对市场经济的分析与批评都以两个根本错误为基础。第一，他们未能意识到所有供应未来需求满足的努力——人的一切行为——所固有的投机性质。他们天真地以为，关于要采取哪些措施以便让消费者获得最佳供应绝不可能存在任何疑问。在一个计划经济国家，

---

[1] 罗马天主教的正式教条在教宗庇护十一世发表于1931年的《四十年》通谕里有所概述。英国国教的教条在坎特伯雷大主教威廉·坦普尔（William Temple）的著作《基督教和社会秩序》（Christianity and the Social Order）（企鹅策划，1942年）里有一个说明。代表欧洲大陆新教信仰的是埃米尔·布塞内（Emil Brunner）的著作《正义与社会秩序》（Justice and the Social Order）（纽约，1945年）。世界基督教协会于1948年9月的大会报告草稿中关于"基督教和社会失序"的那一节是一份非常重要的文件，它建议协会成员代表所属的150多个教派采取适当的行动。至于尼古拉斯·别尔嘉耶夫（Nicolas Berdyaew）这位俄国东正教最杰出的卫道者的理念，请参见他的著作《俄国共产主义的起源》（The Origin of Russian Communism）（伦敦，1937年），尤其是第217—218页和第225页。时常有人宣称，某些政党把阶级斗争视为资本主义固有的阶级利益不可调和的冲突所带来的一个可悲的产物，并且希望通过实践他们所建议的改革来避免这种斗争。也有些政党认为阶级斗争是好的，因为它是"生产力"——引导人类演化过程的神秘力量。在这样的社会里，既没有阶级，也没有阶级斗争。

主管生产的沙皇（或中央生产管理委员会）不需要投机行为，他将"仅仅"采用那些对人民有益的措施。那些主张计划经济的人从来没想过，真正的问题就是怎样将各种稀缺生产要素配置到各生产部门，以免生产要素被运用在或者说被浪费在满足一些比较不迫切的需求上，使得更为迫切的需求无法得到满足。这种经济问题绝不可以和技术问题混为一谈。技术知识只能告诉我们在目前的科学认知状态下能达到什么目标，但技术知识不可能回答应该生产什么、生产多少，以及在无数可供采用的技术方法中该采取哪些方法等问题。由于未能掌握这类基本问题，那些主张计划经济的人误以为主管生产的沙皇绝不会犯错。然而，在市场经济里，企业家和资本家免不了要犯下一些严重的错误，因为他们既不知道消费者想要什么，也不知道他们的竞争对手在做什么。而一个计划经济国家主管生产的总经理将是永远正确的，因为唯有他有权力决定该生产什么和如何生产，也没有任何人会反对他的那些计划。

他们对市场经济的批评所涉及的第二个根本错误源自错误的工资理论。他们没有意识到，工资是对赚取工资者的劳动成果所支付的价格，即为他在相关商品生产上的贡献，或者按人们所说的，对他的服务给物质材料带来的增加值所支付的价格。不管是按时计酬还是按件计酬，雇主购买的标的永远是工人的工作成果和效能，而非工作时间。因此，在一个未受干扰的市场经济里，说工人在执行工作任务的过程中没有考虑自己的切身利益是不对的。他们严重误解了这个事实，声称当那些领取时薪、日薪、周薪、月薪或年薪的工人有效率地工作时，不是由他们自己的私人利益所驱使的。其实，促使一个按工作时长领取工资的工人不敢粗心大意地在车间里闲晃的因素不是什么崇高的理念或责任感，而是实际利益。工作成果较多且较好的人能够获得较高的工资，想要赚得更多工资的人必须提高工作成果的数量和质量。精于世故的雇主不会这么容易上当受骗，让偷懒的雇员得逞。他们不会像许多政府那样，毫不在乎地支付薪水给众多偷懒的官僚，赚取工资者也不致愚蠢到无视懒惰和无效率遭到的劳动市场的惩罚。[1]

在误解了工资的交换学意义之后，一些学者进而提出一些令人感到匪夷所思的神话：他们的计划一旦实现，劳动生产力将有希望大幅提高。他们说，在资本主义体制下，工人的热情被严重减损。因为工人知道他本人得不到自己的劳动成果，他的辛劳只会使他的雇主这个无所事事的剥削者变得更富有；而在计划经济体制下，每个工人人将知道，他在为社会利益工作，而且他本人就是社会的一分子。这个认识将激励他去工作，从而提高劳动生产力，增加财富。

然而，将每个工人的利益和计划经济国家的利益视为一体纯粹只是一种法律上和形式上的虚构，并不符合真实的情况。比如，一个工人自己不断努力所付出的成本完全由他个人承担，但额外努力的产出只有极小的一部分使自己获益，只能增进一点点自己的幸福。而如果这个工人工作懒散，便完全享有可能因此获得的乐趣。至于这样做所造成的社会收入的减损，对他自己分得的那一份收入来说则微不足道。自私自利在资本主义体制下所产生的那一切促使个体努力工作的诱因，在计划经济生产模式下完全消失不见，甚至还增强了个体懒惰和敷衍了事的诱因。在资本

---

[1] 参见第二十一章第五节。

主义社会，自私自利促使每个人尽可能勤勉地工作，然而在计划经济社会里，同样的自私自利却导致了懒惰与散漫。他们可以继续喋喋不休地说，计划经济的来临将使人性发生神奇的改变：崇高的利他主义将取代卑鄙的自我主义，只有消除资本主义，每个人的自私自利才会创造令人惊叹的非凡成就。[1]

有理智的人都会根据上述证据推断，市场经济的劳动生产力比计划经济的劳动生产力高出许多。然而，从行为学的观点，即从科学的观点来说，这个认识解决不了资本主义提倡者和计划经济提倡者之间的争议。

一个真诚地提倡计划经济的人，即使一点也不顽固、不偏执、毫无恶意，也依然可以辩称，一个市场社会所产出的净收入总额 P 也许真的大于一个计划经济社会所产出的净收入总额 p。但是，如果计划经济社会体系分给每个成员相等的一份 p（即 d=p÷z），则所有那些在市场社会里收入低于 d 的人将因计划经济取代了资本主义而受惠。这一群人很可能包括绝大多数的人。无论如何，很明显，市场社会的所有成员可以"正确了解利益"而彼此和谐相处的说法是站不住脚的。某阶层人的利益因为市场经济的存在而受到损害，但在计划经济体制下，他们会过得比较好。市场经济的提倡者则质疑这个推论的正确性，他们相信，p 将远小于 P，而 d 将小于那些在市场社会里赚取最低

---

[1] 那个在本文中被驳斥的学说的最出色的阐述者是约翰·斯图尔特·穆勒（John Stuart Mill）的《政治经济学原理》(*Principles of Political Economy*)（伦敦，1867年），第126页，然而，穆勒利用这个学说只是为了反驳一个反对计划经济的理由，即由于废除自私自利的激励作用，社会主义将减损劳动生产力。他还没有盲目到声称劳动生产力在此体制下将大幅提高。针对穆勒这个学说的分析与反驳，请参见米塞斯的《社会主义》(*Socialism*) 第173—181页。

工资者的收入。这样的反对意见无疑是有事实根据的。然而，这样的观点不是根据行为学的理论推导出来的，因此缺乏行为学固有的那种不可反驳的论证力量。他们的反驳所依据的是一个关于影响大小的判断，即根据人们对 P 和 p 这两个量的差异化评估。在人的行为领域，这种量化的认知是通过（关于历史的）了解得到的，对于这种了解的结果，他们不可能达成一致的意见。对于解决一些量化议题的纷争，行为学、经济学和交换学是没有用武之地的。

个别计划经济的提倡者甚至可以进一步说："在计划经济体制下，即使每个人过得连资本主义体制下最穷的人都不如，即使在市场经济下，每个人获得的财货供给比在计划经济体制下更多，我们依然要唾弃市场经济。我们在道德层面反对不公平、不道德的资本主义。我们根据那些通常被称为非经济的理由选择计划经济，尽管它会减损每个人的物质幸福。"毫无疑问，对于物质幸福抱有如此轻蔑、冷淡的态度是身处象牙塔、与现实隔绝的知识分子以及禁欲隐士专有的一项特权。相反，就绝大多数计划经济的支持者来说，他们之所以如此，是因为他们误以为计划经济将比资本主义为他们供给更多的生活便利品。但无论如何，很明显，为计划经济辩护的模式和自由主义者关于劳动生产力的论证是不可能有什么交集的。

如果行为学除了指出计划经济将降低绝大部分民众的生活水平，提不出其他反对理由，那么对于社会主义就不可能做出什么最终的结论。人们将必须根据价值和分配额，在资本主义和计划经济之间做出抉择。人们将必须在两种制度之间做出选择，就好像他们在其他事物之间所做的选择那样。不可能存在什么客观标准，或者说，不可能用每个神智正常的人都必须接受的某种不容许反驳的方式解决这两种制度的对立。每个人的选择和判断自由将不会因遇上冷酷无情的必然定律而被消灭。然而，真实的情况与此不同。人不可能在这两种制度之间做选择。唯有在市场经济体制下，人类才有可能分工合作。计划经济不是一个可以实现的社会经济组织，因为它没有任何方法进行经济计算。处理这个根本问题，将是本书第五部分的任务。

确立这个事实不等于贬低某些人根据计划经济体制将损害生产力所推演出来的反计划经济论证的正确性和说服力。这种理由的分量是压倒性的，明智的人会毫不犹豫地选择资本主义。然而，这样的论证依然只是在两个社会经济组织体系之间做选择，即接受其中一个而舍弃另一个。真正的选择是资本主义与社会混乱之间的选择。一个在喝一杯牛奶和喝一杯氰化钾之间做选择的人不是在两杯饮料之间做选择，而是在选择生或死。强调这一点是经济学的任务，就好像教人们认清氰化钾不是营养品而是致命的毒药是生物学和化学的任务一样。

事实上，生产力论的说服力是令人难以抗拒的，因此计划经济的提倡者不得不放弃他们之前的宣传手段而采用新方法。他们现在急于将独占问题凸显出来，以转移人们对生产力问题的注意。所有当代计划经济者的宣传都长篇大论地阐述独占的权力。政治家和大学教授竞相描述其中的诸多祸害。我们这个时代被他们称为独占资本主义时代。今天提出来的赞成计划经济的一些主张主要都是关于独占的。

没错，独占性价格（注意，这不是未导致独占性价格的独占本身）的出现在独占者的利益和消费者的利益之间制造出了一个矛盾。独占者没按照大众消费者的愿望去利用他所独占的财货。只要出现独占性价格，便表示独占者自身的利益优先于公众的利益，市场民主受到压制。就独占性价格而言，没有利益和谐，只有利益冲突。

就某些商品在专利权和版权保护下销售所取得的那些独占性价格而言，我们可以反驳这些关于利益冲突的说法。我们可以申辩说，如果没有关于专利权和版权的法规，这些书籍、乐曲和技术创新将永远不会出现。民众要为一些在竞争性价格下完全享受不到的东西支付独占性价格。然而，我们大可忽略这个议题，它和我们这个时代的独占的大辩论没什么关系。当人们谈论独占的祸害时，他们是在暗指，在未受干扰的市场经济里，有一种倾向于以独占性价格取代竞争性价格的必然趋势。他们说，这是"成熟的"或"晚期的"资本主义的一个特征。不管在资本主义演进的早期阶段曾经是什么样的，也不管古典经济学家关于个体"正确了解利益"能够彼此和谐的说法是否有效，现在都已经没有利益和谐的可能性了。

正如前面已经指出的[1]，并不存在这种独占的趋势。没错，确实有许多商品在许多国家取得了独占价格，也有一些商品在国际市场上按独占价格销售；然而，所有这些取得独占价格的例子几乎都是政府干预商业的结果，而不是自由市场上发挥作用的那些因素相互作用所产生的结果。它们不是资本主义的产物，而是政府努力抵制决定市场价格的自发因素所导致的结果。"独占资本主义"一词的使用是对事实的一种扭曲，比较恰当的用语应该是"独占干预主义"或"独占国家主义"。

---

[1] 参见第十六章第六节。

至于即使没有遭到本国政府干预或若干政府集体密谋、干扰和破坏的市场也会出现的那些独占价格都是一些无足轻重的例子。它们涉及一些蕴藏量不多而且地理分布相当集中的原料，以及地方性的有限空间中的独占。然而，在这些情况下，即使政府没采取一些政策直接或间接地促成独占价格，独占价格也有可能出现。我们必须承认，消费者至上的权力并不完美，而市场民主的运行也有一些限制。在一些罕见也比较次要的状况下，即使在没有遭到政府干扰与破坏的市场上，生产要素所有者的利益和其他人的利益之间也会有冲突和对立。然而，这种利益冲突的存在无损于人们在维护市场经济方面的共同利益。因为市场经济是社会唯一能运行，也一直在实际运作的经济组织体系。而连干预主义的提倡者也会认为，干预主义必然导致的结果比他们想改变的那个未受干扰的市场经济情况更糟糕。此外，干预主义一旦推进到超出某个狭窄的应用范围，便会自我了结并以失败告终。[1] 既然如此，那么唯一能保持并且能进一步增强劳动分工的社会秩序便是市场经济。所有那些不想瓦解社会合作，以至于回到原始野蛮状态的人在维护市场经济一事上都有着共同的利益。

关于"正确了解利益"，实现和谐，古典经济学家的学说是有瑕疵的。他们没看出，市场民主的过程是不完美的，因为在某些次要的情况下，即使在未受干扰的市场经济里，也可能出现独占价格。但比这个瑕疵更明显的是，他们没看出，也不知道为什么计划经济不可能有经济计算。他们把利益和谐说建立

---

[1] 参见本书第六篇。

在错误的假设之上，即他们误以为各种生产要素的拥有者都为市场过程所驱使，而不得不按照消费者的愿望去利用他们的生产要素。今天，这个利益和谐的定理必须建立在计划经济不可能进行经济计算这个认识的基础上。

第四节　私有财产制

生产资料私人所有制是市场经济的根本制度。这个制度的存在是市场经济本身的特征，如果它不存在，市场经济便不可能存在。

拥有某个财货意味着一个人可以完全控制可能从该财货取得的所有服务或效能。这个交换学的所有权和财产权概念不可以和各国相关法律所陈述的所有权和财产权定义混为一谈。立法者和法院过去的想法是要以某一方式定义合法的财产权概念，以便通过有权执行强制和胁迫的政府机关给予财产所有者完整的保护，防止任何人侵害他的权利。只要这个想法能够充分实现，法律的财产权概念和交换学的概念便会一致。然而，当今有一种趋势，即通过改变财产所有者对所属财产的处分权限以及可以采取的行动的法律规定，以在实际上达到废除私有制的目的。这些法律改革表面上虽然保留"私有财产"一词，其实旨在以公有财产制取代私有财产制。这个趋势是各基督教社会主义学派和各国家社会主义学派所提倡的那些计划的特征。但是，这些学派的捍卫者很少有人像纳粹哲学家斯潘这么敏锐。斯潘明确地宣称，他的计划如果实现，将导致私有财产制

"名存实亡,实际上将只存在公有财产制"[1]。这里有必要提到这些事情,以避免一些流行的谬见和混淆。在处理私有财产时,交换学处理的是实际的控制,而不是法律的名词、概念和定义。私有财产制意味着财产所有者可以决定各种生产要素的使用方式,而公有财产制则指的是政府控制它们的使用方式。

私有财产制是普通人所采用的一个方法,它不是一种神圣的东西。它在人类历史早期就出现了,当时的人们凭着自己的力量和自己的权威,将先前不属于任何人的财产据为己有。另外,过去也一再发生私人财产被征收和剥夺的情况。私有财产的历史能追溯到它肯定不是从某些合法行为开始的那一个时点。实际上,现在的每个财产所有者都直接或间接是某些人的合法继承者,而那些人过去取得财产权的方式若不是专横地占有一些无主之物,就是通过暴力掠夺原来的财产所有者。

尽管法律形式主义能将每一笔财产权追溯至专横地占据或暴力掠夺,然而,这个事实对于市场社会的现实情况没有任何意义。市场经济里的所有权和私有财产的遥远起源,不再有什么联系。在遥远的过去所发生的那些事件消失在原始人类历史的黑暗之中,和我们当下的社会不再有任何关系。因为在一个未受干扰的市场社会里,消费者日复一日地决定谁该拥有什么财产以及拥有多少。消费者把各种生产资料的控制权交给那些知道怎样使用它们以便满足其最迫切的需求的人。只有在某一法律形式的意义上,现在的财产所有者才可以被视作某些擅自

---

[1] 参见斯潘(Spann),《德意志美术馆》(*Der wahre Staat*)(莱比锡,1921年),第248页。

占用者和暴力剥夺者的继承人。事实上，他们是消费者的受托人，迫于市场力量的运行，他们势必要给消费者提供最好的服务。资本主义是消费者自我选择的圆满实践。

在市场社会和在每个家庭都自给自足的情况下，私有财产的意义截然不同。在家庭经济自给自足的地方，私人拥有的生产资料专门为财产所有者个人服务。他独自获得使用生产资料所产生的一切利益。在市场社会里，资本所有者和土地所有者只有在使用他们的财产以满足他人的需求时，才可能享受他们的财产。他们只有服务消费者，才可能从他们所拥有的财产中得到好处。他们拥有生产资料这个事实迫使他们服从公众的愿望。只有对那些知道怎样以最有利于消费者的方式使用所有权的人来说，所有权才是一项资产。这是一个社会职能。

第五节　我们这个时代的冲突

流行的意见认为，在我们这个时代引起内战和国际战争的那些冲突，其根源在于市场经济固有的经济利益碰撞。内战是"被剥削的"群众对"剥削"阶级的反抗。对外战争是一些"贫穷"国家在反抗那些通过不公平的方式蛮横地占有地球自然资源的国家，因为后者贪得无厌，还想攫取更多上天注定要供给所有人共同使用的财富。凡是在面对这些事实时，还在讲什么"正确了解利益"以实现和谐的人若不是白痴，就是一些恶名昭彰，为明显不公正的社会秩序辩解的人。凡是明理和诚实的人都能意识到，今天存在的许多不可调和的物质利益冲突，只能诉诸武力去解决。

没错，我们这个时代的确充斥着许多足以引发战争的冲突。然而，这些冲突并非源自未受干扰的市场社会的运行。这些冲突可以被称为经济冲突，因为它们涉及通常被人们称作经济活动的生活方面。但是，如果根据这个名称就推论这些冲突的根源在于市场社会架构下发展出来的各种事件，将是一个很严重的错误。它们产生的原因不是资本主义，而恰恰是一些意在阻止资本主义运行的反资本主义政策。它们是各国政府干预工商业的结果，也是各种贸易与移民障碍，歧视外国劳工、外国产品和外国资本的结果。

这些冲突在一个未受干扰的市场经济里不可能出现。想象这样一个世界：每个人都可以自由地在他想要生活的地方生活，并且可以按照自己的意愿选择是做一个企业家还是做一个受雇者从事他的工作。试问，在这样的世界，还有什么冲突可能存在呢？想象这样一个世界：生产资料私有制充分落实，没有任何制度阻碍资本、劳动和商品流动，法律、法院和行政官员不歧视任何个人或团体，不管是本国的还是外国的。想象这样的情况：政府只致力于保护个人的生命、健康和财产免于暴力和诈欺的侵害。在这样的世界里，国家之间的那些边界虽然体现在地图上，却不阻碍任何人从事他认为会使自己有利可图的事业。没有人会对本国领土的扩张感兴趣，因为他不可能从这样的扩张中得到任何利益。征服他国并不划算，战争变成了一种过时的手段。

在自由主义兴起之前，在资本主义萌芽之前，人们大多只消费自家附近可以取得的一些原料制成的物品。而国际分工的发展，已经彻底改变了这种情况。从一些遥远国家进口的食物和原料目前已成为大众消费的商品。欧洲一些最先进国家的人民离不开这些进口原料的日子，除非这些人民甘愿忍受生活水平的大幅下降。他们必须出口一些制造品以换取他们迫切需要购买的各种矿物、木材、石油、谷物、油脂、咖啡、茶、可可、水果、羊毛、棉花等，而他们的出口品大多也是利用这些进口原料加工制造出来的。他们的切身利益受到这些初级商品生产国的保护主义贸易政策的伤害。

两百年前，对瑞典人或瑞士人来说，某个非欧洲国家是否有效率地利用其自然资源是一个无关紧要的问题。但是，今天某个自然资源禀赋丰富的国家如果经济落后，对其他国家的利益而言都会是一个伤害，因为如果前者采用比较适当的方式利用它的自然资源，其他国家人民的生活水平就可以提高。在政府干预工商业的世界里，"每个国家拥有无限主权"的原则对其他国家而言是一个挑战。贫富之间的冲突是一种真正的冲突，但是，这种冲突只存在于那些政府可以随意伤害人民利益（包括本国人民在内）的世界。在那里，政府使消费者不能从较好的资源开发利用中受益。导致战争的原因不是国家主权本身，而是政府把持国家主权却没有完全忠于市场经济原则。

和过去一样，现在的自由主义从未将希望寄托在各国政府主权的废除之上，因为那是一个会引起无穷战争的冒险。自由主义只希望人们普遍认可经济自由的理念。如果所有人都变成自由主义者，都理解经济自由最符合他们自己的利益，那么国家主权将不再引起冲突和战争。要让和平永久存续，需要的既不是国际协议和盟约，也不是国际法庭和国际组织，比如已经失效的国际联盟和接替它的联合国。如果人们普遍接受市场经济的原则，那么这些作为权宜之计的办法和机构就不是必需的。

如果该原则没被接受，那么它们也是没用的。持久和平只可能是意识形态改变的一个结果。只要人们坚持"蒙田教条"，认为只有牺牲别国的利益，他们本国的经济才有可能繁荣，那么和平时代将只是为下一次战争积累能量的一段准备时间罢了。

经济国家主义[1]和持久和平是不兼容的。然而，凡是在工商业遭到政府干预的国家，经济国家主义就必不可免。凡是在没有国内自由贸易的国家，保护主义就不可或缺。凡是在政府干预工商业的国家，一旦开放自由贸易，那么各种干预主义措施所追求的目的很快就会遭遇挫折。[2]

只有陷入幻想的人才会相信一个国家会长久地忍受其他国家采取一些政策来伤害本国人民的切身利益。让我们假设，联合国在1600年成立，而且北美洲的各印第安部落已经获准成为此一国际组织的成员国。那么这些印第安人的国家主权将已经被承认是不可侵犯的。表面上，他们已经获得了不让所有外国人进入他们的领土的权利，可以不让所有外国人开发他们自己也不知道怎样利用的那些丰富的自然资源。毕竟，有谁真的会相信，某个国际盟约或宪章在当年能阻止欧洲人入侵这些印第安国家呢？

在许多矿物质蕴藏最丰富的地方，当地的居民要么太无知，要么太懒惰，要么太迟钝，以致没好好利用大自然赋予的财富。这些地方的政府如果阻止外国人开发矿藏，或者他们在公共事务的管理上太过蛮横专断，以致外国人的投资毫无安全可言，那么外国人的利益便会遭到严重损害。因为如果相关矿藏得到

---

[1] 关于"经济国家主义"一词的意思，请参见第九章第二节。——译者注
[2] 参见第十六章第六节和第三十四章第一节。

充分的利用,他们的物质福利便能够得到改善。这些地方政府的政策是文化落后的结果,还是采纳现在流行的一些干预主义和经济国家主义的理念所致是无关紧要的。因为无论是哪一种情形,其结果都是一样的。

一厢情愿地假装消除这些冲突是没用的。要让和平持久,需要意识形态的改变。引起战争的是几乎获得当今所有国家政府和政党支持的那种经济哲学。在这种哲学看来,在未受到干扰的市场经济里,各个国家之间有不可调和的利益冲突。自由贸易会损害一个国家,使人民变穷。而以贸易壁垒防止自由贸易带来的损害是政府的职责所在。为了论证方便,我们可以忽略保护主义事实上也损害了那些采取这种措施的国家自身。但是毫无疑问,保护主义的目的是损害一些外国人的利益,也确实损害了他们。只有陷入幻觉的人才会认为,那些受损害的外国人会甘心忍受他国的保护主义,即使他们相信自己足够强大,可以用武力扫除他国的保护主义。所以这种保护主义哲学是一种战争哲学。我们这个时代的那些战争理论同当下流行的经济学说并不矛盾。相反,那些战争理论正是这些学说一直被奉行和实施的必然结果。

国际联盟之所以失败,不是因为该组织有什么缺陷,而是因为它缺乏真正的自由主义精神。国际联盟是一群满脑子经济国家主义并且彻底坚持经济战争原则的国家之间的一个公约。当各国代表大肆空谈各国之间的善意时,他们所代表的政府却给其他国家施加了许多伤害。国际联盟运行的那20年的最主要的特征就是各国坚定不移地对其他国家进行经济战争。1914年以前的关税保护主义若是和20世纪二三十年代发展出来的保护手段——禁运、贸易数量管制、外汇管制、货币贬值等——相比，其实算是一种温和的措施。[1]

联合国的前景并不被看好：每个国家都把进口，尤其是制造品进口看作灾难。尽可能阻止外国制造品进入本国市场几乎是所有国家公开承认的目标。几乎所有国家都在反抗不利的贸易收支的幽灵。他们不希望合作，而是希望保护自己免于"合作的风险"。

---

[1] 关于国际联盟为消除经济战所做的几次未成功的尝试，参见拉帕德的《经济民族主义与国际联盟》(*Le Nationalisme économique et la Société des Nations*)（巴黎，1938年）。

第二十五章　计划经济社会的构想

第一节　计划经济理念的历史起源

18世纪的一些社会哲学家在奠定行为学和经济学的基础时，与一个几乎被普遍接受的想法完全呼应，那就是对渺小而自私的个体和代表社会全体利益的国家（政府）进行区分。然而，将政府官僚有权施加强制与胁迫这一社会机构管理者神化的过程在当时尚未完成。当时在讲到政府时，人们想到的还不是准神学的概念，即那个全能全知的神以及所有美德的化身，而是在政治场景中采取实际行动的具体的政府。他们想到的是各个拥有统治权的实体所管辖的领土的大小，是一连串血腥战争、外交谋略和皇室间通婚与继承的产物。他们想到的是，一些君主的私人领域和收入尚未与国库分离，以及一些由寡头统治的共和国，比如威尼斯和瑞士的某些州郡。在那里，公共事务经营的最终目的是使贵族统治阶级变得更富裕。这些统治者的利益一方面和辖区内"自私"的臣民一味追求自身幸福的私人利益相冲突，另一方面也和境外憧憬战利品和领土扩张的各国政府利益相冲突。在讨论这些对立和冲突时，在公共事务领域著书立论的那些作家倾向于支持自己国家政府的主张。他们相当坦率地假设，统治阶层是全体社会利益的捍卫者，而全体利益和个人私利之间有着不可调和的冲突。政府抑制辖区内臣民的自私就是在增进社会的全体福利，并以此来对抗个体卑鄙的私利。

自由主义哲学抛弃了前述想法。从自由主义观点来说，在未受干扰的市场社会里，所有"正确了解利益"的人彼此之间并没有冲突。国民个体利益和国家的利益并不是对立的，而不同国家之间的利益也不是彼此对立的。

然而，在证明这个论点的过程中，自由主义哲学家给像神一样的国家观念贡献了一个基本元素。他们在研究中以一个理想的国家形象取代了那个时代实际存在的国家。他们构建了一个模糊的政府形象，"让国民幸福"是这个政府唯一的目的。在旧秩序时期的欧洲，这个理想的政府当然不存在。这一时期的欧洲，有一些日耳曼小国的君主把辖区内的子民当牲畜出售，并投入国家之间的战争；有一些君主则抓住每一个机会侵略弱小的邻国：有瓜分波兰这样惊人的历史；有被当时最放荡、挥霍的两个人——奥尔良摄政王和路易十五——统治下的法国；有被某个不贞皇后及其没有教养的情夫统治的西班牙。然而，自由主义哲学家讨论的是一个和这些腐败的宫廷与贵族所组成的政府没有任何共通点的国家。这个出现在他们著作里的国家，由某个完美的超人国王统治，而这个国家的唯一目的就是增进子民的福祉。从这个假设出发,自由主义哲学家提出一个疑问:如果放任人的自由,人的行为不受任何政府的威权控制,个别人的行为是否会往这个善良、睿智的国王不赞同的一些方向发展呢?自由主义哲学家对这个问题的回答是否定的。他们承认,企业家确实是自私的,只追求自己的利益——利润。然而,在市场经济社会里,企业家唯有以最好的方式满足消费者最迫切的需求才能获得利润。企业家的目标和那个完美国王的目标并无不同,因为这个仁慈君主想要达到的目标也不过是像企业家一样使用各种生产手段以使消费者获得最大的满足。

很明显,这个推论给相关问题的处理引进了一些价值判断和政治偏见。[1]这个像圣父一样的统治者只是某个经济学家的别名,该经济学家利用这个弄虚作假的化名将他自己的价值判断的地位无限抬高,仿佛成为一个普世有效、绝对永恒的价值标准。他把自己和这个完美的国王视为一体,想象自己如果拥有这位国王的权力,将会选择哪些目的。他把这些目的称为社会福利、公益、国家经济生产力,以有别于自私的个体所追求的那些目的。这样的经济学家是非常幼稚的,以至于看不出这个虚拟的国家首领只不过是他自己主观价值判断的化身,以至于兴高采烈地自以为发现了一个无可争辩的善恶标准。他戴上面具,扮成圣父般仁慈的专制君主。于是,他的自尊心开始膨胀,并自命为绝对道德律的代言人。

这位虚拟国王的理想统治体制的基本特征在于,所有人都要绝对服从政府的威权控制。国王发号施令,万众服从。这不

---

[1] 某些经济学者喜欢以"看不见的手"比喻市场运行。针对这个比喻,米塞斯的这句评语是译者所知最一针见血的批评。——译者注。

是市场经济，这里也不再有生产资料私有制。市场经济的一些名词被保留了下来，但事实上不再有任何生产资料的私有制，不再有真实的买卖行为，不再有市场价格。指挥生产活动的不再是市场上所展现的消费者行为，而是政府的命令。政府在社会分工体系里给每个人指定位置，决定他应该生产什么，以及允许他怎样消费、消费什么。这就是当今被称为"德国品种"的那种管制经济。[1]

经济学家拿这个假想的经济体系——他们视其为道德律的化身——和市场经济做比较。对于市场经济，他们的最佳表述是：它所导致的情况，不会不同于完美的专制君主统治所安排的情况。他们之所以赞同市场经济，只是因为它的运行在其看来同样会达到那位完美的国王想要达到的结果。于是，所有计划经济捍卫者特有的天真想法，即将极权主义独裁者的计划和道德良善与适合的经济手段画上等号，未曾遭到早期自由主义者的批驳。我们不得不说，这种混淆是从他们开始的，起点就是他们以完美国家的理想形象取代真实世界里那些邪恶的和无所顾忌的暴君和政客。当然，对于自由主义思想家来说，这个完美国家的想象只不过是一个推理工具，一个拿来和市场经济运行模式进行比较的模型。但是，这就怪不得人们最后会提出质疑：为什么不干脆把这个理想国家从思想领域转移到现实领域呢？

所有老一辈的社会改革者都希望通过没收私人财产和随后的重新分配实现他们所谓的美好社会。每个人分得的份额都相

---

[1] 参见第二十七章第二节。——译者注。

等，而政府应该随时保持警惕，确保这个平等体制延续下去。当制造业、矿业和运输业中的大型企业出现时，维持社会平均分配便变成一个行不通的计划——大型企业根本不可能被拆解后再零零碎碎地平均分给众人。[1]于是，古老的重新分配计划被社会化的想法取代，各种生产手段都被没收，但不再重新分配，国家将经营所有的工厂和农场。

一旦人们开始认为，国家不仅在道德上，而且在见识上也是完美的实体，上述这个结论就变成逻辑上必然如此的推断。自由主义哲学家已经把心目中的理想国家描述为一个没有私心的实体，只致力于尽可能增进子民的福祉。他们已经发现，在市场社会的架构下，人自私自利的行为也同样会导致这个无私的国家所寻求实现的那个状况。在他们的眼中，正是这个事实证明了维持市场经济是正当的。但是，事情并不是这样发展的，一旦人们开始认为国家不仅怀有最好的善意，而且无所不知，那么人们就不得不下结论说，在生产活动的管理上永远不会犯错的国家能比时常犯错的个人做得更成功，国家可以避免所有使企业家和资本家行动受挫的错误判断。从此将不再有错误投资或稀缺的生产要素被浪费的事情发生，社会财富将成倍增加。和无所不知的国家计划相比，生产活动的"无政府"状态显然是不经济的。于是，计划经济的生产模式显然是唯一合理的体制，而市场经济似乎就是不理性的化身。在拥护计划经济的理性主义者看来，采取市场经济简直是人类一个难以理解的失常行为。在那些受历史主义影响的人看来，市场经济是人类演化

---

[1] 然而，即使在今天的美国，仍然有人希望摧毁大规模生产单位，废除公司模式的企业组织。

过程中某个低等阶段的社会秩序，必然会在人类不断趋向完善的过程中遭到淘汰，被更适当的计划经济体制所取代。这两派思想一致认为，理性本身主张人类过渡到计划经济社会。

被幼稚的人称作理性的东西不过是自我价值判断的绝对化罢了。这个人天真地把自己的思考结果和某个靠不住的绝对理性概念视为一体。没有哪个计划经济者想过，他希望赋予无限权力的那个抽象存在——不管这个存在是人类、社会、民族、国家，还是政府——是否有可能按照某个他自己不赞同的方式采取行为。一个计划经济者之所以支持计划经济，只是因为他完全相信：从他作为计划经济者个人的观点来说，这个计划经济国家的最高独裁者将是一个合乎理性的人。这个最高独裁者将追求该计划经济者个人完全赞同的那些目的，而且选择该计划经济者个人也会选择的一些手段，从而努力去达成这些目的。每个计划经济者都只会把所有前述条件都满足的那个体制称作真正的计划经济体制，而其他一些自称为计划经济的体制，都是彻头彻尾的冒牌货。所有持不同意见的人已经失去了生存权，都必须"被清算"。

市场经济让人们可以和平地合作，尽管他们不同意彼此的价值判断。在计划者的计划中，没有不同意见容身的空间。他们的原则是 Gleichschaltung（一体化），即以暴力手段强迫人们的意见完全一致。

人们时常把计划经济体制称为一种宗教，它实际上是一种自我神化的宗教。计划经济者口中的"国家和政府"，国家主义者口中的"人民"和孔德实证主义者口中的"人类"都是这些新宗教所崇拜的神的名字。但是，所有这些被崇拜的偶像都只是那些社会改革者个别意志的化名罢了。社会改革者在将所有神学家赋予上帝的那些属性赋予他的偶像时，也将该荣耀加于膨胀了的自我之上。后者自以为无限善良、无所不能、无处不在、无所不知、永恒不灭，自以为是这个不完美世界里唯一完美的存在。

经济学无须研究盲从、偏执的信仰，忠实的信徒是听不进任何批评的。在他们看来，批评就是毁谤，就是邪恶者对他们偶像的不朽光辉的一种亵渎，是对神明的反叛。经济学处理的是计划经济者的计划，不处理究竟是哪些心理因素促使人们支持崇拜邦国的宗教。

第二节　计划经济者的学说

黑格尔，曾在他那迷人的历史哲学中介绍了这个学说。尼采在他那些同样迷人的著作中，也以这个学说作为论述的焦点。这个不可避免的进步改良论（meliorism）是过去两百年间最大的神话。

如果我们以"计划经济者"称呼所有同意这个学说的人，那么当代绝大多数的人都必须被称为"计划经济者"。这些人都同意，计划经济的来临不仅绝对不可避免，也非常值得期待。"未来的潮流"将驱动人类踏入计划经济。当然，对于"计划经济国家"这艘船的船长一职究竟该托付给谁的问题，他们彼此意见不同。该职位有许多候选人。

计划经济者试用两个方法证明他的预言。第一个是黑格尔的辩证法。资本主义私有制是对个人私有制的第一个否定，因此必然产生对它自己的否定,即必然导致生产资料公有制的建立。对于无数黑格尔学派撰述者来说,事情就是如此简单明了。

第二个方法是披露资本主义所引起的各种令人不满意的情况。但他们没有什么论据可以证明下面这两个论点:一是计划经济必将来临;二是计划经济不仅是一个比资本主义更好的体制,更是最完美的体制。当它最后实现时,它将给人类带来永恒极乐的尘世生活。

计划经济思想史在1848年到1920年最显著的事实是:关于计划经济如何运作的一些基本问题几乎没有人碰触过。计划经济者把所有想要检视计划经济国家经济问题的尝试视为忌,并将其污蔑为"不科学的"东西。没人敢违抗这个禁令。不管是支持还是反对计划经济,人们一概默认,计划经济是一个可以实现的人类经济组织体系。众多文献讨论了资本主义的所谓缺陷,讨论了计划经济的一般文化内涵,却从来没讨论计划经济本身的经济学。

计划经济的信仰有以下三个基本教条。

第一,社会是一个无所不能和无所不知的存在,完全没有人性的弱点和缺点。

第二,计划经济的来临是不可避免的。

第三,由于历史是一个不断地从不完美阶段进步到比较完美阶段的过程,因而计划经济的来临是值得期待的。

对行为学和经济学来说,关于计划经济唯一要讨论的问题就是:计划经济体系能像一个分工体系那样运作吗?

第三节　计划经济的行为学特点

计划经济的基本特征在于整个社会只存在一种意志，至于这种行动出自谁的意志，那是无关宏旨的。这个唯一的行动者或监督者可能是一个神选的国王或独裁者，他凭借个人超凡的魅力统治人民。他也可能是由人民票选任命的一个元首或一群首脑组成的委员会。其关键在于，所有生产要素的用途全由某个特定机关指挥、监督，只有一个意志在选择、决定、指挥、行动和发布命令，其他人仅仅在遵守命令和接受指示。组织和有计划的秩序取代了生产活动的"无政府状态"以及个体的主动性。社会的分工合作秩序通过一个由强权支配的体制来运行和维护。在该体制里，监督者不容分说地要求所有辖区内的被监督者必须服从命令和指示。

一般人由于习惯把这个监督者称为"社会""国家""政府"或"当局"，他们往往会忘记，这个监督者永远是一个人，而不是某个抽象概念或神秘的集体。我们可以承认，这个监督者或由若干监督者组成的委员会成员都是一些有能力、有智慧和满怀善意的人。但是，只有白痴才会认为他或他们无所不知和永不犯错。

行为学在分析计划经济问题时不关心监督者的道德和伦理特性，也不讨论他的价值判断以及他怎样选择最终目的。它只处理这个问题：任何具备人类心智逻辑结构的凡人是否担当得起一个计划经济社会监督者必须承担的那些责任？

我们假设，这个监督者可以任意使用他所处时代的所有技术知识。此外，他有一份完整的清单，载明所有可供使用的物质类生产要素，并且有一份列举了所有可供使用的人力的名单。有一大群集合在他办公室里的专家、高手，向他提供各个领域的完备信息，并且正确回答他可能提出的任何问题。他们那些浩如烟海的报告堆积在他的办公桌上。但是，他现在必须采取行动。他必须在数不清的各种计划、项目中做出一个选择，以保证不会有某个他自己认为比较迫切的需求未被满足，因为可用于满足该需求的生产要素可能被用在某些他认为比较不迫切的需求满足之上。

读者必须知道，这个问题和最终目的的评值排序完全没有关系，它仅仅涉及用来达成所选定的那些最终目的的手段。我们假设，这个监督者已经确定了最终目的的评值排序。我们不会质疑他的决定，我们也不考虑个人，即受他管辖的被监护者是否赞同他的决定。为了论证方便，我们可以假设，在最终目的的评值方面，有某个神秘力量使每个人都同意他们的监督者所做出的价值判断。

我们的问题是，计划经济的一个至关重要也是唯一的问题，是一个纯粹的经济问题，因此是一个仅涉及手段而无关最终目的的科学问题。

第二十六章　计划经济下的经济计算问题

第一节　问　题

我们假设：计划经济国家的监督者希望建造一座房子，而建造房子的方法有很多。不同建造方法所盖的房子质量不同，房子的寿命也就不同，从该监督者的观点看来，这些方法各有利弊：不同的建造方法需要使用的建筑材料和劳动不同，需要的生产期也不同。这个监督者该选择哪种建造方法呢？他没办法把必须使用的各项材料和各种劳动转化为具有某一共同特性的量，所以，他没办法比较它们。他没办法给等待期（生产期）或房子的使用寿命贴上数值标签。简而言之，他没办法借助任何算术演算去比较需要支出的成本和预期可以获得的利益。他的建筑师所提出的那些计划列举了五花八门的实物，涉及各种材料的物理和化学性质，并且关乎各种机器、工具和施工程序的实际生产力。但是，所有这些计划的说明依然互不相关，没有办法在它们之间建立任何联系。

试想一下这个监督者在面对某个计划时遭遇到的困境吧：他需要知道，该计划执行后是否会增加物质幸福，即在增加财富的同时又不至于减损他认为比较迫切的一些需求的满足。但是，他收到的所有报告却没提供任何线索让他可以解决这个问题。

为了论证方便，我们可以假设这个问题已经得到了解决，暂且忽略究竟选择生产哪些消费品可能遭遇窘境。但是，现在我们仍面临令人眼花缭乱的生产财和能够用来生产消费财的方法。每个产业设置在哪个地点最有利？每座工厂的规模和每一部设备要多大才算合适？他必须有所选择，包括每一座工厂是否使用机械设备，应该使用哪一种机械设备，以及生产该机械设备的方法又该如何选择。这些问题每天都出现在成千上万个具体的生产场合，每个生产场合都有一些特殊情况，而且都需要一种特殊的解决方案。这个监督者在做决定时必须考虑的诸多因素远远大于单从物理和化学观点对可供使用的各种生产财做纯技术性说明时所涉及的那些因素。它们的所在地以及过去为此进行的资本投资在当下的适用性都必须纳入考虑。例如，这个监督者不能仅仅将煤炭依照一般的煤炭来考虑，而是必须考虑成千上万个散布各地的旧煤矿井，还要考虑新矿井开挖的可能性、每个矿井可能采用的各种开采方法、各个矿井所生产煤炭质量的差异，以及各种利用煤炭以生产热力、电力和众多煤炭衍生物的方法。可以说，我们目前的科技知识状态，允许我们利用一种东西生产出任何一种东西。例如，我们的祖先只知道木材的几个有限的用途，但现代科技已经增加了众多新用途，比如用来生产纸张、纺织纤维以及食物、药物和其他化学合成品。

现在，城市的饮用水供应主要采用两种方法。人们要么用水管从远处引干净的水进城——这是一种很早就被使用的古老方法，要么以化学方法来净化城市附近可以取得的水源。然而，为什么不在工厂里利用化学合成的方法生产干净的水呢？现代科技已经可以轻易解决其所涉及的生产技术问题了。对于这样的计划，常人应该马上会嗤之以鼻，说那纯粹是精神失常。然而，这种合成生产饮用水的方法在今天之所以不予以考虑（将来某一天也许会）的唯一理由就是货币的经济计算表明，这种方法比其他方法的成本高。除了经济计算，没有其他办法能让人在各种可替代的方案之间做出理性选择。

计划经济者也许会反驳说，经济计算并非绝对可靠，资本家有时候也难免计算错误。当然，这种事情现在会发生，将来也会发生。因为所有人的行为都指向未来，而未来永远是不确定的。只要关于未来的预期与事实的发展不符，一个计划再怎么详尽考虑也会遇到挫折。然而，这完全是另一个问题了。今天，我们会根据现有的知识和对未来情况的预期进行计算。对计划经济国度的监督者是否能够正确预料未来的情况这个问题，我们现在不予处理。我们要说的是，该监督者根据他自己现在的价值判断和对未来情况的预期——不管这些判断和预期是什么——都不可能进行计算。如果他今天投资罐头产业，那么将来有一天可能因为消费者口味的改变，或者人们对于罐头食品是否健康的看法出现变化而使他今天的投资变成一个错误的决定。但是，他今天怎样才能发现如何建造一座罐头工厂才最具经济效益呢？

如果当时人们能预料到公路和航空运输的迅猛发展即将来临，那么有些在 20 世纪交替之际才建成的铁路线肯定不会被建设出来。但是，建造这些铁路的人知道，根据当时的价格评估、未来预期，以及当时的市场价格所反映的消费者评价，在各个可能实现铁路计划的替补方案中，他们必须选择哪个方案。这项能力恰恰是计划经济的监督者所欠缺的。后者就像是茫茫大海中一个不熟悉航行方法的水手，也仿佛是受托操作火车头任务的一个中古世纪学者。

我们前面假设，该监督者已经下定决心要建造工厂或房子。然而，要做出这样的决定，便需要经济计算。如果他想建造一座水力发电厂，他就必须知道，就电力生产而言，这是不是一个最经济有效的办法。如果他不能计算成本和产出，他怎么能知道这座电厂该不该建设呢？

我们承认，在起始阶段，计划经济体制在某种程度内可以依赖先前资本主义时期的经验，但是，当后来的情况变得越来越不同于以往时，该怎么办呢？对 1949 年的监督者来说，1900 年的那些价格会有什么用呢？而 1989 年的监督者又能从 1949 年的价格记录中推衍出什么含义呢？

"全面计划经济"的悖论就在于，因为欠缺必要的经济计算，所以"全面计划经济"其实不能计划。所谓计划经济，其实完全不是经济问题，而只是一个在黑暗中摸索的体系，完全谈不上什么理性的手段选择，也谈不上以最佳的方式达到想要达到的最终目的。所谓有意识的全面计划经济恰恰是对有意识和有目的的行为的全面废除。

第二节 过去对这个问题的误解

过去一百多年以来，以经济计划取代私有企业一直是一个主要的政治议题。赞成和反对计划经济体制的出版著作成千上万。在私人社交圈、新闻媒体、公众集会、学术会议、选举活动以及国会议论中，没有哪个主题能得到如此热烈的讨论。以计划经济为名的战争打了好几场，且已血流成河。然而，这些年来，最基本的问题却未曾有人提起。

没错，一些著名的经济学家，比如戈森、谢夫勒、帕累托、皮尔森和巴隆讨论过这个问题。但是，除了皮尔森，其他人都没有深入问题的核心，而且也未能意识到该问题的重要性。再者，他们从未尝试把该问题融入人的行为理论体系。正是这种缺失使人们未能正视他们的那些论述。于是，那些论述被忽略了，而且很快就被湮没了。

如果我们谴责历史学派和制度学派忽视了人类最重要的问题，那么我们就犯下了一个严重的错误。为了宣传干预主义和计划经济，这两个学派狂热地贬抑经济学这门"沉闷的科学"。然而，他们对经济学研究的压制并未取得完全的成功。令人不解的倒不是为什么那些贬抑经济学的人未能意识到这个问题，而是为什么经济学家也犯了同样的错误。

必须受到谴责的是数理经济学的两个根本错误。

数理经济学几乎完全专注于研究所谓经济均衡和静态经济。正如前面指出的，"均匀轮转的经济"这个虚幻的构想[1]是经济

---

[1] 参见第十四章第五节。

学推理的一个必要的思想辅助工具。但是，如果忽略了这个思想辅助工具仅是一个虚拟的想象，忽略了现实中没有任何状态与它对应，并且它的种种含义也不可能被逻辑一贯地贯彻下去，那就犯了一个严重的错误。数理经济学家受到一个成见的蒙蔽，即误以为经济学必须按照牛顿力学的模式才能构建起来，并且误以为可以用数学方法处理经济问题，从而完全误解了他所研究的主题。他不再处理人的行为，而只处理某种没有灵魂的机器，这种机器由某些不能进一步分析的谜一样的力量驱动。在"均匀轮转的经济"这个虚拟的想象里当然没有企业家功能的容身之地。于是，数理经济学家的思想就完全排除了企业家的角色，他不需要企业家作为市场过程的原动力和振动器。正是因为企业家不断地介入市场过程，并阻止市场过程达到"均匀轮转的经济"所虚拟的完全均衡状态，数理经济学家才会厌恶企业家这一扰动因素。在他们看来，各种生产要素的价格是由两条曲线相交决定的，而不是由人的行为决定的。

此外，数理经济学家在画他所珍爱的成本和价格曲线时也未能意识到，一旦将各种成本和价格转化成同一性质的可比较的量，那么便暗含着成本和价格在形成过程中使用了某个共同的交换媒介。于是，他创造出了一个幻觉，即误以为即使各种生产要素彼此的交换率没有共通点（或者说，没有共同交换媒介），成本和价格的计算还是能够进行的。

结果是，数理经济学家的著述让人误以为，计划经济国家这种虚幻的构想是一种可以落实的社会分工合作体系，它完全有资格取代以生产手段私有制为基础的经济体系。计划经济国家的监督者能够按某一理性方式，即根据经济计算，配置各种生产要素。人们既能在计划经济体制下分工合作，又能同时理性地使用各种生产要素。人们可以随意采纳计划经济，而不会忽视手段选择方面的经济效率。计划经济并不要求人们放弃理性地使用生产要素，计划经济是理性的社会行为中的一种。

有些人以为苏联和纳粹德国的计划经济执政经验已经证实，上述所谓的错误其实是正确的。这些人未能意识到，苏联和纳粹德国其实不是孤立的计划经济体系。苏联和纳粹德国之所以在价格体系持续运行的环境中存在，是因为他们能够根据国外的一些价格进行经济计算。如果没有这些价格的引导，他们的行动将变得漫无目的且混乱无比。正因为他们能参考这些国外价格，所以他们才能计算和记账，进而做出他们那些被大谈特谈的计划。

第三节　近来对于解决计划经济的经济计算问题的一些建议

计划经济论著涉及了计划经济的每个问题，就是没处理基本且独特的问题，即经济计算问题。直到最近几年，计划经济的撰述者才不再回避这个根本问题。他们开始怀疑，驳斥"资产阶级"经济学不足以实现计划经济的乌托邦。他们尝试以某个计划经济理论取代黑格尔的玄学，他们着手为计划经济的经济计算设计一些方案。当然，在这个任务上他们可悲地失败了。如果不是为了区分市场社会和非市场社会的虚幻构想，我们基本上无须讨论他们那些似是而非的建议。

计划经济者的方案建议，可以归类为以下几点。

（1）以实物计算取代货币计算。这个方法一文不值，因为不同类型的数值（不同性质的量）不能加减。[1]

（2）根据劳动价值学说，他们建议以劳动时间作为计算单位。这个建议没考虑到原始的物质类生产要素，也忽略了不同的人以及相同的人在不同的劳动时间内所完成工作的质量很可能是不同的。

（3）建议以某一"数量"的效用作为计算单位。然而，行为人不测量效用，而仅仅将每样物品的效用安排在某一等级顺序上。市场价格并不意味着交换标的相等，而只是表示交易双方各自对交换标的的评值顺序不同。绝不能忽略现代经济学最根本的定理，即每个人必然会认为，当某样物品在他手上的供应量为 n-1 单位时，该物品每单位的价值大于供应量为 n 时每单位的价值。

（4）通过建立人为的准市场，经济计算将变得可能。本章第五节将讨论这个解决方案。

（5）借助于数理交换学的那些微分方程式，经济计算将变得可能。本章第六节将讨论这个提议。

（6）借助于试错法（反复试验法），经济计算将变得没有必要。本章第四节将讨论这个提议。

---

[1] 如果不是出自忙着到处高调鼓吹"科学统一"计划的"逻辑实证主义"这个学术小圈子，这个解决方案甚至几乎不值得一提。参见这个小圈子已故的主要组织者奥托的著作。奥托于1919年曾担任慕尼黑苏维埃共和国的社会化局局长。尤其是他的《自然科学》（*Durch die Kriegswirtschaft zur Naturalwirtschaft*）（慕尼黑，1919年），第216页及其后。另外，参见兰道尔的《计划经济和运输经济》（*Planwirtschaft und Verkehrswirtschaft*）（慕尼黑和莱比锡，1931年），第122页。

第四节　试错法

企业家和资本家事先没办法保证，他们的计划能够使各种生产要素在各产业部门间实现最佳配置。只有通过后来的经验才能判断他们在企业经营和投资决策上是否妥当。他们应用的方法是试错法。于是，有些计划经济者说，为什么计划经济国家的监督者不允许应用这个方法呢？

试错法只能应用于，存在一些绝对可靠的标准可以判定反复试验答案是否正确的场合。如果某人忘了他的皮夹放在什么地方，他可以到各处寻找它。如果他找到了，并认得出那是他的皮夹，那么，他所采取的试错法是否成功便没有任何疑义，他就解决了这个问题。当埃尔利希在搜寻一种治疗梅毒的药物时，他先后试验了数百种药物，最后才发现一种既可以杀死螺旋菌又无害于人体的药物。正确的解决方案——药物编号606，被判定为有效的，因为它结合了上述这两个可以根据实验室检测和临床经验确定的性质。

如果某个答案之所以被判定为正确，只是因为它事先被认为适合解决相关问题，那样的话情况就完全不同了。两个因子相乘的正确结果是人们可以识别出来的，这只是因为它是正确应用算术所指示的运算过程而得到的结果。你可以用试错法去猜测正确的结果。但是，在这个场合，这个方法是不可能取代正确的算术运算过程的。如果算术运算过程没提供一个辨别对错的标准，试错法将是完全没用的。

如果有人将企业家的行为看作对试错法的一个应用，那么，他不应忘记，在这个场合，正确的答案很容易辨识，也就是会出现收入大于成本的剩余。利润告诉企业家，消费者赞同他的冒险决策；而亏损则告诉企业家，消费者不赞同。

计划经济的经济计算的问题恰恰在于，在没有生产要素价格的情况下是不可能计算利润或亏损的。

我们可以假设，在计划经济国家里，有一个消费财市场，并且其货币价格在这个市场中被决定。我们可以假设，监督者会定期拨给国家每个成员一定金额的货币，并且把消费财卖给出价最高者。或者我们也可以假设，一定份额的各种消费财会定期以实物的形式分配给每个成员，成员可以自由地在市场上彼此交换这些消费财，但要通过某一共同交换媒介，即某种货币进行交换。但是，计划经济体制的特征是，所有生产资料皆由某个机构控制，而监督者则以这个机构的名义行动。所有生产资料既没人买也没人卖，它们是没有价格的。因此，根本不可能以算术方法比较投入和产出。

我们并未主张资本主义可以通过经济计算保证生产要素有最佳的配置方式。无论相关问题是什么，所谓绝对完美的答案都不是我们这些凡人所能找到的。一个没遭到强制和胁迫力量干预和扰乱的市场，它的运行只不过是在给定的科技知识状态下以及当代最精明的一些人的智力范围内，所能达成的最佳生产要素配置方案。而一旦有人发现实际生产状态和某个能够实现的较好[1]状态有出入，赚取利润的动机便会促使他倾尽全力实现自己的盈利计划。产品一旦应市销售，就可以表明他的预期是否正确。市场每天都在考验着企业家，并淘汰那些禁不起

---

[1] "较好"当然是指那些在市场上购买东西的消费者比较满意。

考验的人。也正因如此，获得市场托付而掌管企业经营的不过是那些已经成功满足消费者最迫切需求的企业家。就这个重要的考验意义而言，市场经济是一个应用试错法的体系。

第五节　准市场

计划经济的独特标志就是在整个社会范围内指挥所有生产活动的那个意志具有单一性和不可分割性。当计划经济者宣称"秩序"和"组织"将取代生产活动的"无政府状态"，有意识的行为将取代所谓的资本主义的无计划状态，真正的合作将取代竞争，以及为使用价值而生产将取代为利润而生产时，他们心里想的始终是以某个独占一切的威权机构的计划取代无数消费者和按照消费者的愿望行事的企业家与资本家等人的众多的个别计划。计划经济的本质就是完全废除市场和市场竞争。计划经济体系是一个既没有生产要素市场和价格，也没有市场竞争的体系。计划经济的本质是所有事情的处理无限地集中统一于某一威权机构的掌控。当唯一的一份指导所有经济活动的计划开始草拟时，计划经济国家的公民就算参与了计划，那也仅限于选出这个国家的监督者或监督委员会。除此之外，所有公民都只是绝对地、无条件地服从于监督者命令的下属，只是一切物质幸福全都仰赖监督者照料和安排的被监护者。据他们所言，所有计划经济者认为，这个体制的各种优点以及所有预期的幸福都是这种绝对统一和集中的必然结果。

所以，目前学界的计划经济倡导者简直就是在承认，经济学家对计划的分析和毁灭性的批评是正确的、无可辩驳的。要不然他们就不会忙着为这个制度设计方案，设法在计划经济体制中保留市场、生产要素的市场价格和市场竞争了。在计划经济经济计算的辩论中，证明该体制下不可能有经济计算的那一方所取得的压倒性胜利，在人类思想史上真可以说是空前的。计划经济者不得不承认他们的彻底失败。他们不再声称，计划经济之所以无可比拟地优于资本主义，就是因为前者扫除了市场、价格和竞争。恰恰相反，为了继续高举计划经济的旗帜，他们现在急切地想要证明，即使在计划经济体系中，市场制度也可以设法保留下来。他们现在正忙着谋划某种计划经济的纲要，而其中会有价格和市场竞争。[1]

这些新计划经济者的提议实在很奇怪。他们希望废除生产资料私有制、市场交易、市场价格和竞争，但同时又希望以某种方式组织计划经济乌托邦，以使人的行为能够像存在生产资料私有制、市场交易、市场价格和竞争时一样。他们希望人们玩市场游戏，就像孩子玩战争游戏、火车游戏或上学游戏一样。但是他们不了解，这种游戏想要模仿的真实情况究竟有何不同。

这些新的计划经济者说，老一辈计划经济者（1920年以前的计划经济者）犯了一个严重的错误，误以为该体制必须废除市场和市场交换，甚至误以为该特征既是计划经济的基本元素，也是其最大的优点。这个想法，正如他们不太愿意承认的那样，是荒谬无比的，而如果能够实现则必会导致一团混乱。但是，

---

[1] 当然，这里仅仅是指那些像狄金森教授和兰格教授一样熟悉经济思想的计划经济者或全面计划经济者。无数迟钝的"知识分子"将不会抛弃他们对计划经济优越性的迷信，因为迷信总是挥之不去。

他们会说，所幸有一个更好的计划经济模式。这个模式的计划经济可以命令各生产单位的管理者按资本主义的方法处理其任职单位的事务。在市场经济中，公司的管理者不是为自己的盈亏而工作，而是为公司，即股东的利益而工作。在计划经济体制下，公司管理者将同样尽心尽力地经营公司业务。唯一的差别是管理者努力工作的成果将使整个社会富裕，而非只使股东富裕。除此之外，管理者仍将进行买卖、雇用工人和支付薪水，并努力获得利润。从成熟资本主义的管理体制到有计划的管理体制的过渡将顺利而流畅地完成。什么都不会改变，除了已投资的资本所有权。社会将取代股东，股利则由人民收取。如此而已。

上述这个办法和所有其他类似提议一样，其所隐含的基本谬误在于，他们是从下属的观点看待经济问题。下属的眼界不会超过他们被指派的特定任务。[1] 他们以为，产业结构以及各生产部门所配置的资本量和总产量是固定不变的。他们不会考虑到，必须改变这个结构，才能适应变化的情况。他们心里想的是一个不会有任何变化和经济史已达到最后阶段的世界。他们未能意识到，公司管理者的功能仅在于忠实地执行老板、股东所托付的任务。在执行收到的命令时，管理者不得不自己适应市场的价格结构，而最终决定市场价格的因素并不包括公司职员的各种管理操作。公司管理阶层的各种操作和买卖只是整个市场操作的一小部分。资本主义社会的市场还要将各种资本财配置到各个生产部门中去。企业家和资本家建立公司等其他

---

[1] 当前流行的经济学教科书所阐述的所谓厂商理论，就是这种级别的理论。——译者注

组织形式的企业，扩大或缩减它们的规模，解散公司或把它们并入其他企业；他们买进或卖出公司（已经存在的或新成立的）股票和债券；他们发放、撤走和收回贷款。简而言之，他们执行所有那些合起来被称作资本和货币市场的行为。正是这些企业家首倡者和投机者的金融交易引导生产活动进入了可以让消费者最迫切的需求获得最佳满足的过程。如果消灭了这些构成市场核心的金融交易，市场的其他部分也不可能保存。剩下的将只是一个既不可能独自存在，也不可能有市场作用的碎片。

忠于老板的公司管理者在企业经营中所扮演的角色远比制订这些经济计划的学者所设想的要卑微许多。公司管理者只不过具有一种管理职能、一种辅助企业家和资本家的职能，仅涉及一些从属的次要任务，绝不可能取代企业家职能。[1] 投机者、首倡者、投资者以及金钱放贷者在决定股票与商品交易市场和货币市场的结构之际，同时限定了那些能托付给公司管理者自由决定的次要任务所涵盖的范围。在执行这些任务时，公司管理者必须调整方法以适应市场结构，而后者的形成因素远在管理者的职能范围之外。

我们的问题不涉及管理者的活动，只涉及各个产业部门的资本配置。这包括：哪些生产部门应该扩大或缩减生产规模？哪些部门应该改变生产目标？应该开创哪些新的生产部门？面对这些问题，拿忠实的公司管理者和他们久经验证过的效率举例是没用的。那些混淆企业家精神和商业管理的新计划经济者不愿意面对真正的经济问题。在劳资争议中，对立的双方不是

---

[1] 参见第十五章第十节。

管理阶层和劳工，而是企业家（资本）和领工资的雇员。资本主义体系不是一个由管理者主导的体系，而是一个由企业家主导的体系。当然，我们并未鄙薄公司管理者的重要性，即使我们确定他们的行为无法决定生产要素在各产业部门之间的配置。

谁也未曾提议，计划经济国家可以邀请企业家首倡者和投机者继续进行投机，然后把他们的利润交给国库。那些建议计划经济体系设置某个准市场的人从未想到要保留证券与商品交易市场、期货合约交易、银行家与放贷者等作为准市场机构。因为没有人会将投机和投资视同儿戏，投机者和投资者赌上的是他们自己的财富和命运。正是这个事实使他们对消费者这个资本主义经济的最终老板负责。如果解除他们的这个责任，他们也就丧失了作为投机者和投资者的本质。他们就不再是生意人，而只是接受计划经济国家监督者——作为国家经济事务的最高掌舵者——的委托而执行任务的一群代理人。于是，他们取代了名义上的监督者，变成了实际的监督者，从而也就必须面对名义上的监督者一直未能解决的那个问题——经济计算。

那些主张准市场的人意识到上述想法太过荒谬，所以有时候会含糊地建议另一个突破困境的办法。他们说，监督者应该像资本主义体制中的银行那样，把可贷资金借给出价最高的竞争者。但是，这个办法同样行不通。在实施计划经济体制的社会里，所有出价竞争可贷资金的人当然没有自己的财产。他们在竞争这些资金时，即使答应支付的利率再高，也不担心会遭遇财务风险，他们也丝毫没有减轻监督者所承担的责任。把资金借给这些人的风险也不像资本主义体制下的信贷交易一样可控——出借人拥有借款人财产所提供的部分保障。所有贷款的风险完全落在"社会"这个所有资源的唯一拥有者身上。如果监督者毫不犹豫地把可贷资金分配给那些出价最高者，那他简直就是在鼓励胆大妄为、粗心大意和盲目乐观，就等于把自己的职权让给那些最无所顾忌的幻想家或恶棍。他显然必须保留该怎样利用社会资金的最终决定权，但是这样一来，就回到了原点：监督者在努力指导生产活动时，没有众多企业家分工合作的帮助。而在资本主义体制下，这种分工提供了一个实用的经济计算方法。[1]

生产资料的使用安排既可以由私人所有者控制，也可以由拥有强制力量的社会机构控制。在前一种情境中会有一个市场，也存在各种生产要素的市场价格，而经济计算也是有可能的。在后一种情境中，所有这些都不存在。说集体经济的各种机构是"无所不在的"与"无所不知的"只是一种自我安慰，[2]那是没用的。我们在行为学里不处理无所不在与无所不知的神的行为，而只处理拥有一颗人类心灵的凡人的行为。没有经济计算，凡人的计划便不可能实行。

同时具有市场和市场价格的计划经济体系是一个自相矛盾的概念，就像一个三个角的"正方形"。生产活动若不是由追求利润的商人指挥的，就是由某个肩负至高独断权力的监督者决定的。社会合作若不是生产企业家预期可以卖得好价钱和赚取最高利润的那些东西，就是生产监督者想要生产的东西。关键问题是，消费者或监督者，谁该是主人？对于某一具体的生产

---

[1] 参见米塞斯的《计划经济》，第137—142页；哈耶克的《个人主义与经济秩序》（芝加哥，1948年），第119—208页。

[2] 参见 H. D. 迪金森（H. D. Dickinson），《计划经济经济学》（牛津，1939年），第191页。

要素供给量，究竟该用来生产消费财 a 还是该用来生产消费财 b，谁该具有最终决定权？这样的问题不容许任何闪烁其词的回答，对它的回答必须直截了当、毫不含糊。[1]

第六节　数理经济学的微分方程式

有些计划经济者宣称，数理经济学的微分方程式可以代替经济计算。为了适当评估这个想法，我们必须记住这些方程式的真正意义。

在设想一个均匀轮转的经济时，我们假设，所有生产要素按某种方式使用，以至于每单位生产要素都产生了最有价值的效能。在给定的外生条件下，对这些要素的用途的任何改变都不会增进需求满足的状态。微分方程式所描述的就是这样一个情况，即人们不再变更各种生产要素的用途配置。然而，关于人们究竟采取了什么行为才达到这个假想的均衡状态，这些方程式并未提供任何信息。它们所说的只是，在静态均衡状态下，如果 m 单位的 a 用于生产 p，而另外 n 单位的 a 用于生产 q，则这个对 a 的用途配置方式已经是最好的了，任何进一步的变更都不可能增进需求的满足（即使我们假设 a 是可以完美分割的，并且其单位可以无限小，我们也不能说 a 在这两种用途上的边际效用是相等的）。

这个均衡状态是一个纯粹想象的构建，在一个变化的世界

---

[1] 关于工团主义国家这种设想的分析，参见第三十四章第四节。

中，这种构建绝不可能实现。它不同于今天的事实，也不同于其他可能实现的事实。

在市场经济中，企业家的行为一再重新确定各种交换率和各种生产要素的用途配置。一个有企图心的人一旦发现某些互补生产要素的价格与他所预期的未来产品价格之间存在差异，就会尝试利用这个差异为自己牟利。他心里想到的这个未来价格不是假想的均衡价格。行动的人与均衡或均衡价格没有任何关系，均衡或均衡价格的概念与真实的生活和行为都没有关系。它们是行为学推理的辅助工具，除非拿行为和完全静止的状态相对照，否则行为学本身没有别的办法可以理解行为永不消停的性质。就理论家的推理来说，每一个变化都是在某一条路上向前推进的一个步骤，如果没有新的外生条件出现，这条路最后就会达到一个均衡状态。不管是理论家，还是资本家、企业家或消费者，都不可能根据他们所熟知的现实情况对这样一个均衡价格做出评估，他们也不需要这种评估和判断。促使一个人做出改变和创新的因素，不是对均衡价格的远景想象，而是对正在筹划生产的有限的几种商品在未来售价高低的预期。当一个企业家着手实施某个特定计划时，他心里想到的只是某一转变过程的最初几个步骤，只要在他的计划所引起的那些变化之外再没有其他条件变化，这个转变过程将导致某个均衡状态的确立。

如果有人想利用一组方程式描述均衡状态，那么他就必须知道消费者在该均衡状态下的价值排序，后者是这些方程式假定为已知的一个要素。然而，计划经济国家的监督者只知道目前的价值排序，而不知道在假想的均衡状态下的价值排序。他认为，相对于目前的价值排序，生产要素的配置方式不能令他满意，因而希望加以改变。但是，他对自己在均衡状态来临的那一天将会有怎样的价值排序却一无所知。那个排序反映的是他自己现在发起的一连串生产活动变化所导致的结果。

让我们把今天称作 D1，把均衡状态达到的那一天称作 Dn。我们为下列这些对应于这两个日子的量命名：第一顺位财货（消费财）的价值排序分别为 V1 和 Vn，所有原始生产要素的总供给[1]分别为 O1 和 On，所有生产出来的生产要素总供给分别为 P1 和 Pn。O1 + P1 合起来称作 M1，On + Pn 合起来称作 Mn。最后，我们称科技知识状态为 T1 和 Tn。要得出方程式的解，就必须得知道 Vn，Tn。但是，我们现在只知道数据 V1，T1。

我们不允许以"外生条件如果出现进一步变化，则均衡状态便不能达到"为由假设 D1 的量等于 Dn 的量。确立均衡所需的"外生条件没发生进一步变化"的条件仅仅涉及那些能打乱正在进行中的调整过程的外生条件的变化。至于在该调整过程中那些随之产生作用的因素所带来的一些外生条件的变化，则不包含在最终确立均衡所需维持不变的那些条件之内。[2]如果新的因素从体系外侵入，使体系的变化方向发生转移而偏离原

---

[1] 供给的意思是一份全部的存货列表分门别类地记载了可供使用的存货数量，每一类存货只包含那些在各方面（比如，包含它们所在的位置）对需求满足的重要性都完全一样的物料项目。

[2] 如果米塞斯写作本书时，外生变量（exogenous variables）和内生变量（endogenous variables）这一对名词能更普及，也许他不会反对把这句话改写成"均衡确立所需的'外生变量没有进一步变化'的条件仅指决定均衡状态的外生变量没发生预期外的变化，但不包含朝向均衡的调整过程中所产生的内生变量的变化"。米塞斯在这里特别想强调，P 是内生变量或数据。——译者注

来最终均衡的移动路径，均衡状态就不会达到。[1]但是，只要均衡状态尚未达到，体系就还处在一个不断改变（内生）的过程中，即使在没有遭到来自体系外的外生条件扰动的情况下也是如此，确立均衡状态的体系移动路径本身就是一连串（内生）条件变动的过程。

P1是一组和今天的价值排序不相匹配的量，它是过去一些行为的结果，而这些行为接受过去的价值排序的引导。它在当时所面对的科技知识状态以及关于可供使用的原始生产要素的资源信息都和现在不同。经济体系目前之所以不处在均衡状态，其中的一个理由正是P1不适合目前的情况。比如，目前的一些工厂、工具和其他生产要素供给在均衡状态下将不会存在。另外还有一些工厂、工具和生产要素供给则必须建立或生产出来，以便达到均衡状态。只有当P1中那些烦琐的部分继续用到不堪使用而报废，最终由一些和现在的外生条件（V、O和T）相匹配的生产要素替补完毕时，均衡状态才会出现。但是，行为人需要知道的不是均衡条件之下的状况如何，而是采用哪种方法逐步把P1转变成Pn最为妥当。对于这个任务，只用于描述均衡状态的微分方程式无能为力。

不考虑P而只考虑O也解决不了上述问题。没错，原始生产要素的使用模式决定了生产出来的生产要素（中间财）的数量和质量。但是，依此方式获得的信息仅仅涉及均衡状态。它不会告诉我们，该采取什么方法和程序实现均衡状态。我们今天面对一个与均衡状态下的供给不同的P1，所以我们必须考虑

---

[1] 当然，如果我们想要表明科技知识的发展已经触及可能达到的最后阶段，我们可以假设T1等于Tn。

真实的情况——P1，而不是假想的 Pn。

当所有生产方法都已经被调整到完全适应行为人的价值排序和科技知识状态时，这个假想的未来均衡状态将会出现。那时，所有工作将在最合适的地点使用最合适的科技方法进行。然而，今天的经济情况并不是这样。它使用一些和均衡状态不相适应的手段，而且后者不可能反映在以数学符号描述该均衡状态的那一组方程式中。对于监督者来说，知道均衡状态是怎样的情形一点用处也没有，因为他的任务是要在今天的状况下采取行动。他必须学会怎样以最经济的方式利用今天可供使用的那些手段，而这些手段却延续自与今天相异的过往价值排序、科技知识以及产业区位判断等，他必须得知道下一步如何采取行动。在这个困境中，数理经济学的微分方程式完全没有用处。

让我们假设，现在有某个遗世独立的国家的经济状况类似于 19 世纪中叶的中欧，它由某个完全熟悉现今美国科学技术的监督者统治。这位监督者大致知道该把他的国家的经济导向什么目标。然而，对于该怎样把他的国家从目前的经济状况逐步转变成他所希望达到的状况，该监督者所熟知的关于美国的一切却一点用处也没有。

为了方便论证，我们可以假设，某个神奇的灵感使这个监督者无须使用经济计算也能解答关于什么样的生产活动安排最为有利的问题，而且对于所追求的最终目标，他心里也一清二楚。但即便如此，仍然存在一些离开经济计算便无法处理的基本问题。因为这个监督者的任务不是从文明的最底层做起，也不是从头开始发展经济。那些他必须设法利用的生产要素并非只是一些从未使用过的自然资源。还有一些过去生产出来的资本财，它们要么完全不能转换到新的用途，要么不完全能转换到新的用途。正是这些与我们今天的价值排序、科技知识以及其他许多层面都不一样的情况下生产出来的人造之物构成了我们今天的财富。在进一步的经济选择中，它们的结构、质量、数量和所在区域是最重要的考虑因素。它们中有些也许完全没有可继续利用的价值，因此必须被列入"未使用的产能"。但是，如果我们不希望从原始人类那种极端贫困的状态重新起步，或者说，如果我们希望活着看到生产装备按照新计划完成建设的那一天，它们中的绝大部分都必须加以利用。监督者不能只想完成新建设，而完全不顾受监督者在等待期间的死活。他必须努力以最好的方式利用每一件可用的现成资本财。

技术官僚和所有形形色色的计划经济者都一再强调，他们计划的那些伟大目标之所以能实现，就是因为社会迄今为止已累积了巨量财富。但是，他们又轻蔑地否认了这个事实，即社会积累的大部分财富是过去生产出来的资本财，而就我们现在的价值排序和科技知识观点来说，它们又在某种程度上已是过时之物。在他们看来，生产活动的唯一目的是改进生产装备，以便让未来的生活更加富足。在他们眼中，当代人只不过是付出的一代，他们活着就是为下一代的幸福而奔波忙碌。然而，真实的人并不是这样的。他们不仅希望为子孙创造一个更好的世界，也希望自己能享受当下的生活。他们打算以最有效率的方式利用现在可供使用的资本财。他们憧憬更好的未来，但是要以最经济的方式达成这个目标。为此，他们不能没有经济计算。

有些人相信，根据某一非均衡状态的信息，他们可以利用数学演算得出均衡状态。这是一个错误的想法。同样荒谬的是，他们认为，对每天必须做出选择和采取行动的行为人而言，对某个假想的均衡状态的了解有助于他们寻找相关问题的最佳解答。所以无须强调[1]，即便数理经济学的微分方程式真是市场经济计算的一个合理替代物，但要实际应用该方法，就必须每天重新给那组神话般庞大的方程式求解，而这又使得这个替代想法显得荒唐可笑。[2]

---

[1] 之所以说无须强调，是因为这一点虽然在实务上有些见地，但欠缺行为学定理那种确定无疑的正确性。米塞斯在这里暗示了哈耶克在20世纪20年代计划经济经济计算大辩论中所提意见的不足之处。——译者注。

[2] 关于计算均衡的代数问题，请参见帕累托（Pareto）的《曼努埃尔经济政治》(*Manuel d'économiepolitique*，巴黎，1927年第2版)，第233页；哈耶克的《集体主义经济规划》(*Collectivist Economic Planning*，伦敦，1035)，第207—214页。